新课程背景下课程教学论丛书
编委会

丛 书 总 主 编　许金生
丛书副总主编　杨汉云
丛 书 编 委（按姓氏笔画排序）

王芳宇　　许金生　　刘诗伟　　杨汉云

罗忠民　　孟宪文　　饶　平　　聂东明

生物新课程教学论
编写人员

主　编：王芳宇（衡阳师范学院生命科学系）

副主编：王文彬（湖南文理学院生命科学系）

　　　　张佑祥（吉首大学生命科学学院）

　　　　谭新中（湖南科技大学生命科学学院）

编　委：解凯彬（南京师范大学生命科学学院）

　　　　曹丽敏（衡阳师范学院生命科学系）

　　　　刘世彪（吉首大学生命科学学院）

　　　　李玉中（衡阳师范学院生命科学系）

　　　　李端杨（湖南省祁东县第二中学）

　　　　何丽芳（衡阳师范学院生命科学系）

　　　　唐娇玉（衡阳师范学院生命科学系）

　　　　林　琼（衡阳师范学院生命科学系）

总　序

随着经济社会的发展,教育与住房、居民收入、医疗保险一样,成为当下我国社会最为关注的问题之一。尤其是"钱学森之问"公布之后,上到中央领导,下至平民百姓,几乎在一夜之间陷入了沉思:中国教育怎么办?

改革开放已有三十余年,期间我国确实成功地解决了"穷国办大教育"的诸多难题,尤其在科学发展观提出以后,中国政府把推进教育公平当作基本的教育政策。近几年,党和国家对教育的重视与投入更是前所未有的。已颁布的《国家中长期教育改革与发展纲要》(以下简称《发展纲要》)是指导我国未来教育改革和发展的纲领性文件;全面实施了免费义务教育,不断增加农村义务教育公用经费,真正落实农村孩子享受义务教育的保障措施;努力化除各高校因扩招带来的债务危机,逐步增加高校学生的生均拨款额度,为各层次的学校实现"办人民满意的教育"提供了最重要的保障。

但是,中国目前只能说是教育大国,而不能说是教育强国。教育的现状还不容乐观,人民群众对当前教育不满意的地方很多,问题涉及各个层面,有的问题关系到国家的长期发展和老百姓的切身利益,亟待解决。譬如因教育不公而出现的"择校热"问题,就表明人民群众不断增长的高质量、多样化的教育需求没有得到很好的满足;以考试分数、升学率为主的评价指标仍然是许多地方教育部门对学校进行考核的主要指标,使得素质教育流于形式;各级各类学校行政化现象严重,使学校在很大程度上缺乏自主性,教育创新活力不足,影响了学校教学质量的提升;应试教育积重难返,忽视了学生的全面素质特别是道德素质的培养,导致学生只会考试,眼高手低,个性能力无法自由发展,创新精神和实践能力得不到应有的培养;部分教师受商品经济的影响,心浮气躁、急功近利,与人类灵魂工程师的形象越来越远。这些问题的存在,使教育问题变得更复杂、更难解。

诚然,教育问题是一个十分复杂的社会问题,需要全社会的共同努力才有解决的希望。事实证明,单靠国家的行政命令是很难从根本上解决问题的,它需要全民参与共同努力,尤其有赖于一线的全体教师。教师是落实《发展纲要》的主力军,加强师资队伍的培养与建设是改变教育现状、提高教育质量的关键所在。而被誉为教师摇篮的师范院校的教育教学改革就显得迫在眉睫。

尽管目前对于各级各类师范院校的教育教学改革见仁见智,但我们认为如何突出"师"字的问题仍然是师范院校教育教学改革的首要问题。新形势下的教师不仅要有先进的教学理念、广博的科学文化知识,还应有系统的学科专业知识和比较熟练的职业技能。为此,必须加强师范院校的课程改革力度,特别要确保教育类课程的学习分量。毋庸置疑,课程教学论(学科教学法)是教育类课程的重要组成部分。

在全面落实《发展纲要》的大环境下,衡阳师范学院作为一所具有百年师范传统的地方性师范院校,深刻认识到当前师范教育的某些不足,立足于传承与创新,以"课程教学论"等为突破口,加大课程设置的改革力度,努力实现高等师范教育与基础教育的对接,为培养具有专业化水准的教师队伍而不断探索耕耘。本丛书就是我们探索的阶段性成果。参与每册教材编写的成员都是相关专业的专家、课程教学论专职教师和中学骨干教师,我们期盼这种编写队伍有助于提升高等师范院校为地方基础教育服务的水平和能力,并认为这套丛书的出版有助于提高基础教育师资的培养质量,但最终的效果还要经过教育教学的实践检验,当然也期待着方家的批评指正。

总主编
2011 年 2 月

前　言

生物科学是自然科学中发展最为迅速的学科之一,21 世纪人类将进入生物科学技术的新时代。生物科学和技术的发展,不仅会对人类的生活、社会文明和经济活动产生影响,还深刻影响着人们的思想观念和思维方式。同时,生物科学在解决人口增长、资源危机、生态环境恶化、生物多样性面临威胁等诸多问题方面发挥的作用越来越大,有力地促进了现代社会文明的发展。

为了适应时代的发展,根据《基础教育课程改革纲要(试行)》的基本精神,并在全面贯彻国家教育方针的基础上,教育部相继颁布了《全日制义务教育生物课程标准(实验稿)》和《普通高中生物课程标准(实验)》。在新的课程标准中,提出了"提高生物科学素养,面向全体学生,倡导探究性学习和注重与现实生活的联系"的课程基本理念,其中特别提到"生物科学素养是公民科学素养构成中重要的组成部分。提高每个高中学生的生物科学素养是高中课程标准实施中的核心任务"。因此,提高公民的生物科学素养已经成为生物学工作者特别是生物学教师的一项光荣而又迫切的任务。

"教育兴则国家兴"。为促进我国教育事业的发展,我国相继出台了两个重要文件:《中共中央国务院关于深化教育改革全面推进素质教育的决定》(中发[1999]9 号)和《国务院关于基础教育改革与发展的决定》(国发[2001]21 号)。教育部在其颁布的《基础教育课程改革纲要(试行)》(教基[2001]17 号)中提出大力推进基础教育课程改革,调整和改革基础教育的课程体系、结构、内容,构建符合素质教育要求的新的基础教育课程体系。这种新的基础教育课程体系要求在教育理念、教育思想、教材的建设和选择、课堂的结构和模式、教学的组织和方法、教学效果的评价和鉴定等方面都必须适合对高素质未来人才的培养和造就。

随着新的生物课程标准在全国的实施和基于素质教育要求的基础教育改革在全国的大力推行,对中学生物学教师提出了新的更高要求。它要求教师必须全面领会并掌握新的课程标准、新的教育思想和教育理念,并在日常的教学活动中自觉实行。作为培养中学生物学教师的高等师范院校，我们理应跟上国家基础教育改革的步伐，主动培养符合基础教育要求的中学生物学教师。基于此，我们联合了湖南省内四所高校中从事生物学科教学论教学的老师编写了这本《生物新课程教学论》，并特邀南京师范大学生命科学学院的解凯彬博士为本书撰写了绪论。

本教材共包括8章。第一章主要介绍了中学生物学课程的性质、价值、地位和发展过程，并对新的生物学课程标准进行了解读；第二章简要介绍了生物学教学的基本原则、方法和技能；第三、四章就中学生物学的教学设计（包括课堂教学、实验教学和课外活动的教学设计）和备课进行了细致的论述；第五章探讨了如何对中学生物学教学中的"教"与"学"进行测量与评价；第六章简要介绍了现代教育技术在生物学教学中的应用和生物学资源的获取；第七、八章分别阐述了当今中学生物学教师应具备的专业素养和职业素养。

南京师范大学生命科学学院解凯彬博士和湖南师范大学生命科学学院段巍博士对本书的编写均提出了很好的建议，在此向他们表示衷心的感谢。本书的编写也得到了衡阳师范学院领导和相关部门的大力支持。在本书的编写过程中，参阅了许多同行和专家的著作、论文、研究成果，在此一并向他们表示诚挚的谢意。最后还要感谢南京大学出版社对本书的出版所给予的大力支持，正是他们的努力，才使得本书能及时与读者见面，谨向他们表达衷心的感谢。限于本书编者的时间、精力和水平，书中不足甚至谬误之处在所难免，恳请广大读者和同行专家批评指正。

编　者
2010 年 12 月

目　　录

绪　　论

1. 生物学教学论的概念

教学作为一个独立的研究领域,早在 17 世纪就确立起来,比课程研究领域的独立早了整整 300 年。我国的教学论较多地受到西方教学论的影响,夸美纽斯、卢梭、赫尔巴特、杜威等这些西方教育大家均在自己的教育理论中提出了独特的教学理念。我国古代教育家如孔子、孟子、荀子、墨子也对我国的教学论做出了相当有益的贡献。

生物学教学论是随着生命科学和教育科学的飞速发展应运而生的,得益于广大教师和研究人员的持续探索。生物学教学论是教育科学的组成部分,是学科教学论的一个重要分支学科。该学科是研究与生物学教学问题相关的学科,它以生命科学、教育学、心理学、技术科学和现代社会学的理论为基础,是一门相互渗透、相互交叉的边缘学科。根据现代生物科学发展的水平和趋势以及社会发展的需要,它结合生物学教学的实践经验和教学规律,并利用现代教育技术指导中学生物学科的规范教育和教学工作,又是一门重要的应用学科。

2. 生物学教学论的研究对象

对象问题是一门学科的理论框架和一般问题。生物学教学论是以生物学科教育为研究对象的一门学科,具体而言,它以全面实现生物学教育目标为目的、以相关学科研究成果(生物学、教育学、心理学和教育技术)为理论支撑,是研究生物教育目标、课程、学习、教学和评价等全过程及其内在规律的一门学科。

生物学教学论的研究对象概括起来有以下几个方面。

2.1　生命科学与生物学教育的目的任务和教育观念

生命科学是研究生命现象、生命活动的本质、特征和发生、发展规律,以及各种生物之间和生物与环境之间相互关系的科学。它用于有效地控制生命活动,能动地改造生物界,造福人类。生命科学与人类生存、人民健康、经济建设和社会发展有着密切关系,是当今在全球范围内最受关注的基础自然科学。作为生物学教育工作者,正确、全面地理解生命科学与生物学教育的目的任务与教育观念,是一项首要任务。中学生物学教育,是普及生命科学知识、培养生物学研究人才的基础。随着新型社会对人才要求的发展变化,我国的生物学教育在教育观念、教学内容、教学方法、评价方式、教育价值和思维方式等方面都在进行着转变,这就要求我国生物学教师不仅要具备一般的专业技能,还应具备较强的组织能力、开拓创新能力、教育科研能力、信息获取能力等,以适应新世纪基础教育的不断发展。

2.2　生物学课程设置及其发展变革

课程是学校教育的基础,是教师教和学生学的主要对象和依据,课程理论随着教育的进步在不断发展着。生物学课程是在特定的目标和规定的时间内,学生按顺序可以掌握的生物学内容。具体来讲,生物学课程是指学科的教学内容和进程的总合,包括生物学课程标准、生物学教材和教学计划。要想讨论教学问题就应该首先对课程理论有比较深入的了解。

进入 20 世纪以后,课程与课程理论的发展速度不断加快。21 世纪是以知识的创新应用为重要特征的知识经济时代,创新人才的培养成为影响整个民族生存和发展的关键,时代的发展引发了基础教育课程的改革。2001 年和 2004 年秋,教育部分别在部分省市开始了新一轮的初中和高中课程改革实验,这对我国生物学教育的改革和发展产生了重要影响。

2.3　生物学教学过程理论与实践

现代教学论认为,教学过程是在一定的教学环境下,教师凭借教学媒体和教授活动,唤起、组织、指导学生为达到预期教学目标进行主动学习活动的过程。生物学教学的过程、原则、方法和设计的理论与实践,是教学所涉及的最直接的问题。教学过程是教师与学生以课堂为主渠道的交往过程,是人类一般认识过程。教学过程要重视对学生全面的开发,要重视对学生进行情感教育,要考虑学生的个性差异。中学生物教师要善于利用学科特点,引发学生的学习兴趣,发挥学生在教学过程中的主观能动性,重视学生进行感性认识的学习过程,注重学科知识与学生生活实际的联系,体现生物学教学过程特有的价值和作用。

2.4　生物学教育过程中教师的思维与活动方式

教师和教育一样,是一个古老而又能常常引起人们重新思考的话题。要胜任当代中学生物学教师的工作,除了应具有广博而深厚的生物科学知识和技能之外,还应理解中学生物学课程的性质和价值,理解生物科学和技术的本质与特征,掌握学生的学习规律,掌握生物学教学的客观规律和技能,具备高尚的生物学教师职业道德素质。生物学教师在教学中应体现国家"科教兴国"的方向,根据中学生物学的教育目标和教学任务,努力使学生获得扎实的生物学知识,培养学生的生物学素质,使其具备适应社会发展和人类生活需要的生物学能力,并能运用生物学知识保护生态环境、合理应用自然资源、改善人们的生活条件、提高健康水平,以达到造福人类的目的。明确生物学教育以人为本的教育理念,注重培养学生全身心健康发展,为振兴中华民族营造合格人才。

2.5　学生学习生物学的方法和基本规律

学习必须讲究方法,而改进学习方法的本质目的,就是为了提高学习效率。学习效率的高低,是一个学生综合学习能力的体现。生物学是一门自然科学,是生物学家们对生命现象和生命活动规律的观察和探究后,将众多生物学事实和理论归纳成的知识体系。建构主义学习理论认为学习并不是被动接受已定知识,而是学习者主动在大脑内部构建知识意义的过程。因此,生物学教学的主要任务并不在于教师教给学生多少生物学知识,而是帮助学生主动建构知识。我国国内主要的课堂学习模式有接受学习模式、发现学习模式、自学式学习模式、合作学习模式等。虽然每种学习模式各有侧重点,但在实际学习中可以结合运用多种学习模式,结合自身学习特点选择适合自己的学习方式。新一轮课程改革所提倡的探究性学习就正是运用了合作学习这一模式来培养学生的生物科学素养以及合作精神。

每一门学科都有其自身的特点,生物学科也不例外。在生物学学习中应当注意贯彻理论联系实际的原则、遵循和掌握生物学内在的基本规律、树立进化和发展的观点、重视学科内及与其他学科相关知识的联系。

2.6　生物学教学的测量与评价

生物学教学的测量与评价就是对生物学教学计划、教学活动和教学效果等的科学性、合理性进行价值判断的过程。教育测量是指根据一定的法则对学生的学习能力、学业成绩、学习态度与兴趣爱好,以及思想品德或教育措施问题进行数量化描述的手段。教育评价是根据一定的教育价值观或教育目标,运用可行的科学手段,通过系统地搜集信息资料和分析整理,对教育活动、教育过程和教育结果进行价值判断,从而不断自我完善和为教育决策提供依据的过程。改革开放以来,随着教学理论研究的不断深化及实践领域的不断扩展,教学评价的地位与作用日益凸现。教学评价是教学过程的重要环节,是不断提高教学质量、促进教学改革的有力措施。《基础教育课程改革纲要(试行)》规定:"建立促进学生全面发展的评价体系。评价不仅要关注学生的学业成绩,而且要发现和发展学生多方面的潜能,了解学生发展中的需求,帮助学生认识自我,建立自信。发挥评价的教育功能,促进学生在原有水平上的发展。"

2.7 开发利用生物课程资源以及促进教师专业发展

俗语道:"巧妇难为无米之炊。"课程资源是课程改革的基础和保障,新课程改革提倡利用多种资源为教学服务。丰富的、有实践意义的课程资源对于课程的开发、实施具有重要意义。课程资源是课程的前提,但是课程资源不等于课程。课程资源需要经过加工并参与教育实践才能成为课程。《全日制义务教育生物课程标准(实验稿)》和《普通高中生物课程标准(实验)》中把生物课程资源分为学校教学设备、学校图书馆、社区课程资源、学生的生活经验和信息化课程资源等类型。教师在教学过程中应善于根据实际情况开发多种课程资源、充分利用各种课程资源为教学服务。

教师专业化是指教师在整个职业生涯中,通过专门训练和终身学习逐步习得教育专业的知识与技能,并在教育专业实践中不断提高自身的从教素质,从而成为一名合格的专业教育工作者的过程。它包含两层意义:既指教师个体通过职前培养,从一名新手逐渐成长为具备专业知识、专业技能和专业态度的成熟教师及其可持续的专业发展过程,也指教师职业整体从非专业职业、准专业职业向专业职业性质进步的过程。负责全国教师教育工作的教育部师范司原司长马立说过:"扎实推进素质教育的关键是建设一支高素质的教师队伍,教师整体素质的提高,每个教师实施素质教育的能力和水平的提高,必须通过改革、加强和发展教师教育来实现。"

3. 生物学教学论的发展

学习和研究生物学教学论,首先应当初步了解生物学教育的历史——漫长而曲折。

生物学在我国作为学校科学教育的组成部分始于1842年,当时英国传教士马礼逊(Robert Morrison)在中国传教办学,开设生理学与生物学两门课程。1903

年,清廷颁布的《奏定学堂章程》规定中学学制为 5 年,开设 12 门课,有 4 年开设生物课。1903 年,清廷在《奏定优级师范学堂章程》中明文规定,高师的生物学系学生要学习教育学,内容包括"生物教授法"。1917 年,我国教育家陶行知先生认为,教的方法应该既要考虑学生是如何学的,又要使学生学会如何学习,而"教授法"严重脱离实际情况,因此他提出以"教学法"代替"教授法"。此后"教授法"就逐渐被"教学法"所代替。20 世纪 30 年代后期,师范院校的"生物教学法"学科名称又更名为"生物学教材教法研究",在 1946 年颁布的《修正师范学院章程》中对"生物学教材教法研究"这门学科的内容作了更详细的规定。

新中国成立后,我国对教育事业进行了一系列的改造。1952 年国家教育部把前苏联的中学生物学教学大纲作为蓝本,编写了《中学生物学教学大纲》,结束了我国缺乏一个完善的生物学教学大纲的状况。大纲规定生物学教学时数为 396 课时,这是新中国成立以来教学时数最多的一个大纲。后来受到 1958 年大跃进及之后的"文化大革命"的影响,生物学教学在中学严重受挫,高师院校的"生物学教材教法"也从教学计划中被取消了。1977 年全国恢复高考制度,紧接着在第二年我国教育部颁布了第三个《中学生物学教学大纲》,这虽然是我国中学生物学课时最少的一个大纲,但是它重新奠定了生物课程在中学教育中的地位,重申了生物学作为中学一门基础课的重要性。自此往后,我国的生物学从教材出版到教育教学都进展迅猛。

20 世纪 80 年代以来,我国高等师范院校的生物学科教学也迅速发展起来。1983 年,我国国务院学位委员会将"教材教法研究"专业改为"学科教学论"专业,这是一次理论上的飞跃。国家教委高等理科生物教材编审委员会也把本课程更名为"生物学教学论"。

21 世纪我国的教育进入了一个崭新的历史发展时期,随着《中共中央、国务院关于深化教育改革全面推进素质教育的决定》和《国务院关于基础教育改革纲要(试行)》的相继颁布,为构建符合素质教育要求的新的基础教育课程体系,教育部决定大力推进基础教育课程改革,调整和改革基础教育的课程体系、结构和内容。2000 年颁布的《全日制义务教育生物课程标准(实验稿)》和《普通高中生物课程标准(实验)》恰恰体现了素质教育的核心精神,指出生物课程理念的核心是为了每个学生的充分发展,并具体提出了"提高生物科学素养"、"面向全体学生"、"倡导探究性学习"和"注重与现实生活的联系"四大前沿理念。这是新中国成立以来基础教育最大的一次改革,也是生物学教学论进一步发展的有利时机。

4. 生物学教学论的学习方法

生物学教学论,作为一门多学科相互交叉、相互渗透而成的综合性边缘学科,决定了本学科的特殊性;作为即将为中学输送教学骨干的高师生物科学专业(生物教育方向)学生的必修课,又凸显出本学科的重要性,因此要学好本门课程需要掌握一定的方法与技巧。

4.1 夯实基础,重视理论知识的学习

如同高楼大厦离不开坚实的地基一样,基本理论知识就像是生物学教学论的基石,每位即将登上讲台的生物学准教师都要牢牢夯实理论基础。既要吃透生物学教学论中的基本概念和基本原理,又要创造性地联系众多概念和原理,这样才能站在“前人的肩膀上”,一方面“游刃有余”地通晓学科全貌,另一方面“游刃有余”地继续“攀登问鼎”,从而获得专业上的不断发展。例如,只有通晓 2000 年颁布的《全日制义务教育生物课程标准(实验稿)》和《普通高中生物课程标准(实验)》的核心精神,才能在将来的工作中运用其先进理念指导实际教学、帮助学生获得全面发展。

4.2 手脑并用,加强实践训练

诺贝尔奖获得者、华裔科学家杨振宁曾经说过:“科学毕竟有 90％是实验活动,科学的基础是实验。”在生物学的发展过程中,生物学实验自始至终都占有极其重要的地位。生物学实验不仅能验证理论知识,还能够习得技能、获取经验,有助于迁移运用。作为生物学准教师,适当的基础实验训练是非常必要的,在训练的时候要注意不仅要让生物学准教师能够达到熟练进行实验操作的程度,更要让生物准教师们学会如何以一个教师的角色将实验教给中学生,并能充分体现新课改的精神。这就对生物学师范教育提出了更高的要求,微格教学、教育见习、调研考察、名师教学观摩等都可以作为师范技能训练的良好平台,让生物学准教师们多看、多听、多议、多读、多写、多做、多讲,从而造就一批新时代的高素质教学能手。

4.3 自省自控,强化经验的总结

事实上师范生从参加第一次模拟教学开始就已经开启了教学实践的大门,但师范生们往往感觉茫然、无所适从,缺乏实际的教学技能。要想使自己成为一名合格的教师,不断地自我反省、总结经验是一条重要的途径。模拟教学是师范生在校训练教学技能的最主要方式。要知道,只有在每次模拟之后作详细的教学反思,虚

心听取指导老师和同学的意见,并对自身存在的问题作出改进,这样才能取得更大、更直接的进步。另外,要把握好教育实习这个最佳的向资深教师学习的机会,因为资深教师有许多教学经验是非常宝贵而在书本上是学不到的,这些经验对初上讲台的师范生来说无疑是增长教学水平的"催化剂"。加强与资深教师的交流,不断总结成功的经验和失败的教训,提高自身的综合素质,才能更快地实现从学生向教师的角色转变。

4.4 与时俱进,灵活运用各种资源

俗话说:"给学生一杯水,教师要有一桶水。"对随时接受着各种信息的学生来说,教师的这一桶水已经远远不够用了,在新形势下教师要"长流水"才行。时代在发展,科学技术在突飞猛进,知识总量急剧膨胀的同时,部分知识也在不断老化,这就要求生物学准教师必须广泛学习、深入钻研,建立一个科学的、高效的、适应时代发展的知识结构体系。除了教科书和课堂学习以外,生物学准教师要灵活运用各种资源,如观摩中学生物学教师讲课、阅读中外专业期刊、钻研各类中学教材教辅、浏览互联网上的信息、关注专业学术会议等,在各种知识的日积月累之下,教学水平一定会很快得到提高。

【参考文献】

1. 李定仁,徐继存. 教学论研究二十年[M]. 北京:人民教育出版社,2001
2. 刘恩山. 中学生物学教学论[M]. 北京:高等教育出版社,2003
3. 张汉光. 生物学教学论[M]. 南宁:广西教育出版社,2001
4. 张迎春,汪忠. 生物学教学论[M]. 西安:陕西师范大学出版社,2003
5. 汪忠. 新编生物学教学论[M]. 上海:华东师范大学出版社,2006
6. 陈俊雄. 中学生命科学教学论[M]. 西安:陕西师范大学出版社,1997
7. 张成军. 中学生物学实验教学[M]. 北京:科学出版社,2009

第一章　中学生物学课程

第一节　中学生物学课程的性质、价值和地位

对生物学课程性质、价值的认识是教师专业素养的基本要求之一，生物学教师对此要有深入的理解，并能随着新课程的推进，不断地思考这个问题。

1. 生物学课程的性质和地位

中学生物学课程从课程性质来说属于学科课程。在我国大陆地区，初中阶段的生物学课程是国家统一规定的，以提高学生生物学素养为主要宗旨的必修课程；高中生物学课程是在义务教育基础上，适应高中学生身心发展特点和规划人生、终生发展的需要，以进一步提高学生生物科学素养为主要目的的科学课程，包括必修和选修两部分内容。中学生物学课程是科学教育中的一门重要学科。

生物学课程是科学课程，不仅要传播科学的事实和概念，更要体现科学是一个探究的过程。每一个生物学教育工作者，不论是教材编写人员、生物学教师，还是教研人员，都应在实现生物学课程的过程中注意把握并向学生展示课程的这一性质。

生物学课程具有技术课程的性质。技术是推动人类文明的强大动力，技术增强了人们改变世界的能力，它在许多方面表现为生产力。科学和技术有密切的关系，科学家将科学和技术称为"一个硬币的两个侧面"。在当今世界中，生物科学和技术的发展已经充分地表现出了这些特点。中学生物学课程编写人员在注意到其科学课程性质的同时，也注意到了它的技术本质和特征，使该课程中生物技术的内容在不断增加。一个具有生物科学素养的人，应该对生物技术的特征有一些基本的认识。在中学生物学课程中加强生物技术，是我国生物学课程在进入 21 世纪之后的突出变化之一。在实施生物学新课程中，教师要注意体现它技术的性质。

生物学课程作为必修课程的性质和地位。中学生物学课程面向全体中学生，

课程的主要目的是提高全体公民的生物科学素养。在当今社会中,任何一个公民都会在自己的生活和工作中面对大量与生物学相关的问题,并作出各种决策。因此,生物科学素养对于每个人来说都是必须具有的基本素养。基于这样的认识,教育部 2001 年颁布的义务教育课程计划中,生物学作为必修课程是自然科学课程中课时最多的一门学科。在高中课程方案中,生物学课程与其他自然科学课程有着相同的学分要求。这些都反映了生物学课程在基础教育中作为必修课程的性质和在科学教育中的重要地位。

2. 生物学课程的价值

生物学课程是中外义务教育阶段核心课程的重要内容之一,也是高中课程中一门重要的理科课程。中学生物学课程的基本价值是这门学科课程在实现我国基础教育课程培养目标过程中所具有的作用。生物学课程价值主要表现为:

2.1　培养学生的生物科学素养

初中和高中阶段生物学课程的所有要求和生物教师在实施课程中的所有努力,都是为了培养学生的生物科学素养。具有生物科学素养的人应具有正确的科学态度、价值观和世界观;有一定的科学探究能力,理解生物学的核心概念和原理;具有良好的思维习惯和理解力,能够应用生物学的知识和方法去面对现实生活中与生物学相关的问题。生物科学素养是构成一个人科学素养的必不可少的组成部分。因此,中学生物学课程在提高全体公民科学素养方面具有不可替代的作用。

2.2　为学生终身的学习和发展打下基础

中学生物学课程应体现自然科学的本质和特征,使学生学习生物学的过程成为一个主动探究和认识生命世界的过程。这一过程不仅要使学生在头脑中构建一个关于生物学的较为“完整的画面”,同时也要激发学生的学习动机,使他们乐于学习和学会学习。通过生物学课程的学习,使他们的认知能力,特别是高层次认知能力得到发展,为个人的持续发展打下基础。

2.3　为学生步入社会、择业和确定进一步学习的专业方向提供帮助

21 世纪,生命科学和信息技术是率先发展的两个领域。这两个学科的迅速发展不仅推动了自然科学的发展,同时也在改变着我们的社会条件和我们的生活,加速了经济的发展及人们思维方式的改变。科学在推动社会变化的同时,也给人们带来了挑战和新的问题。因此,生物学课程要跟上科学与社会进步的步伐,帮助学生了解和适应这些变化和挑战,并使他们有一定的能力去面对那些在日后必须要面对的、与生物学相关的问题。

现代生物技术的发展刺激了生物技术相关产业的扩大,因此将会有更多的中学毕业生经过不同水平的培训后加入到生物技术产业的劳动大军之中。基础教育中的生物学课程虽然不是职业教育,但也应适当介绍与生物科学技术相关的产业和职业,为学生择业提供必要的信息和帮助;同时也要介绍生物科学的进展和不同的学术方向,为打算进入高等学校的学生理智地选择专业提供帮助。

第二节　中学生物学课程的历史沿革

自从生物课程产生以来,经历了漫长的发展变革过程。

1. 我国生物学课程的变革过程

我国生物学教育专家周美珍教授在《生物教育学》一书中,将我国近百年来生物课程设置的历史分为 6 个阶段。

1.1　生物学课程的起始阶段

我国正式开设生物课程,始于 19 世纪中叶的教会学校。1842 年,英国传教士马礼逊在中国传教办学,其所设的课程中就有生理学。以后在各教会学校中均设有生物学、生理学。但当时的教会学校的生物学教学内容带有浓厚的宗教色彩和神学观点,且由洋人执教,使用洋教材。

光绪二十九年(1903 年),清政府为了实现"中学为体,西学为用",推行当时半殖民地半封建社会的教育方针,曾经颁布《奏定学堂章程》。这是一部经过正式颁布并在全国范围内推行的教育法令,是清朝末年极为重要的一部教育方面的纲领性文件。这个章程规定了学制、课程设置、各科教学的目的与要求等内容,为当时的教育工作提供了一系列重要的方针政策。

在这个过程中,将学制规定为三个阶段:第一阶段为初等教育,第二阶段为中等教育,第三阶段为高等教育。在中等教育阶段开设的学习科目共 12 种,其中包括博学一科。"博学"是一个综合性的名称,其内容包括植物、动物、生理卫生、矿物等。

民国元年(1912 年),"中华民国"成立。在当时颁布的《中学校令施行规则》和《中等学校课程标准》中,也规定设有博物课程。教学内容和要求与 1903 年相比无多大变化,只是提出了开设实验。生物学课程必须开设实验的明确规定由此开始。

1903—1922 年是中国中学生物学教育的起始阶段,生物课程正式列入国家教学计划,并由中国学者执教、编译或编著教材。

1.2 生物学课程的初创阶段

民国 11 年(1922 年),当时的北洋政府对旧学制进行了改造,并于 1923 年 6 月公布了新学制中小学课程标准纲要。值得重视的是,1923 年制订的新学制课程标准,是我国第一次以现代教育科学为理论依据的、体系较为严整的中小学各科课程标准。它的实行是我国 20 世纪 20—30 年代教育质量稳步发展和提高的重要保证之一。本次学制和课程的改革,在相当大的程度上移植了美国的做法,在普通中学方面,表现得尤其明显。例如,采用三三分段制,高级中学采用综合中学制,以及推行选科制,开设相当比重的选修课等。此后,1929 年的暂行课程标准、1932 年的正式课程标准,均以 1923 年的课程标准的框架为基础。

这个时期所开设的生物学课程也比较科学合理。初中阶段,在必修科中开设博物科目,其中包括植物、动物、矿物等内容,同时在体育科目中开设包括生理卫生的内容;或者在必修科中开设自然科学科目,其中包括博物、生理及卫生。在高中阶段,在必修科中,开设自然科学科目,其中包括生物学,或者开设生物科目;同时,在高中体育课中,有卫生法的内容。

从清末到民国的这一历史阶段,我国的课程建设基本上是学习以夸美纽斯和赫尔巴特为代表的传统的课程理论。1919—1922 年杜威来华讲学,系统地介绍了所谓的现代课程理论,对当时教育界产生了极大影响,也曾风行一时,直至新中国成立前夕。

1.3 生物学课程的初步发展阶段

新中国成立后,我国中小学课程进入了改革旧课程、建设新中国中小学课程体系阶段。我国在 1952 年开始编订第一个《中学生物学教学大纲》,大纲以前苏联的中学生物学教学大纲为蓝本。大纲规定要逐步深入地讲授米丘林学说的基本原理和达尔文生物进化论的基本原理,以及巴甫洛夫生理学的基本知识。根据该大纲编写的教材系统性强,强调实验和演示,注意与生产实际的联系,重视对学生进行辩证唯物主义教育和爱国主义教育。

新中国成立初期,中学生物学课程改革的鲜明特点就是全方位学习前苏联自 20 世纪 20 年代发展起来的教学理论,强调对学生进行辩证唯物主义的世界观教育和爱国主义教育,强调双基教学和教师的作用;并对生物学教学的过程、组织形式、原则、方法、效果检验、实验教学、课外活动等加以明确的界定和论证,形成严格的、规范的课堂教学体系,使理论对教学实践起到充分的指导作用。但是由于长期的效仿,也造成了较严重的消极后果,最深刻的教训就是在思想方法上的简单化和绝对化,把前苏联的教育理论视为辩证唯物主义的科学真理全面地肯定和推崇,而视西方现代课程理论的丰富内容为唯心主义、形而上学的异说,不加分析地排斥和全盘否定,把不同学术观点的争论,纳入意识形态领域的斗争。

这个阶段的中学生物学课程与建国前相比,有了比较完善的生物学教学大纲和按大纲要求陆续出版的全国统一的质量较高的教材,使中学生物学教学质量有了保证。

1.4 生物学课程的巩固发展阶段

1957年2月,毛泽东在国务院扩大会议上所作的《关于正确处理人民内部矛盾的问题》的报告指出:"我们的教育方针,应该使受教育者在德育、智育、体育几方面都得到发展,成为有社会主义觉悟的、有文化的劳动者。"

为了更好地贯彻教育方针,加强劳动教育,教育部先后颁发了《中学教学计划》和《关于调整和精简中小学课程的通知》,在通知中对中学生物学课程提出了修改意见。在当时开展教育革命的特定历史条件下,初三增设了"农业基础知识"课,教材由各省、市自编。"农业基础知识"课的教学,使学生在已获得的动、植物知识的基础上,进一步掌握栽培植物、饲养动物的基础知识和技能,了解农业生产科学理论和生产技术。但是,由于受到"左"倾思潮的冲击,有的学校主张当地生产什么就讲什么,或用生产劳动课代替生物课,大大削弱了生物学基础知识和基本技能的教学。

从这个时期生物学课程设置的变化可以明显地看出一个趋势和特点,即教学时数减少、开设的年限也减少。在教学时数方面,初中生物课的每周时数由8课时减少为5课时,再减少为4课时,也就是在1958—1964年6年之间,减少了二分之一的课时;高中生物课的每周时数由3课时减为2课时。

这一阶段,虽然生物学基础知识和基本技能的传授有所削弱,但由于在中学生物学教学中注意结合我国的实际,故在理论联系实际和用生物学知识为农业生产服务等方面,积累了不少经验,对以后的生物学教学改革起了一定的作用。同时,在汲取经验教训的基础上,重新修订了生物学教学大纲,并编制了一套体系较强、内容充实、质量较好的中学生物学教材,使生物学课程建设得到了巩固和发展。

1.5 生物学课程受严重摧残的阶段

1966年5月"文化大革命"开始,到1976年粉碎"四人帮"为止,是中华民族蒙受空前劫难的十年。"文化大革命"掀起的极"左"浪潮,打乱了中学的教学计划和课程设置,破坏了学校的正常教学秩序,搞乱了教学思想,冲散了教师队伍,图书、仪器、设备受到很大损失,使中学教育陷入停滞状态。

同整个中学教育事业一样,中学的课程和教材也受到了严重破坏。"文化大革命"一开始,全国通用的中学教材就被看作"封、资、修的大杂烩",成为批判的对象。自此,全国通用的中学教材停止使用。接着,负责编写、出版全国中小学教材的人民教育出版社被撤销,全体人员下放劳动,接受考查。

1967 年 10 月,中共中央发出《关于大中小学复课闹革命的通知》,要求大、中、小学一律开学;一边进行教学,一边进行改革;逐步提出教学制度和教学内容的改革方案。此时,一般由学校或师生自定课程,自选教学内容,自编教材。十年动乱期间,上海、辽宁等地取消了物理、化学、生物课程,改设"工业生产知识"、"农业生产知识"课程。生物学课程从 1966 年开始取消,直到 12 年后的 1978 年才得以恢复。

1.6 生物学课程恢复和深入改革阶段

十一届三中全会以后,随着我国经济、科技、教育等方面体制改革的深入开展,中学教育事业得到蓬勃发展,中学生物学课程也发生了深刻的变革。1978 年,教育部颁发了《全日制十年制学校中学生物学教学大纲》和《中学生理卫生教学大纲》,生物学课程开设初中生物学、生理卫生、高中生物学等科目,总课时为 142 课时,并编写了新的教材。这套教材从实现四个现代化的需要出发,选取必要的基础知识和现代生物知识,介绍了分子生物学的初步知识,还坚持理论联系实际,重视实验和演示。这个阶段的中学生物学教育尽管从课时数来说是新中国成立以来最少的时期,但由于是在十年动乱期间受到严重摧残后恢复的,因而对学生加强了生物学基础知识的教学和基本技能的培养,使中学生物学教学质量大大提高,奠定了生物学科在中学中的地位。

1981 年以来,特别是改革开放以来,生物学教育在恢复的基础上得到了较快的发展。国际间学术交流和国内学术研究得到蓬勃发展,通过国外学者来华讲学和国内派遣学者出国交流、翻译国外学术著作等形式和途径,了解了世界各国,特别是发达国家的教育科学、心理科学的研究成果、学术观点及生物学教育改革的进展和动态,出现了新中国成立以来学术研究从未有过的繁荣景象,推进了我国教育事业的发展,对深化生物学教育改革具有积极而深远的影响。

1981 年,教育部颁布了《全日制六年制重点中学教学计划(试行草案)》和《全日制五年制中学教学计划(试行草案)》,规定初中开设植物学、动物学、生理卫生,高中开设生物学,四门课程总学时数为 256 学时,基本上恢复到 60 年代的水平。

人民教育出版社在总结新中国成立以来教材建设经验教训的基础上,新编了一套生物学教材,1982年开始在全国使用。这套教材的特点是切实加强了双基教学,重视了实验教学,注意联系学生生活和生产实际,增加了现代生物学的基础知识。尤其是高中生物学教材,扩展了细胞生物学、遗传学、分子生物学、生态学和环境保护等内容,是新中国成立以来编出的最好的一本高中生物学教材,无疑是教材建设史上的重大成就。面对当时生物学教师素质难以适应新教材的现实,不是采取"削足适履"来降低要求、迁就落后的办法,而是坚持以教材促教师素质的积极态度,通过师资培训,在短期内提高了广大教师的业务水平,顺利达到了新教材的教学要求,切实提高了教学质量,为以教材建设促师资素质的提高积累了成功的经验。

1985年,国家教委颁布了《高中生物学纲要(草案)》。人民教育出版社根据该《纲要》规定的基本要求和较高要求,在1982年编写的《高级中学生物课本》的基础上,改编出版了甲种本和乙种本两套高中生物学教材,各地根据办学条件和学生基础的实际,可以任意选用。1991年人民教育出版社根据1990年颁布的《全日制中学生物学教学大纲(修订本)》在高中三年级开设生物学选修课内容,编写了高中生物学选修课教材。

近年来,随着改革开放的进一步发展,根据教育"要面向现代化、面向世界、面向未来"的改革指导思想,"以学生发展为本"的教育观念以及以"德育为核心、创新精神和实践能力为重点"的素质教育要求,生物学教育工作者本着继承、发展和创新的精神,以课程改革为中心,从教材建设、教法、学法、考法、教学手段及教学评价等各个方面全面推进教学改革,无论是在理论上还是教学实践上都取得了可喜的进展。

2001年由国家教育部制定的《生物课程标准》,提出了生物学教育要面向全体学生、提高生物科学素养、倡导探究性学习的课程理念。综合考虑了学生发展的需要、社会需要和生物科学的发展三方面因素,选取了"科学探究"等10个主题。考虑到具有关心、保护环境的意识和行为是九年义务教育重要的培养目标,结合生物学科特点,课程内容标准突出了人与生物圈。考虑到生物技术发展迅猛,已经显现出巨大的社会效益和经济效益,并正在越来越多地影响每一个普通公民的生活和发展,因而安排"生物技术"主题。考虑到使每一个学生学会健康生活是义务教育阶段培养目标之一,因而单列"健康地生活"主题。《生物课程标准》规定的情感态度与价值观、知识和能力的目标,需要通过学生主动的、多样化的学习活动才能逐步达到,因此,课程内容标准还安排了多种形式的活动建议和案例。

从全国范围来讲,中学生物学教育的改革虽然发展不平衡,但都取得了一定的成效。特别是在一些经济发达地区,教育改革走在了前面。以上海市为例,在 20 世纪末,提出了《面向 21 世纪上海市中学生物学科教育改革行动纲领》。该《纲领》确定面向 21 世纪中学生物学科的教育改革目标是:全面改革目前以学科知识为主导的生物学教育,实施与上海这个国际大都市发展相适应的、体现当代生物学特征的生物学教育;以学生为主体培养全体学生的生物学态度、科学精神和创新思维习惯;提高全体学生生物学的学习能力、实践能力;满足每个学生接受生物学教育的需要(包括生活需要、就业需要和终身学习需要)。《纲领》建立了全新的生物学教育课程体系和评价体系,并改进了教学方法。在教学内容上,它要求从"认识生命"、"透视生命"、"探索生命"三个层面构建教学内容结构。在课程结构上,它由基础型、拓展型和探究型三种功能的课程组成每一学段生物学的课程结构。在教学方法方面,强化学生在生物学教育过程中的主体地位;创建和应用新的教学模式,加强现代教学媒体的应用;强化生物活体(植物、动物和人体自身)在教学中的作用;加强实验教学中的实践性、研究性和探索性;拓宽课堂教学的空间,加强实践性、应用性,并建立多元化、多模式的生物评价新体系。

2. 国外生物学课程发展概述

随着科学的发展和社会的进步,当今社会面临着越来越多的错综复杂的问题。人们也越发感到现有学科课程体系存在着课程过于分化,脱离现实生活,课堂上传授的彼此孤立的学科知识不利于实际问题的解决等诸多问题。而现代教育的一个基本特征就是教育与社会生产及社会生活紧密结合。上述问题的存在促使教育的发展出现了两个明显的趋势。一是在教育思想方面,科学主义与人文主义表现出了融合的趋势。两者不再是尖锐对立的了,在许多方面都表现出既强调教育的科学价值,同时又强调教育的人文价值。二是在课程设置方面出现了改革传统课程体系,建立新的课程观念的趋势。20 世纪 70 年代以后,许多国家注意将学科中心论与儿童中心论有效地结合起来,进行课程改革的探索。

由于各国的教育发展都有其各自的特点,教育改革的进程各不相同,因此,课程改革也受到了多种因素的制约。但是,世界各国的课程改革在总体上仍存在着许多共同的特点。首先,课程设置的统一性与灵活性相结合。无论是中央集权制国家,还是地方分权制国家,都逐渐认识到"统得过死"和"放得过宽"的弊端,开始采取统一课程为主、选修课程为辅的政策。第二,把培养全面发展的人才作为课程设置的目标。许多国家所设课程中除智育科外,还设有德育、体育、美育、综合技术教育、劳动教育等科目。第三,精选教学内容,既使学生掌握各学科的基础知识、基本技能,又要及时反映科学技术的新发展。如美国中学除设有语文、数学、自然研究等核心课程以外,人际关系、电子计算机、宇宙空间、地球科学等科目也不断出现在中学课程表里。第四,重视培养学生的创造力,开发学生智力,增强学生适应社会变化的能力,培养学生适应社会发展的需要。如日本于 1987 年提出课程改革的标准之一就是重视培养学生主动学习的精神和适应社会变化的能力。

随着课程改革的发展,中学生物学课程的内容也发生了相应的变化。在 20 世纪 60 年代以前,国际上许多生物学课程的主要目的是为了培养未来的医学和兽医学的大学毕业生。课程的内容是在植物学和动物学两个主要领域中教授学术性的生物学科知识。植物学注重具体观察植物的结构和命名,很少强调植物的生理过程。动物学主要讲授各种脊椎动物和无脊椎动物的"模式标本"及其生理过程的机制,重点放在结构上,而不是功能上。

20 世纪 60 年代初,由于前苏联在 50 年代末发射了第一颗人造地球卫星,促使西方国家大规模地进行了有关中学理科课程的改革。其中生物学教学的主要变化是走向培养学生的科学探究态度和技能以及讲授现代知识。此项改革以美国的生物科学课程研究会(BSCS)和英国的纳菲尔德生物学项目为代表。其特点是:在内容上,向作为人类活动的科学方面进行重大转变;在教学方法上,开始强调实验和启发式的方法。

20 世纪 70 年代早期,在 60 年代课程改革的基础上,许多国家都发生了从主要以升入大学为目标的英才教育体系,到主要以准备进入社会为目标的大众教育体系的转变。人们越来越关心高度学术性的理科课程与教室之外的社会生活之间的联系,把与社会有关的科学课题带进了教室。此时,英国创设了"社会中的科学"、"社会范围中的科学"等项目,编写了补充性的课程教材。

70 年代后期和 80 年代,在许多国家出现了大量将科学技术与社会联系在一起的课程和教材。以后,逐渐发展成典型的"科学—技术—社会",即开始了 STS 时期。此时典型的教材有英国的《社会中的科学与技术》(SATIS),其特点是教材由教师和工业部门或社会地区的工作者共同编写,内容涉及本地区的社会、技术、应用科学等方面。

在 80 年代,理科教育与生物学教学有关的另一个发展趋势是"科学为大众"或"科学普及",以及后来被称为"均衡科学"的课程理念,即将分设的生物学、化学和物理综合、协调地组合成为一门必修的理科课程。为此,英国规定这门课程占 5—

16 岁学生 20% 的课程时间,就是对那些科学兴趣较低的学生也不得低于 12.5% 的课时。对课程的这种安排确保了所有学生都将在整个中等教育期间继续学习有关生物、物理、化学、地理和天文等理科方面的内容。

90 年代以后,国际生物学课程发展逐步呈现以下两个新趋势。一是生物学课程价值观的变化。传统的中学生物学课程价值观在较大程度上受到理性主义教育价值观的支配,强调生物学的学科知识体系。一些新的价值观开始逐步得到承认。二是生物学课程结构和课程内容的变化。单一学术化的课程结构难以反映生物科学的新成就,难以与生活、社会实际紧密联系,学生获得信息的渠道狭窄。新的生物学课程结构和内容将进一步兼顾社会发展的需要、学科发展的逻辑和学生认知发展的规律,新的课程将得到进一步的开发。

一向谨慎的联合国教科文组织在 1977 年出版的《生物学教学新趋势》一书中列出一份《学校生物学教学目标概览》,提出了如下教学目标:① 激发和维持学生对学习科学进程的兴趣,培养学生理解事物原因的能力;② 用科学方法进行技能和行为方面的培养;③ 向学生传播切合客观实际的知识;④ 使学生不断增强学习的主动性;⑤ 激发学生追求更高层次的科学教育;⑥ 鼓励学生在学科之外的环境中运用科学原理和手段;⑦ 促进科学进入个人和社会文化生活,以便消除各种文化(文学与科学)之间的隔阂;⑧ 参与对生物职业的培养工作。这些教学目标把生物学课程放到了一个非常广阔的视野中并加以心理化,对今天的中学生物学课程改革仍然颇具指导意义。

3. 美国生物学课程改革

根据美国生物教育学家施瓦布(Schwab, 1963)的划分,美国早期生物学课程发展可分成三个阶段。1890—1929 年为第一阶段。该阶段的教科书强调生物的基本事实和对学科作出概括,由于这类教科书是由进行生物研究的科学家所写,因此具有与信息来源紧密相连的优点,缺点是对学生的学习兴趣和学习心理考虑不够。1929—1957 年为第二阶段。这个时期的教科书作者主要是教师和视导员,所以这类教科书受教学问题的影响很大。但它们与科研方面的联系却越来越少,生物的知识结构与教科书内容之间的差距越来越大。以上两个时期的教材以及后来的课程、教学几乎完全是描述性的,课程内容几乎全是彼此联系很少的大量事实和初级的概括。第三阶段始于 1957 年,前苏联第一颗人造卫星的发射开创了这个新的阶段。生物学课程,如美国生物科学课程研究协会(BSCS)编制的三种不同版本的教材和英国纳菲尔德基金会赞助编制的课程,都将生物学描绘成实验性的科学。

学生通过学习获得一些科研的技巧,同时也能获得一些生物学的基础知识。更重要的是,新的生物学课程是对疑点和难题的探索,也是对理论与实践之间相互影响的研究,而不仅仅是"结论的修辞学",因此第三阶段可称为探索阶段。

经过 10 年左右的课程改革,生物学科一改传统的以传授描述性知识为中心的博物课程,而成为一门现代的以传授学科结构为中心的科学课程。它不再要求学生死记硬背各种事实性知识、术语或概念,而是强调学生积极参与教学过程,投入"发现"和"解决问题"的各项活动。但是到了 20 世纪 60 年代后期,学科主义课程包括初版的 BSCS 课程却普遍遭到批判:反对者说,它过分强调抽象的理论而忽视了实际应用的需要;生物学课程的内容过于精深,过于专业化,难以为实际生活中的各方面服务。学生们对于将科学探索作为一种终身职业并不感兴趣,生物课程也不能使他们认识到科学在日常生活中的作用。也就是说,当时的生物学课程由于过分强调生物学知识的结构性,造成专业性过强,忽视了生物科学的社会意义和人文意义,忽视了生物科学同社会的关系及其相互影响。

于是,在 20 世纪 80 年代初,美国的生物学教育又面临着另一场改革,这场改革的重点不是获得多少学科知识,而是注意这些知识的实用性。在人文主义课程思潮的冲击和影响下,生物学课程出现了科学人性化的趋势。例如,探讨科学的发展、先进技术的普遍推广为人类创造的财富和带来的灾难应如何体现在中学生物学课程中;一些长期存在于社会中的生物—社会问题(诸如人口、营养、健康、环境保护和能量保存等),其本质和对策如何;当前生物学教育所面临的最大危机是什么;等等。

在经历了多次的反复之后,当前美国生物学教育正在追求多方位的、综合性的教育目标。它不仅能使学生的理智得到发展,而且能够使学生运用所学知识,从整个自然环境中认识人类并进而为改进人类生活质量服务。不仅如此,它还能使学生运用所学的知识理解自我,并运用道德、价值、伦理及审美的观点分析和处理当代社会的种种矛盾。

第三节　中学生物学课程理念

1. 初中《标准》提出的课程理念

1.1　面向全体学生

长期以来,教育一直充当着"教化"的角色。在中国的传统文化中,"教师"的

"师"就是"凡能率众能牧民者"。这就是传统的学生观。新课程的学生观则认为学生是发展的人、是独特的人、是独立的人。

说学生是发展的人，其意义是：学生的身心发展是有规律的，应掌握不同年龄阶段学生身心发展的特点，并依据学生身心发展的规律和特点开展教育教学活动，从而有效地促进学生的身心健康。学生具有巨大的发展潜力，应该对教育好每位学生充满信心。学生还不是一个成熟的人，学生需要在教师的指导下成长起来。

说学生是独特的人，其意义是：学生是完整的人，必须反对那种割裂人的完整性的做法，还学生完整的生活世界，丰富学生的精神生活，给予学生全面发展个性力量的时间和空间，珍视学生独特性和培养具有独特个性的人。独特性也意味着差异性，差异性不仅是教育的基础，也是学生发展的前提，每个学生都应在原有基础上得到完全、自由的发展。

说学生是独立的人，其意义是：每个学生都是独立于教师之外、不依教师的意志为转移的客观存在。教师要想让学生接受自己的教导，首先就要把学生当做具有独立性的人看待，使自己的教育教学适应他们的情况和发展规律。学生是学习的主体，正如每个人都只能用自己的器官吸收营养物质一样，每个学生的学习也不能"越俎代庖"。学生还是责权主体，这是建立民主、道德、合法的教育关系的基本前提。强化这一观念是时代的要求。

确立现代的学生观，有助于理解"面向每个学生"的课程理念。初中《生物课程标准》确定的"面向全体学生"的课程理念，强调的是着眼于学生全面发展和终身发展的需要，提出了全体学生通过努力都应达到的基本要求。同时，也有较大的灵活性，以适应不同学校的条件和不同学生的学习需求，实现"因材施教"，促进每个学生的充分发展。和高中阶段的"面向每个学生"的课程理念相比，虽然强调要实现"因材施教"，但是初中阶段的"面向每个学生"的课程理念更加强调的是全体学生通过努力都应达到的基本要求，而不是将教学资源、精力、关注点更多地放在"因材施教"上。

面向全体学生首先就意味着"教育就是服务"，就是教育在制度、目标、措施与方法层面上真正做到"一切为了学生，为了一切学生，为了学生的一切"，就是公正地对待每一个学生，向他们提供最恰当的教育，使具有不同天赋，潜能，不同气质、性格和不同文化背景的学生都能得到最充分的发展，以便他们在社会生活中能够找到自己应处的位置，最充分地实现他们作为人的价值。

面向全体学生也意味着教师要尊重每一个学生，要给每一个学生提供同等的学习机会,使所有的学生通过生物学课程的学习,都能在原有的水平上得到提高,获得发展。

1.2 提高生物科学素养

关于科学素养的界定一直难以统一,但科学的迅猛发展又对科学素养给予更多的关心和重视。人们越来越认识到要想驾驭当今科学的飞速发展,不仅需要有优秀的科学研究人员进行开创性的研究,更需要全体国民科学素养的提高,这样才能满足不断发展的科学技术对各行各业普通劳动者素养要求的提高,同时满足科技含量越来越高的现代生活的需求。

我国著名的化学家、原中国科学院院长卢嘉锡认为科学家的"元素组成"是 C_3H_3,即清醒的头脑(clear head)、灵巧的双手(clever hands)、洁净的习惯(clean habit)。有的科学家则明确提出"重要的不是获得知识,而是发展思维能力。教育给予人的无非是一切已学过的东西都遗忘掉的时候所剩下来的东西"。剩下来的东西就是科学素养。有的教育家进一步论述科学素养,认为科学素养包括智力因素(知识结构、智力结构)和非智力因素。它们相互依赖、相互影响、相互渗透,形成一个综合性、整体性的科学素养结构。其中知识结构是整个素养结构的基础,智力结构是在知识结构的基础上形成的,并反过来促进知识结构的进一步完善,智力结构是科学素养结构的主干。

科学素养的知识结构是由结构合理的、扎实的基础知识所组成的。科学素养的智力结构则是人的认识能力的总和,包括观察能力、思维能力和实践能力。科学素养的非智力因素结构是人的素养结构中的最高层次,是由道德、意志和审美结构所组成的统一体。

生物学课程是自然科学课程,在培养学生科学素养方面有着重要的任务。科学教育的主要目的是提高学生——未来公民的科学素养。公民的科学素养主要包括:科学观念、科学精神、科学态度、科学知识、科学方法和科学的实践能力等方面(图1-1)。

《生物课程标准》提出的"提高生物科学素养",是指参加社会生活、经济活动、生产实践和个人决策所需的生物科学概念和科学探究能力,包括理解科学、技术与社会的相互关系,理解科

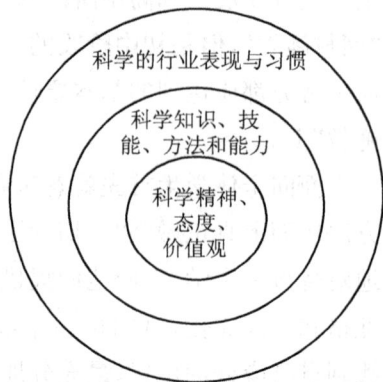

科学的行业表现与习惯

科学知识、技能、方法和能力

科学精神、态度、价值观

图1-1 科学素养结构示意图

学的本质以及形成科学的态度和价值观。简言之,提高生物科学素养,其结构不仅包括一般意义上的"科学知识、技能、方法和能力",还包括科学素养的核心——"科学精神、态度、价值观"等,提高科学素养是指全面提高科学素养。其实,日常课堂教学就是教师全面提高学生科学素养的机会,切实改变了教学观念就会抓住每一个这样的机会,将看似"平淡"的教学演绎为提高学生科学素养的"和风细雨"。

1.3 倡导探究性学习

美国国家科学课程标准对探究性学习作出了较为明确的界定,认为"探究性学习是一种复杂的学习活动,需要作观察;需要提问题;需要查阅书刊及其他信息源,以便了解已有的知识;需要设计调查和研究方案;需要根据实验证据来核查已有的结论;需要运用各种手段来搜集、分析和解释数据;需要提出答案、解释和预测;需要把结果告之于人。探究需要明确假设,需要运用判断思维和逻辑思维,需要考虑可能的其他解释"。发展理解和从事这种活动的能力,要求有直接参与探究的经验和不间断的实践过程。

促进学生学习方式的改变,倡导探究性学习也是我国本次课程改革的主要内容。探究性学习是相对于接受式学习的。一般认为,接受式学习是向学生直接呈现学习内容,学生是知识的接受者。而探究性学习则以问题形式呈现学习内容,学生是知识的发现者。接受式学习方式过分突出和强调接受和掌握,冷落和忽视发现和探究,不仅摧残人的学习兴趣和热情,也窒息人的思维和智力,成为学生发展的阻力。探究性学习则能够促进学生获得理智和情感体验、建构知识、掌握解决问题的方法。

探究性学习进入学校科学教育课程的时间还不到一个世纪。1900 年以前,大多数教育者主要把科学看做一种可以通过直接的灌输让学生学到的一堆知识。1909 年美国著名的教育家约翰·杜威提出科学教育过于强调知识的积累,而对科学作为一种思维方式和认识态度这些方面却没有给予足够的重视。杜威指出,科学不仅是需要学习的一堆知识,同时也是一种学习的过程或方法。20 世纪 50—60年代,探究性学习作为科学教学的一种方式,它的合理性越来越被人接受。美国教育家约塞夫·施瓦布建议教师要给学生亲身实验的机会,根据学生的实验学习经验组织教学。通过这种方式,学生不仅认识到科学知识的构成,还知道了科学知识是如何获得的。

《生物课程标准》认为,生物科学不仅是众多事实和理论,也是一个不断探究的过程。倡导探究性学习,目的是"力图改变学生的学习方式,引导学生主动参与、乐于探究、勤于动手,逐步培养学生收集和处理科学信息的能力、获取新知识的能力、分析和解决问题的能力,以及交流与合作的能力等,突出创新精神和实践能力的培养"。

倡导探究性学习,应该对课堂有所理解。课堂是生命相遇、心灵相约的场所,是质疑问难的场所,是通过自主活动探寻真理的场所。课堂不应该成为"讲堂",教师和盘托出、天衣无缝地讲授,缺乏生命的活力。在这样的讲堂中,学生感受不到智力劳动的快乐;由于学生没有必要思考和没有时间思考,教学成为没有理智挑战的教学,因而压抑甚至泯灭了学生的主动性,禁锢并窒息了学生的创造性与想象力。哈佛大学的名言是"教育的真正目的就是让人不断提出问题、思考问题"。这也许是哈佛大学成功地培养出无数人才的主要原因之一。

倡导探究性学习,应该对生物科学有新的理解。伴随时代的发展,传统的科学观显然太狭窄了。如果把科学作为一个动态的过程,那么科学的定义至少包含:科学是探索未知,从事知识生产的人类活动领域;科学表现为发展着的知识系统,科学是无止境的,科学知识是不断发展的;科学活动的核心是探索,它具有极大的创造性;现代科学活动与生产活动有密切的关系;科学活动包括基础研究、应用研究、开发研究等。动态的科学观认为科学活动具有实践性、探究性、创造性、继承性、传播性和社会性等特点。科学教育不仅仅是传授科学知识,同时还要使学生通过科学活动学会怎样探究未知、发现真理,学会怎样思考。这意味着要对传统教育进行根本的改革。其实,只要真正将改变学生的学习方式放到应有的位置上,把平常的课堂教学转化为"探究式教学"并不一定非常困难。

2. 高中《标准》提出的课程理念

《普通高中生物课程标准》(以下简称高中《标准》)和九年义务教育阶段《标准》的教学理念基本相同。高中《标准》仍然将"面向全体学生"、"提高生物科学素养"和"倡导探究性学习"作为课程理念。它和初中《标准》不同的是将"提高生物科学素养"的课程理念放在所有课程理念之首,并新提出"注重与现实生活的联系"的课程理念。

2.1 提高生物科学素养

生物科学素养是公民科学素养构成中重要的组成部分。生物科学素养是指公民参加社会生活、经济活动、生产实践和个人决策所需的生物科学知识、探究能力以及相关的情感态度与价值观,它反映了一个人对生物科学领域中核心的基础内容的掌握和应用情况,以及在已有基础上不断提高自身科学素养的能力。

　　高中阶段将提高学生生物科学素养放在 4 项课程理念的首位,目的是强调提高每个高中学生的生物科学素养是本课程标准实施中的核心任务。

2.2　面向全体学生

　　高中《标准》的设计面向全体学生,着眼于学生全面发展和终身发展的需要。课程的内容标准有较大的灵活性,以适应不同学校的条件和不同学生的学习需求,促进学生有个性地发展。

　　面向全体学生是指面向全体高中学生。和九年义务教育阶段《标准》相比,虽然提法都是面向全体学生,但侧重点显然各不相同。九年义务教育阶段的生物学课程较多地重视面向每一个初中学生,更多地强调“每个学生通过努力都应达到的基本要求”。高中阶段则更重视在共同必修单元之后,有较大的灵活性,保证“不同的学生得到充分的、不同的发展”,即促进学生有个性地发展。

2.3　倡导探究性学习

　　生物科学作为由众多生物学事实和理论组成的知识体系,是在人们不断的探究过程中逐步发展起来的。探究也是学生认识生命世界、学习生物学课程的有效方法之一。高中《标准》倡导探究性学习,力图促进学生学习方式的变革,引导学生主动参与探究过程、勤于动手和动脑,逐步培养学生搜集和处理科学信息的能力、获取新知识的能力、批判性思维的能力、分析和解决问题的能力以及交流与合作的能力等,重在培养创新精神和实践能力。和初中相比,高中课程标准对学生的探究能力作了进一步的要求,在课程目标上,明确提出 11 方面的要求。例如,客观地观察和描述生物现象;通过观察或从现实生活中提出与生物学相关的、可以探究的问题;分析问题,阐明与研究该问题相关的概念;确认变量;作出假设和预期;设计可行的实验方案;利用数学的方法处理、解释数据;用准确的术语、图表介绍研究方法和结果,阐明观点;听取他人的意见,利用证据和逻辑对自己的结论进行辩解以及作必要的反思和修改等。

2.4　注重与现实生活的联系

　　生物科学与人们的日常生活、医疗保健、环境保护、经济活动等方面密切相关。高中《标准》注重使学生在现实生活的背景中学习生物学,倡导学生在解决实际问题的过程中深入理解生物学的核心概念,并能运用生物学的原理和方法参与公众事务的讨论或作出相关的个人决策;同时注意帮助学生了解相关的职业和学习方向,为他们进一步学习和步入社会作准备。

第四节　中学生物学课程目标

1. 初中生物学新课程的目标

初中《标准》明确提出课程总目标是要通过义务教育阶段生物学课程的学习，使学生在以下几方面得到发展：获得生物学基本事实、概念、原理和规律等方面的基础知识，了解并关注这些知识在生产、生活和社会发展中的应用；初步具有生物学实验操作的基本技能、一定的科学探究和实践能力，养成科学思维的习惯；理解人与自然和谐发展的意义，提高环境保护意识；初步形成生物学基本观点和科学态度，为确立辩证唯物主义世界观奠定必要的基础。

在此基础上又提出课程的具体目标，分为知识、能力、情感态度与价值观三方面。

1.1　知识

获得有关生物体的结构层次、生命活动、生物与环境、生物进化以及生物技术等生物学基本事实、概念、原理和规律的基础知识。

获得有关人体结构、功能以及卫生保健的知识，促进生理和心理的健康发展。

知道生物科学技术在生活、生产和社会发展中的应用及其可能产生的影响。

1.2　能力

正确使用显微镜等生物学实验中常用的工具和仪器，具备一定的实验操作能力。

初步具有收集和利用课内外的图文资料及其他信息的能力。

初步学会生物科学探究的一般方法，发展学生提出问题、作出假设、制订计划、实施计划、得出结论、表达和交流的科学探究能力，并在科学探究中发展合作能力、实践能力和创新能力。

初步学会运用所学的生物学知识分析和解决某些生活、生产或社会实际问题。

1.3　情感态度与价值观

了解我国的生物资源状况和生物科学技术发展状况，培养爱祖国、爱家乡的情感，增强振兴祖国和改变祖国面貌的使命感与责任感。

热爱大自然，珍爱生命，理解人与自然和谐发展的意义，提高环境保护意识。

乐于探索生命的奥秘，具有实事求是的科学态度、一定的探索精神和创新意识。

关注与生物学有关的社会问题。

逐步养成良好的生活与卫生习惯，确立积极、健康的生活态度。

初中《标准》在论述课程性质时强调，义务教育阶段的生物学课程是国家统一规定的,以提高学生生物科学素养为主要目的的必修课程,是科学教育的重要领域之一。这说明,上述课程目标是义务教育阶段的生物学教育必须完成的。

2. 高中生物新课程的目标

教育部《普通高中课程方案(实验)》中确定的普通高中教育的培养目标,强调普通高中教育是在义务教育的基础上进一步提高国民素质、面向大众的基础教育。高中课程改革的总体目标主要体现在下列方面:适应时代发展需要,精选终身学习必备的基础内容,增强与社会进步、科技发展、学生经验的联系,拓展视野,引导创新与实践;适应社会需求的多样化和学生全面而有个性的发展,构建重基础、多样化、有层次、综合性的课程结构;创设有利于建立新型学习方式的课程实施环境,提高学生自主学习、合作交流以及分析和解决问题的能力;建立与新课程相配套的评价机制,改进校内评价,推行学生学业成绩与成长记录相结合的综合评价方式;探索建立课程实施质量的监督和调控机制;赋予学校合理而充分的课程自主权,为学校创造性地实施国家课程、因地制宜地开发学校课程和学生有效选择课程提供保障。

普通高中教育应为学生的终身发展奠定基础。具体表现为 6 个方面:初步形成正确的世界观、人生观、价值观;热爱社会主义祖国,热爱中国共产党,自觉维护国家尊严和利益,继承中华民族的优秀传统,弘扬民族精神,有为民族振兴和社会进步作贡献的强烈愿望;具有民主与法制意识,遵守国家法律和社会公德,维护社会正义,自觉行使公民的权利,履行公民义务,对自己的行为负责,并具有强烈的社会责任感;具有终生学习的愿望和能力,掌握适应时代发展需要的基础知识和基本技能,形成收集、判断和处理信息的能力,具有基本的科学与人文素养、环境意识、创新精神与实践能力;具有强健的体魄、顽强的意志,形成积极健康的生活方式和审美情趣,初步具有独立生活的能力、职业意识、创业精神和人生规划能力;正确认识自己,尊重他人,学会交流与合作,具有团队精神,理解文化的多样性,初步具有国际视野和参与国际交往的能力。

根据这一培养目标,《普通高中生物课程标准》(以下简称高中《标准》)和初中的教学目标有所差异。差异之一是将情感态度与价值观的目标提前到知识目标之后阐述,强调其重要性,并对能力目标进一步强化。

2.1 知识

获得生物学基本事实、概念、原理、规律和模型等方面的基础知识,知道生物科学和技术的主要发展方向和成就,知道生物科学发展史上的重要事件。

了解生物科学知识在生活、生产、科学技术发展和环境保护等方面的应用。

积极参与生物科学知识的传播,促进生物科学知识进入个人和社会生活。

2.2 情感态度与价值观

初步形成生物体的结构与功能、局部与整体、多样性与共同性相统一的观点,初步掌握生物进化观点和生态学观点,树立辩证唯物主义自然观,逐步形成科学的世界观。

关心我国的生物资源状况,对我国生物科学和技术发展状况有一定的认识,更加热爱家乡、热爱祖国,增强振兴中华的使命感与责任感。

认识生物科学的价值,乐于学习生物科学,养成质疑、求实、创新及勇于实践的科学精神和科学态度。

认识生物科学和技术的性质,能正确理解科学、技术、社会之间的关系,能够运用生物科学知识和观念参与社会事务的讨论。

热爱自然、珍爱生命,理解人与自然和谐发展的意义,树立可持续发展的观念。

确立积极的生活态度和健康的生活方式。

2.3 能 力

(1) 能够正确使用一般的实验器具,掌握采集和处理实验材料、进行生物学实验的操作、生物绘图等技能。

(2) 能够利用多种媒体搜集生物学的信息,学会鉴别、选择、运用和分享信息。发展科学探究能力,初步学会:

① 客观地观察和描述生物现象;

② 通过观察或从现实生活中提出与生物学相关的、可以探究的问题;

③ 分析问题,阐明与研究该问题相关的知识;

④ 确认变量;

⑤ 作出假设和预期;

⑥ 设计可行的实验方案;

⑦ 实施实验方案,搜集证据;

⑧ 利用数学的方法处理、解释数据;

⑨ 根据证据作出合理判断;

⑩ 用准确的术语、图表介绍研究方法和结果,阐明观点;

⑪ 听取他人的意见,利用证据和逻辑对自己的结论进行辩护以及作必要的反思和修改。

高中《标准》还强调,课程具体目标中的知识、情感态度与价值观、能力三个维度在课程实施过程中是一个有机的整体。高中生物学课程目标明显具有许多特点。

① 时代性。高中《标准》确定的生物学课程目标充分体现时代性。例如,针对信息技术时代的到来,明确提出"能够利用多种媒体搜集生物学的信息,学会鉴别、选择、运用和分享信息"的目标;针对学习化时代的到来,明确提出"发展科学探究能力";针对环境问题的严峻,明确提出"热爱自然、珍爱生命,理解人与自然和谐发展的意义,树立可持续发展的观念"、"了解生物科学知识在生活、生产、科学技术发展和环境保护等方面的应用";针对生物技术时代的到来,明确提出"知道生物科学和技术的主要发展方向和成就"、"对我国生物科学和技术发展状况有一定的认识";针对知识经济时代的到来,明确提出"认识生物科学和技术的性质,能正确理解科学、技术、社会之间的关系"等。

② 基础性。高中《标准》确定的课程目标充分体现基础性。《标准》认为,高中生物学课程是普通高中科学学习领域中的一个科目。高中生物学课程将在义务教育基础上,进一步提高学生的生物科学素养,尤其是发展学生的科学探究能力,帮助学生理解生物科学、技术和社会的相互关系,增强学生对自然和社会的责任感,促进学生形成正确的世界观和价值观。高中《标准》强调的基础性不是简单的保持旧的"基础",而是在新时代的背景下,精选必需的经典知识,更新和重建新的"基础"概念和课程体系,提升所有学生的公民素养。

③ 本体性。高中《标准》确定的课程目标充分体现本体性。例如,《标准》明确提出"促进生物科学知识进入个人和社会生活"、"确立积极的生活态度和健康的生活方式"、"了解生物科学知识在生活、生产、科学技术发展和环境保护等方面的应用"等。这些目标都是关注学生本体的体现。

3. 新课程目标的变化

课程的总体目标虽然仍然是知识、能力和情感态度与价值观等方面,但是许多方面发生了质的变化。

3.1 知识方面

现行初中《大纲》提出"初步获得生物的生活习性、形态结构、生理功能、分类、遗传、进化和生态等基础知识,了解这些知识在生产、生活中的应用"和"初步获得人体形态结构、生理功能和卫生保健的基础知识,养成良好的卫生习惯"。

初中《标准》则较为详细地提出"获得有关生物体的结构层次、生命活动、生物与环境、生物进化以及生物技术等生物学基本事实、概念、原理和规律的基础知识"，"获得有关人体结构、功能以及卫生保健的知识，促进生理和心理的健康发展"，"知道生物科学技术在生活、生产和社会发展中的应用及其可能产生的影响"。

和《大纲》相比，初中《标准》不仅要求获得"生物的生活习性、形态结构等知识"，还要求获得"生物技术"等基础知识；不仅要求知道知识的应用，而且要求知道"可能产生的影响"；不仅提出"促进生理健康发展"还提出"促进心理健康发展"；不仅提出"知道生物科学技术在生活、生产中的应用"，还提出"在社会发展中的应用"。高中《标准》则进一步提出要"知道生物科学发展史上的重要事件"，要"积极参与生物科学知识的传播，促进生物科学知识进入个人和社会生活"。

这些变化都表明，《标准》比《大纲》更加关注知识的更新、科学技术与社会的关系、学生身心的健康发展，充分体现基础教育阶段生物学课程的价值。

3.2 能力方面

初中《大纲》要求能够对生命现象进行观察、记录、整理和报告；能够正确使用生物实验中常用工具和仪器，具备一定的生物实验操作技能；初步学会科学探究的一般方法，能够运用所学知识、技能分析和解决一些身边的生物学问题；初步具有进一步获取课本以外的生物学信息的能力。

初中《标准》则强调学生正确使用显微镜等生物学实验中常用的工具和仪器，具备一定的实验操作能力；初步具有收集和利用课内外的图文资料及其他信息的能力；初步学会生物科学探究的一般方法，发展学生提出问题、做出假设、制订计划、实施计划、得出结论、表达和交流的科学探究能力，在科学探究中发展合作的能力、实践能力和创新能力；初步学会运用所学的生物学知识分析和解决某些生活、生产或社会实际问题。

和《大纲》相比，初中《标准》不仅首次提出"科学探究的一般方法"，而且明确而完整地提出"科学探究"的内涵，并进一步提出发展合作能力、实践能力和创新能力；不仅要求"分析和解决一些身边的生物学问题"，而且要求"分析和解决某些生活、生产或社会实际问题"。

高中《标准》则对科学探究进行了进一步的阐述，特别提出了初中阶段没有强调的"客观地观察和描述生物现象"，"通过观察或从现实生活中提出与生物学相关的、可以探究的问题"，"确认变量"，"利用数学的方法处理、解释数据"，"用准确的术语、图表介绍研究方法和结果，阐明观点"，"听取他人的意见，利用证据和逻辑对自己的结论进行辩护以及作必要的反思和修改"等要求。

这些变化表明,《标准》比《大纲》更加强调科学探究在生物学教学中不可替代的作用,力图切实发展科学探究的能力,并以此推动学习方式的改变。同时,《标准》不像《大纲》那样,仅仅关注学生解决"身边生物学问题",仍然未能摆脱学科中心的束缚;《标准》则强调了学科间的综合、强调了更多地关注生活、关注社会实际问题。

3.3　情感态度与价值观方面

初中《大纲》要求学生通过生物课程的学习,形成"热爱大自然,热爱生命,形成保护生物多样性、保护环境的意识,增强爱国主义情感","乐于探索生命的奥秘,具有一定的探索精神和创新意识"以及"初步形成生物学的基本观点,受到辩证唯物主义教育,能够以科学的态度去认识生命世界"。

初中《标准》将"思想情感"改称为"情感态度与价值观",并对课程的"情感态度与价值观"目标提出具体要求:"了解我国的生物资源状况和生物科学技术发展状况,培养爱祖国、爱家乡的情感,增强振兴祖国和改变祖国面貌的使命感与责任感","热爱大自然,珍爱生命,理解人与自然和谐发展的意义,提高环境保护意识","乐于探索生命的奥秘,具有实事求是的科学态度、一定的探索精神和创新意识","关注与生物学有关的社会问题,初步形成主动参与社会决策的意识","逐步养成良好的生活与卫生习惯,确立积极、健康的生活态度"等。和《大纲》相比,初中《标准》明确提出"理解人与自然和谐发展的意义";明确提出"初步形成主动参与社会决策的意识";明确提出"确立积极、健康的生活态度"等。

高中《标准》将"情感态度与价值观"的目标从形式上提前到知识目标之后,表明对这一目标的更加关注。在初中《标准》的基础上,在层次上提出了更高的要求。例如,初中提出"关注与生物学有关的社会问题,初步形成主动参与社会决策的意识",高中则提出"认识生物科学和技术的性质,能正确理解科学、技术、社会之间的关系。能够运用生物科学知识和观念参与社会事务的讨论"。从初中的"初步形成参与意识"到高中的"能够运用生物科学知识和观念参与社会事务的讨论",要求明显地提高了,但在初中要求的基础上也是水到渠成,并非过高要求。

这些变化表明,《标准》比《大纲》更加强调"理解人与自然和谐发展的意义"的重要性;突出"主动参与社会决策的意识",进而发展到"能够运用生物科学知识和观念参与社会事务的讨论"。这是培养公民素养的重要组成要素,是基础教育性质决定的,是"积极、健康的生活态度",是学会健康生存的必要前提,是基础教育的目标之一。

《标准》的突破点之一表现在课程目标通过课程内容得到落实。新中国成立以来颁布的生物学教学大纲试图解决而又未能解决好的一个问题是：如何构建起课程目标和课程内容相对统一的体系。课程目标体现了国家对教师的"教"和学生的"学"的具体要求，课程内容应该为完成课程目标服务。50多年来，虽然我国的生物学教学大纲的教学目标一直制定得比较全面，不仅包括知识、技能方面的要求，也包括能力、思想道德、态度等方面的要求，但是，大纲中的教学内容常常仅仅体现为知识和技能方面的要求。例如，2000年新初中《大纲》全面而明确地提出了"知识方面、能力方面、思想情感方面"的教学目标，特别值得肯定的是明确提出了"热爱大自然，热爱生命，形成保护生物多样性、保护环境的意识，增强爱国主义情感"的教学目标等。但是，在教学内容方面，则仅有"鱼类资源的利用和保护"、"保护鸟类的多样性"、"保护哺乳动物的多样性"、"保护生物多样性和建立自然保护区的意义"、"保护植被的意义"等知识性内容以及部分实验和实践活动。如果说上述内容确实能够使学生学习到有关保护生物多样性和保护环境方面的知识内容的话，那么，其中含有的情感态度与价值观的教学目标则明显地缺乏必要的教学内容的支撑。

初中和高中《标准》则在构建课程目标和课程内容相对统一的新体系方面迈出探索性的一步。《标准》将知识要求和能力、情感态度与价值观的要求都列入课程标准的"具体内容标准"，真正将课程目标和课程内容统一于一体。例如，初中《标准》将"科学探究"作为一个一级主题，将能力要求和改变学生学习方式落到实处。又如，初中《标准》在各主题中分别列入"确立保护生物圈的意识"、"参加绿化家园的活动"、"设计一份营养合理的食谱"、"关注食品安全"、"拟定保护当地生态环境的行动计划"、"认同优生优育"、"关注我国特有的珍稀动植物"、"形成生物进化的基本观点"、"关注生物技术的发展对人类未来的影响"、"养成青春期的卫生保健习惯"、"关注癌症的危害"、"拒绝毒品"、"运用一些急救的方法"等融知识、技能、能力、情感态度与价值观于一体的内容，有利于教学目标的真正达成。再如，《标准》制定的"热爱大自然，珍爱生命"的课程目标也得到充分体现，初中《标准》的"具体内容目标"删除了过去教学大纲中较多的解剖动物、采集植物标本的内容，代之以观察、栽培、饲养、保护动植物的内容，并通过案例的形式，明确而具体地传递这一信息。例如，在"探究影响鼠妇分布的环境因素"案例中，明确提出"活动完成后将鼠妇放回大自然"。有人认为，在初中生物学教学中将知识、能力、情感态度与价值观融为一体相对容易，倡导探究性学习也比较容易，而高中生物学教学则难得多。事实证明只要教师心中有"标准"、有"学生"，尽管万事开头难，但也不是"难于上青天"。

第五节　中学生物学课程内容

中学生物学课程的教育价值必须通过课程内容的教学来实现,所以关于课程内容的有关理论和实践问题是一名师范生必须面对的又一个学习和研究的课题。

课程内容以课程标准为依据,包括本课程的科学概念、原理、规律、法则、实验等知识教育内容,也包括知识的掌握和运用、实验的方法和途径等能力培养内容,还包括科学品质和思想道德等情感态度教育内容。

课程内容反映社会一定发展阶段的要求,受社会生产发展和科学技术水平的制约;课程内容的确定还要考虑学生的年龄特点和知识水平,受学生身心发展规律的制约。课程内容是变化发展的,既要概括各学科的基本理论,又要根据科学技术发展的最新成就和我国的具体情况不断更新;既要有全国的统一要求,又要给地方和学校留有余地。所以要处理好课程内容的稳定性和变动性、统一性和多样性的关系。

课程内容根据不同层次的要求分别规定在课程计划(curriculum plan)、教学大纲(syllabus)或课程标准(curriculum level)、教材(teaching material)或教科书(textbook)中,是实现教育目的、培养合格人才的保证,也是教师教学的依据。

1. 课程计划(curriculum plan)

课程计划是根据教育目的和不同类型学校的培养目标,由国家教育主管部门所制定的有关教育和教学工作的指导性文件。它对学校的课堂教学、课外活动、劳动技能等方面作全面安排,具体规定学校的课程设置、学年、学周、课时分配、编制等内容。

2000 年 3 月教育部颁布了新的《全日制普通高级中学课程计划》。这个新课程计划对我国教育事业的改革和发展必将产生深远的影响,并在以下几个方面体现出新精神。

首先,在培养目标上作了调整,强调培养学生热爱社会主义祖国,了解中国历史和国情,对国家和民族具有责任感,具有环境意识、参与国际活动和国际竞争的意识;强调培养学生的创新精神和实践能力以及收集处理信息的能力。

其次,在课程设置、课时分配上也有很大变化。一是将信息技术作为必修课纳入课程计划中;二是将“活动课”发展为“综合实践活动”,大大增加了“研究性学习”的课时,其目的在于改变学生的学习方式,通过学生自主的探索和研究,获取直接经验,体验科学的过程,理解科学的含义,养成科学精神和科学态度,掌握基本的科学方法,提高综合利用所学知识解决实际问题的能力;还有就是将开设地方和学校选修课,给地方和学校以更大的课程管理、开发和使用的自主权,真正实现三级课程管理体制。

2. 教学大纲(syllabus)或课程标准(curriculum level)

教学大纲是根据课程计划,以纲要的形式编定的有关教学工作的指导性文件,是编写教材和进行教学的依据,也是开展教学工作、评估教学质量和学生成绩考核的依据。大纲的说明中详细规定了课程的性质、任务、教学目的要求、确定教学内容的原则、教学内容的安排及教学应该注意的问题,同时,还列出了知识点及各个知识点的教学要求和层次,有的还包括参考书目、教学仪器、直观教具等方面的提示。

课程标准类似于教学大纲,但又不同于教学大纲。二者既有相同点,又有不同点。相同点:二者都是根据国家课程计划所规定的有关项目来编写的,是指导教学工作的指导性文件,特别是教材编写的依据等。不同点:教学大纲确定的教学内容知识点,是学生学习的最大范围,是终点,是封闭系统;课程标准确定的是学生学习的最低标准,是起点,是开放系统。(见表1-1)

表1-1 课程标准与教学大纲的框架结构比较

课 程 标 准		教学大纲
前言	课程性质	
	课程基本理念	
	标准设计思路	
课程目标	知识与技能	教学目的
	过程与方法	
	情感、态度与价值观	
内容标准	学习领域目标及行为目标	教学内容及要求
实施建议	教学建议	教学建议 课时安排 教学中应注意的问题 考核与评价
	评价建议	
	教材编写建议	
	课程资源开发与利用建议	
附录	术语解释 案例	

从以上比较可以看出,课程标准的编写方式更加符合当前课程改革的趋势,为"一纲多本"教材的编写提供了较多的自主权,给素质教育、创新教育的实施留出了

更大的发挥空间,可以使学生的个性化发展得以真正实现。

3. 教材(teaching material)或教科书(textbook)

教材即教学材料,指教学活动中所利用的一切素材和手段的总和。但人们常把教科书(课本)称为教材,这是不准确的。

3.1 文字教材

教科书(课本)是根据教学大纲或课程标准编写的,是教学过程中不可缺少的最基本的教材;顺应课程改革的趋势,根据"一纲多本"的倡导编写。目前的任务就是编写出高标准、高质量,不同侧重、不同风格的教科书(课本),供不同地区、不同学校的教师甚至学生家长来选择。除此之外,还包括教学参考书、学生练习册、实验报告册、学生自学辅导书等与教科书(课本)配套的辅助性教材(可作为课程内容补充的文献资料)。

3.2 非文字教材

图像教材,包括挂图、照片、图表等;实物教材,包括自然界、活体、标本、实验、材料、模型等实物;音像教材,是指现代化视听媒体所承载的教学材料,例如:录音、录像、电影、电视、投影、幻灯、计算机软件、网络等信息材料,而且随着时间的推移,这部分教材的作用会越来越大,在教学中所占比例也会越来越多。

总之,教材类型很多,在教学中所起的教育功能也不尽同,我们在应用时要根据教学目的,灵活恰当地选取,以获得最佳教学效果。

【思考题】

1. 初、高中生物学课程标准有何区别和联系?

2. 课程标准与教学大纲在框架结构上有明显的差异,这些变化反应在教学上会有哪些不同?

3. 你认为应怎样在教学中体现"情感态度与价值观"这一课程目标?

4. 新课程标准的实施对提高公民的生物科学素养有怎样的意义?

【参考文献】

1. 刘恩山. 中学生物学教学论[M]. 北京:高等教育出版社,2003

2. 郑晓蕙. 生物课程与教学论[M]. 杭州:浙江教育出版社,2003

3. 汪忠. 生物新课程教学论[M]. 北京:高等教育出版社,2003

4. 杨华,崔鸿,王重力. 生物课程教育学[M]. 武汉:华中师范大学出版社,2006

第二章　生物学教学的基本原则、方法和技能

第一节　中学生物学教学原则

教学原则（principle of instruction）是根据教学过程的客观规律而做出的古今中外"教"与"学"经验的概括和总结，是教师根据一定的教学目的，遵循一定的教学规律而制定的指导"教"与"学"的基本要求，它同时反映了"教"与"学"的客观规律。因此，教学原则既是指导教师教学活动的基本原则，也是指导学生学习活动的基本原则。

从生物学科本身来说，中学生物学教学原则有它自己的研究对象和研究方法。因而，除遵循教学过程的一般规律外，还应依据对生物学教学过程的本质、特点和规律的认识，结合学生学习生物学的心理特点与认知规律，发挥周围生态环境的作用，充分利用生物资源来组织教学活动。因此，中学生物学教学原则除了具有各学科教学原则的共性外，还具有生物学科本身所特有的教学原则。

1. 科学性与思想性统一原则

科学性是指教师讲授的内容和方法，即对概念的表述、所作的论证、引用的材料和语言的表达等都应是正确无误的。在中学生物学教学中，教师无论是讲述生物体的形态、结构知识，还是讲解生物学的概念、原理以及论证生物实验等，都必须用生物科学的语言来表达，内容必须是真实地反映生物体和生物界的客观规律，严格避免用生活俗语或不确切的语言进行教学，更不能信口开河，产生科学性的错误。

思想性是指要用正确的方法、观点去阐明教学内容，注意发挥教学内容的思想性和教育性。在中学生物学教学中，观点必须是正确的，用语要辩证，不要绝对化。严格避免把生物界的对象或现象作拟人化或目的论的解释，也不要简单地以非生命的事例对生物作机械的比拟，在教学的始终要贯穿生命活动、进化发展和生态的

观点。

科学性和思想性是统一的,科学性是思想性的前提和基础,思想性是科学性的重要保证。在中学生物学教学中,既要防止因观点错误而导致科学性的错误,也要防止因科学性不严密而导致观点的错误。在遵循这一原则时应注意做到以下几点。

1.1　保证教学的科学性

生物学教学中的科学性是指对生物现象、生物学概念和规律的表述,生物学实验或生物学实践活动中数据的收集和处理,生物学科学史、生物学成果的描述等都应该是科学的。在中学生物学教学过程中,要做到概念、定义的阐述准确,材料事实的引证可靠,实验操作的方法正确,实验结果的记录真实,实验技能的训练严格,运用的比喻恰当,自制的教具科学,绘制的生物图色彩、比例、位置准确、科学等。如果发现自己教学中有错误,应及时纠正。例如,有的教师在生物学教学中为了追求生动、有趣而忽略了教学内容的科学性,如"听到脚步声,含羞草害羞地低下了头","地衣在生活过程中,不断跟环境进行斗争,以取得生存条件","天空中的鸟太多了,随便打一枪就打死十来只"等等。还有的教师只追求实验结果的正确和一致,忽略了实验过程和实验方法的科学性,不能实事求是地记录结果,这些都是应该避免的。也就是说,在生物学教学中一定要遵循教学内容和教学方法的科学性,注意科学观点的形成,只有这样才能保证教学的科学性。

1.2　对学生进行思想教育,促其树立志向

在生物学教学过程中,应当充分并恰当地发掘教学内容中的思想性,联系实际,结合知识的传授向学生进行辩证唯物主义思想教育,如生命的物质性,生物界普遍存在的对立统一,各种生命现象之间、生物个体之间、生物与环境之间存在的相互依存和普遍联系等等。教师可介绍我国生物资源的多样性、生物科学的成就等内容,以激发学生的民族自豪感;可介绍生物与人类文明及社会发展的重大关系,让学生体会到"处处有生物"的真情实感;还可介绍生物科学发展的现状和前景,如基因工程、克隆技术、生物能源的开发、生物芯片等新兴科学技术的发展,特别要介绍在世界未来十项热门高技术中占有重要地位的遗传工程和仿生学的最新成果;同时还可介绍我国在环境保护、生物学研究方面的现状,如我国野生生物资源和生物多样性面临的危机、生态环境的恶化、新型疾病的出现等内容,让学生意识到在生命领域中尚有许多有待解决的问题,从而增强他们的危机感和责任心,激起他们探索生命知识的热情,树立从事生命科学研究的远大志向;而介绍生物科学

史和科学探究活动等内容,能够帮助学生理解科学的性质,养成科学态度和科学精神。

1.3 避免空洞说教,注意言传身教

教师的学识、品格、言行都在教学中起着重要的作用。教师在生物学教学过程中必须首先加强自我修养,表里如一,为人师表。教师不仅要向学生传授生命科学知识、技能,培养学生的生物学能力,同时也要培养学生良好的思想品德、实事求是的科学态度、良好的学习习惯。要达到这一目的,中学生物学教师在生物学教学过程中除了要讲清概念、过程、原理外,还必须以身作则,凡是要求学生做到的事,教师必须先身体力行。例如,教师备课认真,教学活动中"知之为知之,不知为不知"的科学态度,会给学生无声的教育。另外,在生物学实验教学的过程中,教师要经常向学生提出"正确使用生物实验仪器,科学分析实验结果"的要求。教师在示范指导实验时,正确操作每一步骤,给学生积极的影响和教育。此外,在讲述我国丰富的动植物资源,我国在生物学上取得的伟大成就,介绍生物科学的广阔前景以及进行爱国主义教育时,教师自己必须充满民族自豪感。最后,教师丰富的生物科学知识和熟练的教学技能,严谨的工作作风,生动的教学艺术,热爱生物科学、热爱学生的品格,都将有力地影响学生。反之,空洞的说教不但教学效果不明显,还会引起学生反感。因此,教师要避免空洞说教,注意言传身教。

2. 生命性原则

生物学的研究对象是生物界与生物体,它们最突出的特点是具有生命性。因此,在生物学教学过程中,要充分体现生物所特有的丰富多彩和生机勃勃,并用"动态"的观点来指导教学。在中学生物学教学中,遵循生命性原则应注意做到以下几点。

2.1 从动态发展的观点来讲解生物体的形态结构知识

体现出生物体的形态结构不是固定不变的,而是动态发展的。例如,在"花的形态结构"教学中,让学生观察一些不同类型的花,除了一些相同的结构,植物的花还有一些细微甚至较大的不同,如有无花被、柱头的干湿程度、花冠的颜色和形状、花的气味、花粉粒的轻重和光滑程度、雌雄蕊的数目和结合程度等等,让学生了解花的结构并不是固定不变的,它们的结构与功能是紧密联系的,处在有规律的发展变化的过程中。

2.2 从生命活动的内部矛盾来讲解生物体的生理功能知识

体现出生物体的生命活动是处在不断运动、变化和发展中的。例如,在讲"种

子"一节时,让学生理解种子具有萌发特性的同时,也要注意种子还有休眠的特性,并使学生理解种子同时具有相互矛盾的生理功能,这对理解植物种的延续繁衍是具有重要意义的。

2.3　从生物体跟环境的关系来讲解生命活动的过程

生物体跟环境的关系是密不可分的,教师可通过揭示它们的关系来体现出生命活动的特点。例如,在教"根对水分的吸收"时,学生掌握了根吸收水分的原理后,还要让学生从土壤温度、土壤通气状况对根吸水的影响来理解根吸水并不纯粹是渗透的物理过程,凡能影响根的生命活动的各种因素,也都能影响其对水分的吸收,从而体现出根的吸水既遵循物理学的渗透原理,又受植物生命活动状态的影响。

2.4　重视有关生物行为的知识

有关生物行为的内容,动物学知识中比较明显,例如鸟类的迁徙现象;而植物的生活环境相对固定,学生对植物行为的注意不够。因此,要注意揭示植物的行为。例如,植物体的感性运动和向性运动,花朵能因为外界环境的酸碱度变化而变色,梅豆、菜豆的爬竿运动,葡萄、丝瓜的攀援运动等,都是植物的行为。

2.5　注意结合生物个体发育的过程

讲解有关生物体的形态结构和生理功能知识,要结合生物个体发育过程,从而体现出生物体都经历着由小到大、由幼体到成体的生长发育以至衰老、死亡的过程。例如,孢子植物由孢子发育成具有营养器官和生殖器官的植物体,昆虫的变态发育史等。这样,从生物的个体发育过程来认识某一阶段的生物体,从而在个体发育的连续性中来认识特定阶段的特点,充分体现出生命活动过程。

3. 直观性原则

生物学以自然界中形形色色的生命现象作为基本素材来研究,而生物圈中的生物种类繁多、数量庞大、分布极广,因此,中学生物学教学内容具有很强的具体性、直观性、丰富性和多样性。在中学生物学教学过程中要充分应用生物活体、生物标本、生物实验、生物摄影、多媒体课件和大自然环境等,以多种多样的模拟教具,通过多种感官,利用已有知识和经验,在直接或间接的跟生物体或生物界接触中来理解和掌握生物学的基础知识和基本技能,促进学生智能的发展。因此,在生物学教学中要遵循直观性原则,并注意做到以下几点。

3.1　运用直观手段,激发学生的学习兴趣

在讲有关生命现象(如生物体的生活习性、外部形态、内部结构等)的知识时,

应充分利用各种活生物和它们的标本等直接的直观手段,激发学生的学习兴趣,并注意让学生亲自去大自然中观察生物体及生命现象。例如,在"环节动物的形态特征与生理特征"教学中,教师可带领学生到校外挖取蚯蚓后进行观察,让学生在轻松的氛围中掌握环节动物的形态特征与生理特征,从而激发学生的学习兴趣,调动学生学习的积极性。

3.2 运用直观手段,使复杂的教学内容简单化

在讲授有关生命本质(如生物体的生理功能、生长发育过程、生物进化等)的知识时,应充分利用人工制作的各种教具、多媒体教学课件等间接的直观手段,把复杂、抽象、较难理解的生命活动过程变为看得见、摸得着的直观现象,从而降低知识的难度,达到突出重点、突破难点的作用。例如,在讲"细胞的后含物"时,让学生亲自动手做脂肪、淀粉、蛋白质、晶体等物质的鉴定实验,并把实验结果与日常经验相结合,学生就能比较容易掌握。"细胞的有丝分裂过程"、"蛋白质的结构与功能"、"遗传与变异"等,同样要注意运用各种直观手段,尤其是要利用多媒体辅助教学的先进手段,充分发挥直观教学在生物学教学中的优势,促进教学效率的提高。

3.3 运用语言直观手段,培养学生丰富的想象力

教师生动的讲解、形象的描述,能够给学生以感性知识,帮助学生在头脑中构筑生动的表象或想象,起到语言直观的作用。特别是高年级的生物学教学,由于学生具有较多的生物学知识和经验,教师只需要借助于语言就能把这些经验按教学需要重新组合起来,构成他们头脑中新的表象和想象。如在讲"细胞的结构与功能"时,可将电镜下的细胞比作一个奇妙的王国:细胞膜是王国的国境线,细胞质是王国的国土,细胞器是王国的工厂,生产井井有条,细胞核是王国的都城,是权力机构和指挥中心。这样就把细胞的几部分结构与功能形象直观地表示出来。但是,如果学生对所学对象毫无相关的经验或找不出他们已有的相关经验,企图用语言描绘来代替直观是徒劳的。因此,在生物学教学中应尽可能地创造条件让学生多参加一些实践活动,在学生头脑中形成大量的关于生物体的表象,便于语言直观教学中的再认识和重现。

4. 实践性原则

生物科学是一门与人类生产、生活关系极为密切的自然科学。在生物学教学中,要注意理论联系实际,解决好教学中的直接经验与间接经验、感性认识与理性认识以及学与用的关系,使学生能充分运用已掌握的知识去分析问题和解决问题。实践性原则是指教学中理论和实践相结合,通过实验和实习、探究等活动,使学生

掌握比较完全的生物学知识、技能以及解决实际问题的能力。在中学生物学教学中强调实践性原则，是为了激发学生学习生物学的兴趣，引导学生在观察、思考的过程中发现问题，运用所学知识分析和解决某些实际问题，从而培养学生运用生物知识解释生物学现象、解决生物学问题的能力以及创新能力。在中学生物学教学中，遵循实践性原则应做到以下几点。

4.1 正确处理理论与实践的关系

在生物学教学中，理论知识起着主导作用，必须引导学生重视对理论知识的学习，但理论所研究的问题往往是非常抽象和超前的，如环境伦理、生命的本质等，若用现实的应用来衡量是不行的。因而，教师须用辩证的眼光分析教材，恰当处理含有高深的学术性知识和实用性知识的关系。

4.2 通过实际问题说明科学知识，使概念具体化和形象化

联系实际要以科学知识为核心，使实际问题理论化、科学化。例如，在"蒸腾作用"教学中，一方面联系"叶具有蒸腾作用"的实验并用有关蒸腾作用的实例（如为什么苗木移栽后要修剪枝叶？为什么在树荫下感觉凉爽？）来解释、说明蒸腾作用，把学生看不见、摸不着的蒸腾作用的生理过程具体化、形象化；另一方面要通过外界条件对蒸腾作用的影响来联系光照和温度对叶的细胞内的液态水升华为水蒸气过程的影响，从而切实理解蒸腾作用是水分以气体状态从叶中散发出去的过程；最后提示人类虽然很难直接改变环境的温度，但可以通过植树造林、种花种草来调节环境的温度。

4.3 运用所学知识与实际联系

首先，要求学生运用掌握的知识来完成各种练习、实验、实习和观察，巩固基础知识和基本技能。其次，要求学生在各种实践活动的过程中进一步掌握运用知识的途径和技能。例如，通过课堂教学，学生已经知道"顶端优势"现象，可引导学生思考在生产实际中果农为什么要对果树"打顶"，使学生对"顶端优势"有更深刻的理解。

4.4 创造条件让学生直接参与各种实践

首先，中学生物学教学大纲规定的实验、实习内容，包括学生实验、演示实验、实习和课外实验等，教师必须指导学生完成。其次，应尽可能把验证性实验改为探究性实验。在教学过程中，把实验与教学内容有机结合起来，让学生在亲自动手、动脑和观察的过程中掌握概念，提出问题并解决问题。再次，结合教学有关内容与学校实际，带领学生到大自然中去认识和观察生物、采集和制作生物标本，并进行

各种形式的调查（环境调查、生物资源调查等），使学生在实践过程中加深对所学知识的理解，并把已经掌握的生物学知识和技能运用于各种实践活动中。最后，教师要组织或指导部分对生物科学有浓厚兴趣的同学参加生物学课外科技活动，结合教学内容，有计划地进行具有扩展性、趣味性和科研性的专题生物学实验、实习、野外观察、生物标本的采集和制作、作物栽培、动物饲养等，不断提高学生的动手能力，扩展学生的知识面，激起学生对生物科学研究的热情。

　　总之，在中学生物学教学中，理论联系实际的途径是多方面的。首先，我国幅员辽阔，各地生物资源和种类差别很大，许多生物具有季节性的特点，在生物学教学中要密切联系当地、当时的自然实际，充分反映本地的生物资源和生态环境的特点。其次，要密切联系学生可以理解的科研、工农业生产和日常生活实际，使其理解生物与人类的生产和生活等方面的密切关系，并运用学到的知识来解释一些常见的生物现象，了解如何正确利用各种生物资源，使之实现可持续发展。此外，生物学中有关身体健康教育的知识，与每一个人的生活息息相关，通过教师的正确指导，可使学生增强体质、养成良好的卫生习惯、形成正确的健康观念。

　　需要注意的是，教学原则不是孤立的，而是相互联系的。在中学生物学教学过程中，除了要遵循生物学教学原则外，对于教育学中其他通用的教学原则如因材施教的原则、循序渐进的原则、可接受性原则、系统性原则、启发性原则、教学相长原则、讲练结合原则、反馈原则和巩固性原则等也要认真加以贯彻。

第二节　中学生物学基本教学技能

1. 导入技能

1.1　什么是导入技能

　　导入技能是引起学生注意、激发学习兴趣、引起学习动机、明确学习目的和建立知识间联系的教学活动方式。它能将学生的注意力吸引到特定的教学任务和程序之中，因此，又称为定向导入，应用于上课之始、开设新课程或进入新单元、新段落的教学过程之中。

1.2　掌握导入技能的目的

　　课堂教学的导入起着渲染气氛、酝酿情绪、集中注意力、渗透主题和带入情境的作用。精心设计的导入能抓住学生的心弦，设疑激趣，有助于学生获得良好的学习效果。导入的主要目的有以下几点：

（1）激发学生的学习兴趣，引起他们对所学课程的关注，从而进入学习情境；

（2）为学习新知识和新技能作引子和铺垫；

（3）使学生明确学习目的，了解他们要做什么，应达到何种程度。

1.3 导入的结构

（1）引起注意

导入的构思与实施，要设法把学生的心理活动保持在教学行为上，使与教学活动无关的活动能迅速得到抑制。教师应采用多种方法引起学生的注意，从而获得良好的教学效果。

（2）激发兴趣

兴趣是最好的老师，是学生探求知识、认识事物的动力。教师创设引人入胜的情境，能激起学生的学习兴趣。教师一方面可提出严格的要求，另一方面要说明学习这部分知识和技能的意义。只有学生清楚地意识到学习的社会意义，才能产生学习的自觉性，引起学习的极大热情。

（3）组织指引

导入要给学生指明任务，安排学习进度，并提出学生进行学习活动的方法，这样可以引导学生定向思维，使学生有目的、有意义地开展学习。

（4）建立联系

通过导入，旧知识和新知识建立了联系，从而引入新课。

1.4 导入技能的类型

（1）直接导入

这是直接阐明学习目的、要求和各部分重要内容及教学程序的导入方法。教师以简洁、明快的讲述或设问来激起学生的有意注意，激发探求新知的兴趣。

（2）旧知识导入

以学生已有的生活经验、已知的生物学知识为出发点，通过教师生动而富有感染力的讲解、复习、谈话或提问，提供新、旧知识的联系点，引导学生温故而知新，自然地导入新课，激起学生的求知欲。

（3）直观导入

在讲授新课题之前，教师可通过实验演示、引导学生观察生物体（包括活的离体器官、组织）标本、挂图、模型、幻灯片和电视片等直观的教学手段，引起学生的兴趣；同时提出若干思考题，在一系列的"是什么"、"为什么"的启发下，促使学生有条理地思索问题,并解决直观感知中带来的疑问,从而使学生明确学习目的、增强学习动机。

（4）悬念导入

在讲述新课前,提出带有悬念性和富有启发性的问题,以激起学生的浓厚学习兴趣,活跃课堂气氛,使生物课富有趣味性。在悬念中既巧妙地提出了学习任务,又创造出探求知识的良好情境。悬念的设置要适度,不悬会使学生一眼望穿,则无念可思;太悬则使学生无从下手,会无趣可激;只有在悬中寓实,才能引起学生开动脑筋,兴趣盎然地去探索未知,从而培养学生的思维能力和探索精神。

（5）事例导入

用学生生活中熟悉或关心的生物学事例来导入新课,能使学生产生一种亲切感,起到触类旁通的功效;也可介绍新颖、醒目的生物学事例,为学生创设有趣、新奇的学习情境。

（6）故事导入

根据教材内容的特点和需要,选讲联系紧密的趣闻轶事,巧设疑点,可避免平铺直叙之弊,激发学生的兴趣。

1.5　应用原则与要点

（1）导入的目的性和针对性要强

导入要有助于学生初步明确学什么,怎样学,为什么要学;要针对教学内容和学生实际,采用适当的导入方法。

（2）导入要具有关联性

善于以旧拓新,温故知新。导入的内容,要与新课重点紧密相关,能揭示新旧知识联系的支点。

（3）导入要有趣味性,有一定艺术魅力

趣味性和艺术魅力,即能引人注目、颇有趣味、造成悬念、引人入胜。这个魅力很大程度上依赖教师生动的语言和炽热的感情。

2. 教学语言技能

2.1　什么是教学语言技能

教学语言技能是教师完成教学并且用准确、生动、富于启发性的语言表达出来,以便于学生能够理解和接受。因此,教师的教学语言水平不仅是影响学生的学习水平和学习能力的重要因素,也成为实现教学目标的关键。

2.2 掌握教学语言技能的目的

(1) 教学语言技能要保证准确、清晰地传递教学信息,以完成教育教学任务。

(2) 形象生动、具有启发性的教学语言能使学生的智力得以发展,能力得到培养。

(3) 不断提高教学语言的水平,可以促进教师个人思维的发展和能力的提高。

2.3 教学语言的构成

教学语言是由基本技能和适应教学要求的特殊语言技能两方面因素构成的。

(1) 基本语言技能是在社会交际中众人都必须具备的语言技能,包括以下诸要素。

① 语音和吐字

在教学中,对语音的基本要求是规范,即要用普通话语音来讲话,与语音相关的还有吐字问题,要求吐字清楚。

② 音量和音速

音量是指声音的大小,语速是指讲话的速度。

③ 语调和节奏

语调是指讲话时,声音的高低升降、抑扬顿挫的变化。教师在教学中运用高低变化、自然适度的语调,可以大大加强口语表达的生动性。

节奏是指讲话时的快慢变化。教师在讲授中形成和谐的节奏可加强口语表达的生动性。

④ 词汇

教师在课堂口语中,词汇的运用要规范、准确客观、生动。

⑤ 语法

语法是用词造句的规则。教师在组织一段语言时,思路要顺畅、合乎语法、合乎逻辑,语言才能连贯。

(2) 特殊语言技能是在特定的交流中形成的语言技能。

① 引入

教师用界限标志、点题、指名等不同方式,使学生对所学内容做好心理准备。

② 介入

教师用提示、重复、追问等不同方式,鼓励、诱发及提示学生做出正确答案,或正确执行教师的要求。

③ 评核

教师以评价、重复、更正、扩展、延伸等不同方式处理学生的回答。

2.4 应用原则与要点

(1)学科性和科学性原则

教学语言是学科的教学语言,因此必须运用本学科的教学术语来进行教学。教学语言的科学性指的是:① 用词必须准确;② 讲一段话,必须合乎逻辑。

(2)教育性和针对性原则

① 教育性

教师的教学语言对学生的思想、情感、行为始终有着潜移默化的影响,有时甚至是决定性的影响。因此,教师必须十分注意教学语言的教育性。

② 针对性

就内容说,教师课堂口语必须是在学生已有知识和经验的范围内能够理解的,不能超越学生的认知能力,也不能同学生的兴趣和需要相悖。就表达来说,教师的课堂口语应当深入浅出,通俗易懂。

(3)简明性、启发性原则

① 简明性原则

教学语言的表达内容是经过提炼的、认真组织的,学生一听就能明白。此外,简明的语言应留有余地,以引起学生的思考。

② 启发性原则

含有三重意思:启发学生认识到学习的目的、意义,激发他们的学习兴趣和求知欲;启发学生联想、分析、对比、归纳和演绎,引导学生积极分析、解决问题;激发学生情绪、审美情趣,丰富学生的思想感情。为使教学语言具有启发性,教师常常把教学内容作问题化的处理。在问题的选择、问题的难易、提问的顺序和时机等方面都做周密的考虑,使教学语言富有启发性。

3. 提问技能

3.1 什么是提问

提问是通过师生的相互作用,检查学习、促进思维、巩固知识、运用知识和实验教学目标的一种主要方式,是教师在课堂教学中进行师生互动的重要教学技能。

3.2 提问的目的

(1)通过提问,可引起学生的注意,激发学习兴趣,活跃课堂气氛,使学生参与教学,强化学习。

(2)针对学生的思维特点有计划地提出问题,可激发学生学习动机,使学生积极思维、主动求知。

（3）以旧知识为基础设计问题，可督促学生及时复习巩固旧知识，并把新旧知识联系起来，系统地掌握知识。

（4）通过提问，能使教师及时了解学生的学习情况，获得教学改进的反馈信息。

3.3　提问的类型

（1）回忆提问

① 要求回答"是"与"否"的提问，又称为二择一提问；

② 要求单词、词组或系列句子的回忆提问。

（2）理解提问

理解提问有一般理解、深入理解、对比理解等类型。一般说来，理解提问多用于对新学知识与技能的检查，以了解学生是否理解了教学内容，常用于某个概念或原理的讲解之后，或课程的结束时。学生在回答这些问题时，必须对已学过的知识进行回忆、解释或重新组合。

（3）运用提问

运用提问是建立一个简单的问题情境，让学生运用新获得的知识和回忆过去所学过的知识来解决新的问题，在中学生物学的概念教学中常运用这类提问。

（4）分析提问

分析是要求学生识别条件与原因，或者找出条件之间、原因与结果之间的关系。

（5）综合提问

这类问题的作用是激发学生的想象力和创造力，通过对综合提问的回答，学生需要在脑海里迅速地检索与问题有关的知识，对这些知识进行分析、综合得出新的结论，有利于培养学生的综合分析能力。

（6）评价提问

通过"你喜欢……为什么？"、"你认为……为什么？"、"你支持……为什么？"等提问方式，要求学生在原有知识以及正确的价值、思想观念的基础上，对所学知识进行分析、综合、概括等组织加工，对有争论的问题给出自己的看法，判断解决问题的方法有哪些长处。

3.4　应用原则与要点

（1）结合教学内容的实际情况，精心设计适应学生年龄和个人能力特征的多种水平问题，使多数学生能参与回答。

（2）问题的重点明确，表达要简明易懂，学生能够理解和接受。

（3）按照教学进展和学生的思维进程提出问题，掌握好适当的时机。

（4）当学生对问题不能正确理解时，教师不要轻易代替学生回答，应从不同的侧面给予启发和引导，培养他们的独立意识和解决问题的能力。

（5）学生回答后，教师要给予分析和确认，使问题有明确的结论，强化他们的学习。

4. 讲解技能

4.1　什么是讲解技能

讲解是教师向学生说明、解释或论证概念、原理、规律的讲授方法。它是用语言传授知识的一种教学方式。其特点是要进行科学的、有理论依据的逻辑思维推理，侧重于培养学生的抽象思维。

在教学中，知识综合、概括和总结阶段，讲解是必要和有效的。应用知识时，通过讲解引导定向也是有利的。因此，讲解要与其他教学技能相配合。例如，实验观察前的提示和说明，之后的分析总结；观看电影、录像、幻灯的解说和提示；组织实践活动和意义分析，问题说明和总结解题的提示；讨论和自学的分析总结；讲解与板书的配合等，配合得当都会取得很好的效果。

4.2　讲解的目的

（1）传授知识

讲解的首要目的是传授知识，使学生了解、理解和充分记忆所学的知识。

（2）激发兴趣

通过生动、活泼和有效的讲解，使学生产生学习的兴趣进而形成志趣，并通过讲解内容的思想性来影响学生的情感和价值观。

（3）提高能力

通过讲解启发学生思维，并传授思维的方法、表达和处理问题的方法，从而为提高学生的能力创造条件。

4.3　讲解技能的类型

（1）解释式

解释式又称说明、翻译式，通过讲解将未知与已知联系起来。

（2）描述式（叙述、记述式）

描述的对象是人、事和物，内容是人、事、物的发生、发展、变化过程和形象、结构、要素。描述的任务在于使学生对描述的人物、事物或过程有一个完整的印象，有一定程度的认识和了解。

（3）原理中心式

原理中心式是以概念、规律、原理和理论为中心内容的讲解。其讲解模式是：原理中心讲解，从一般性概括的引入开始；然后对一般性概括进行论述、推证；最后得出结论，又回到一般性概括的复述。

（4）问题中心式

问题中心式是以解答问题为中心的讲解。它的一般程序是：直接提出或由事实材料引出问题→明确解决问题的标准→通过进行分析、比较，选择较理想的解决问题方法→解决问题→得出结果并进行总结。

4.4 应用原则与要点

（1）目标要具体、明确，主题（重点）突出，讲解中要对难点和关键加以提示和停顿。

（2）注意语言技能的运用，如语速适当，语音清晰，语义准确、精练、有趣，语调亲切、抑扬动听，音量适中并富于变化等。

（3）讲解的过程、结构要组织合理，条理清楚，逻辑严密，结构完整。证据和例证要充分、具体、贴切。

（4）增强针对性，如学生的年龄、性别、兴趣、能力、背景、学习的知识水平、认知能力和知识掌握状况等都是针对的内容，要做到因材施教。

（5）注意讲解的阶段性，一次讲解时间不要太长，一般不要超过 15 分钟。

5. 变化技能

5.1 什么是变化技能

变化技能是教学过程中信息传递、师生相互作用和各种教学媒体、资料的转换方式。所谓变化是变化地对学生进行"刺激"，引起学生兴趣，是把无意注意过渡到有意注意的有效方式。它能使教学充满生气，是形成教师教学个性与风格的主要因素。

5.2 变化技能的目的

（1）创造能够引起学生学习动机的条件。

（2）吸引学生对某一课题的兴趣，把无意注意过渡到有意注意。

（3）丰富学习环境，激发学生的学习热情。

5.3 变化技能类型

变化技能大致上可分为三类：教态的变化，信息传输通道及教学媒体的变化和师生相互作用的变化。

（1）教态的变化

教态的变化是指教师讲话的声音，教学中的停顿、目光接触、面部表情、头部动作和手势以及身体的运动等变化。这些变化是教师教学热情及感染力的具体体现。

（2）信息传输通道和教学媒体的变化

在教学中只有适当地变换信息传输通道，尽可能地使用学生的不同感官，才能有效地、全面地向学生传递教学信息。

（3）师生相互作用的变化

包括① 师生交流方式的变化。在课堂教学中，教师应采用多种方式与学生进行交流，了解学生的学习情况，以便获得及时的教学信息反馈。交流方式包括教师对全体学生、教师对个别学生、学生与教师、学生与学生、学生与教材等。② 学生活动安排的变化。教师所选择的教学活动形式对课堂教学有很大影响，教师应根据具体的教学内容选择学生的活动形式。就课堂教学的组织形式来说，主要有以下三种，即个别活动、小组活动和全班活动。

5.4　应用原则与要点

（1）选择变化技能时要针对学生的能力、兴趣，教学目的、内容和学习任务的特点。

（2）变化技能之间，变化技能与其他技能之间的连接要流畅，有连续性。

（3）变化技能应用要有分寸。变化技能是引起学生注意的方式，引起学生的注意后，就应进入教学过程，不宜使用得过多，以免喧宾夺主。

6. 强化技能

6.1　什么是强化技能

强化技能是教师在教学中的一系列促进和增强学生学习动力和保持学习动力的方式。

6.2　强化技能的目的

（1）引起学生的注意，激发学习兴趣。

（2）促进学生积极参与活动。

（3）使学生形成正确的行为，如遵守纪律、正确观察等。

6.3　强化技能的类型

（1）语言强化

教师运用语言，即通过表扬、鼓励、批评和处罚等方式来强化教学。

（2）标志强化

教师运用一些醒目的符号、色彩对比等各种标志来强化教学活动。

（3）动作强化

教师运用师生之间的交流动作来强化教学。如用点头、摇头、微笑、拍手鼓掌、接近等非语言方式（身态语言）肯定或否定学生课堂的表现，起到促进学习的作用。

（4）活动强化

教师通过适当的活动，如竞赛性活动、设置问题"陷阱"、请学生"代替"教师等，有针对性地让学生参与课堂练习，给他们提供表现的机会，从而指导学生的行为，使学生可以相互影响，积极参与，起到促进学习的作用。

（5）变换方式进行强化

教师运用变换信息的传递方式或变换活动等使学生增强对某个问题的反应，达到促进学习的效果。

6.4　应用原则与要点

（1）目的明确。一定要将学生的注意力引到学习任务上来，提高学生参与教学活动的意识。帮助学生采取正确的学习行为，并以表扬为主，促进学生的学习方式的改变。

（2）注意应用的灵活、多样化，适合班级、年龄和学生能力，努力在有目的的同时采用多样强化。

（3）强化技能要努力做到恰当、可靠。如果使用不当，反而会分散学生注意力。

7. 演示技能

7.1　什么是演示技能

演示技能是教师进行实际演示和示范操作，运用实物、模型、标本、幻灯片、影片和录像等提供感性材料，以其指导学生进行观察、分析和表达的方式。

7.2　演示技能的目的

（1）运用演示导入新课，能激发学生的学习兴趣，提高注意力。

（2）引导学生从实际出发，实事求是地分析具体问题，学会由表及里、现象到本质、全面地、辩证地认识问题，并运用归纳、演绎、逻辑推理等方法研讨问题。

（3）通过教师规范的演示操作，学生可以学到正确的操作技术和方法。

（4）为学生理解基本概念、基本原理、物质及其运动形式提供感性材料，使教学内容生动、形象、具体，有利于帮助学生形成概念，理解并巩固知识。

（5）通过演示实验向学生提出问题，可以考查学生的观念、记忆、推理和判断能力。

7.3 演示技能的类型

（1）分析法

从分析实验现象入手，启发运用感知到的材料进行系统分析，导出新概念、获得新结论。

（2）归纳法

通过提出问题，观察并分析实验结果，归纳总结出概念或规律。

（3）质疑法

结合实验操作和变化，提出思考问题，让学生讨论回答，达到透过宏观现象认识实验的微观本质的目的。

（4）展示法

通过展示多种多样的生物学图片、生物学家肖像图、实物教具等，使学生获得深刻的印象和正确的感性知识。

（5）声像法

通过放映各种科学性与趣味性完美结合的教学影片，引起学生兴趣。

7.4 应用原则与要点

（1）针对性和目的性

演示的选择要有利于突出教学内容的重点或讲清难点，有利于培养学生的观察、分析和综合等能力，选择的实验要为概念和理论教学服务。

（2）适用性和鲜明性

选用仪器要大小恰当，实验装置和操作简便易行，所用时间较短。演示的实验现象应鲜明、富有直观性，便于观察。教师要及时指导学生客观、全面、准确和有序地观察现象。

（3）示范性和可靠性

教师能给学生作规范的、正确的实验操作示范。

（4）演示与讲授统一性

演示与讲授（讲述、讲解、谈话或设问）密切结合，引导学生把各种感知转化为积极的思维活动；通过讲授使学生明确实验目的，掌握观察方法，抓住实验的主要或关键现象，特别是"稍纵即逝"的现象。教师要善于诱导学生分析研究潜伏和隐藏在现象后的本质。

教师做好演示实验的关键要点可概括为：准确安全，简易明显，便于观察和理解本质。

8. 板书技能

8.1 什么是板书

板书,即教师为辅助课堂口语的表达而写在黑板上(或投影片上)的文字或其他符号。它的特点是简明扼要,富有启发性。通过运用几个存在内在联系的关键词语,教师可引起学生的思索,加深对教学内容的理解和记忆,有利于对学生思维能力的培养。

8.2 板书的设计目的

(1)提示内容,体现内容结构和教学程序。

(2)激发兴趣,启发思考。板书能从认识过程、论证过程、操作过程(如实验)等方面来设计,因此它能启发学生积极地思考。

(3)强化记忆,减轻负担。板书在激发兴趣、启发思考、强化记忆等方面的作用,也有助于提高学习效果。

8.3 板书的类型

(1)提纲式

对一节课的内容,经过分析和综合,按顺序归纳出几个要点,提纲挈领地反映在板书里。

(2)表格式

适用于对有关概念、生物的特点及实验进行归类对比,从而认识其异同和联系。表格式的板书有化繁为简、对照鲜明的特点,可培养学生分析、概括的能力。

(3)图示式

用文字、数字、线条及关系框图等来表达。

(4)综合式

将教学中所涉及的几方面的知识内容,综合地反映在板书里,或将零散孤立的知识有机地联系起来,形成系统化、简约化的知识网络。

(5)计算式和方程式

以数字运算的形式来表述,文字少,逻辑性强,适用于讲解计算题。

8.4 应用原则与要点

(1)根据课程内容标准的要求,并与教学目的和教学内容联系起来设计板书。

(2)设计板书要注意启发性、条理性和简洁性。

(3)设计板书还要注意文字、语言的示范性。

9. 结束技能

9.1 什么是结束技能

结束技能是教师结束教学任务的方式,是通过归纳总结、实验和实践活动、完成练习、转化升华等教学活动,对所学的知识和技能进行及时的系统化、巩固和运用,使新知识有效地纳入学生原有的知识结构中。

9.2 结束技能的目的

(1)总结概括,重申所学知识的重要性或应注意的要点,概括本单元或本节的知识结构,强调重要事实、概念、规律和关键。

(2)检测学习效果,通过回答问题、完成各类练习、实验操作、进行小结改错和评价等,使所学内容和学生原有的知识联系起来。

(3)巩固应用,布置思考题和练习题,使学生对所学的知识及时复习、巩固和运用。

(4)情感升华,引导学生分析自己的思维过程和方法,以领悟所学内容主题的思想情感,并使这些认知转化为指导他们思想行为的准则,使学生受到思想教育。

9.3 结束技能的类型

(1)系统归纳

在教师指导下,让学生动脑动手,总结知识的规律、结构和主线,及时强化重点,明确关键。小结时可采作"纲要信号"、概念图或列表对比等方式。

(2)比较异同

将新学知识与旧知识进行分析、比较,找出它们之间的不同点和内在联系,使学生对所学内容理解得更加准确,记忆得更加牢固。

(3)集中小结

在不同章节中,循序渐进地学习同一事物的特性和变化,集中归纳小结,从而掌握某一事物的全貌,概括出零散知识的规律。

(4)领悟主题

通过总结、讨论或提问,使学生顿悟所学内容的主题,做到情与理的融合,并激励学生将这些认识转化为指导思想行为的准则,达到对学生进行品德培养的目的。

(5)巩固练习

在结束部分,恰当安排学生的实践活动,既可使学生的学习成果得到强化和运用,又可使课堂教学效果及时得到反馈,有利于后续课程的调整和优化。

9.4　应用原则与要点

（1）结束的时间要掌握紧凑。

（2）在讲授新知识（尤其是逻辑性很强的知识）近尾声时，要及时小结和复习巩固。

（3）授课结束时，要结合教学目的和内容、重点和知识结构，采用恰当的方式及时归纳。

（4）安排适当的实践活动，促进学生的思维发展，培养抽象概括能力和表达能力。

（5）布置作业应要求明确，数量恰当，使每位同学都能记录下来。

10. 课堂组织技能

10.1　什么是课堂组织技能

在课堂教学过程中，教师不断地组织学生、管理纪律、引导学习，建立和谐的教学环境，帮助学生达到预定课堂目标的行为方式称为教师的课堂组织技能。

10.2　课堂组织的目的

（1）帮助学生建立良好的行为标准，创造良好的课堂气氛。

（2）组织和维持学生的注意。

（3）引起学习兴趣，加强学生的自信心和进取心。

10.3　课堂组织技能的类型

（1）管理性组织

管理性组织是指课堂纪律的管理，其作用是使教学能在一种有秩序的环境中进行。教师在课堂管理组织的时候，既要不断启发诱导，又要不断纠正某些学生的不良行为，以保证课堂教学的顺利进行。

① 课堂秩序的管理

处理一般课堂秩序问题，教师可用暗示的方法。如，教师突然停止讲课，安静地注视着学生，或边讲边走向不专心的学生，停留在他的身旁，用语言或行为进行提示。

② 个别学生问题的管理

对个别学生的问题，教师可使用以下三种方法进行管理：做出安排，使他们不能得到奖赏，从而自行停止不良行为；奖励与行为替换，教师为不良行为学生提供合乎要求的替换行为，为了达到效果，对替换行为的奖赏必须是有力的；教育与惩罚相结合。

（2）指导性组织

指导性组织是指教师对某些具体教学活动进行的组织，目的是指导学生课堂学习的方向，可分为两个方面。

① 对阅读、观察、练习等的指导组织。指导学生阅读，主要是指导学生阅读课本，特别是对课本中关键性的问题、重点内容的地方进行阅读；指导学生观察，让学生明确为什么要观察、观察什么、如何观察，让学生通过观察解决问题；指导学生练习，教师指导学生练习是教师教学能力的一种体现。教师课堂练习的设计要体现基础性、层次性和发散性。

② 对课堂讨论的指导性组织。讨论的特点是使班上的每个人都有机会参与学习活动，促使他们积极地思考问题，真正成为学习的主体。讨论的方式主要有全班讨论、小组讨论、专题讨论和辩论式讨论等。对于讨论指导的要求是：第一，所讨论问题的答案应不低于两个；第二，讨论的问题要能够引起学生的兴趣，来源于他们所熟悉的背景，但又不十分明了的问题；第三，给学生适当的事前准备，在讨论中要善于点拨和诱导，使所有人参与讨论；第四，制定应遵守的规则，使讨论能够有效、顺利进行。

（3）启发性组织

启发性组织是在教学过程中，教师用生动有趣、亲切热情、富有启发性的语言引导、鼓励学生参与教学过程，引导学生积极思维，从而取得良好的教学效果。

第三节　中学生物学教学方法

教学方法是完成教学任务所使用的工作方法，它包括教师教的方法和在教师指导下学生学的方法。在确定了教学任务，具备了相应的教学内容之后，教学方法的解决就成为提高教学质量的一个极为重要的问题。尤其是生产和科技出现了新的重大变革，知识总量急剧增长和更新过程空前加快，这就对教学提出了新的、更高的要求。教学不能仅仅满足于让学生掌握现成的知识，而应当努力发展学生的智能，以切实指导学生的独立学习。

教学方法是极其多样的，教师应根据教学内容和学生的实际状况、自己的专长和教学特点、目前生物学在中学的实际情况和本校教学的条件，认真学习和研究教学方法，更好地演绎教学内容，使你的教学更富有独特的个人魅力，使教师的"教"与学生的"学"取得双赢的效果。

1. 传统的生物学教学方法

目前常用的教学方法有:讲授法、谈话法、讨论法、演示法、实验法、参观法、练习法、复习法以及学习指导法。

1.1 讲授法

讲授法是教师通过口头语言系统地向学生传授知识的一种方法。讲授法是我国目前中学生物学教学中最基本的方法之一。它既运用于新知识的教学,也运用于巩固旧知识的教学,其他教学方法也往往需要讲授法的配合。它的优点是:可充分发挥教师的主导作用;可使学生在短时期内就获得大量系统的知识;有利于对学生进行思想教育。

教学中应视不同情况灵活运用讲授法,有的可以多讲,有的可以少讲;有的可以先讲,有的可以后讲;要避免满堂灌。

从教学内容上看,像细胞的基本结构与功能、光合作用的概念、血液循环、生物的生殖、生物的遗传等知识内容往往都需要运用到讲授法进行教学。

讲授的类型有:

(1)讲述 即教师向学生叙述事实材料,或者描绘所讲的对象。讲述法着重于培养学生的形象思维。生物学中有关生物的形态、结构、生活习性、生长发育过程、行为,实验的方法和步骤等知识的教学都可用讲述法。

(2)讲解 即教师向学生说明、解释事实和论证原理。讲解的特点是要进行科学的、有论据的逻辑推理,比较着重培养学生的抽象逻辑思维。生物学中有关生理功能、遗传变异、生命起源、生物进化和生态学等知识的教学常应用讲解法。

在中学生物学教学实际中,很难绝对地把讲述与讲解隔离开来,它们经常是交互运用、互相配合的。

运用讲授的基本要求:① 严密的科学性和高度的思想性;② 富于思考性;③ 注意系统性和逻辑性;④ 语言的趣味性;⑤ 语言要清晰、准确;⑥ 要讲练结合。

1.2 谈话法

谈话法是教师根据教学内容和学生已有的知识经验,有计划、有目的地提出问题,并引导学生通过独立思考和师生间相互交流对所提问题得出结论,从而获得新知识或巩固知识的一种教学方法。谈话法是属于探究性的,学生掌握的知识主要不是由教师直接提供的,而是教师引导学生把发现的信息通过学生自己的思维活动加以重新安排,并进一步组织或转换,使它和原有的认识融合起来而获得的。

谈话法的优点有:能充分启发学生的思维活动;使学生通过独立思考来获取知

识;有利于发展学生的语言表达能力;能充分体现学生的主动性;有利于教师因材施教,当堂巩固;有利于教学的双向交流。

谈话法在中学生物学教学应用广泛。谈话法有的是在讲授新知识时采用,一般是教师在叙述了一些有关的事实之后,便向学生提问,然后引导学生对有关事实进行分析,为提出的问题找出答案,作出结论;有的是为了复习和巩固旧知识而采用;有的在学生进行参观、实习、实验、练习等活动过程中运用,这种谈话的目的,在于使学生能够顺利地、独立地完成作业。

运用谈话法,要从需要出发、从效果出发,运用得自然,树立与学生共同探讨问题的思想和态度。

谈话有启发式谈话、问答式谈话、指导或总结性谈话等类型。此外,谈话法还经常与其他教学方法穿插交替使用。

运用谈话法的基本要求:① 重点和难点设疑要切中要点,谈话要打动学生的心;② 具有较高的针对性、思考性和推理性;③ 简短性和机动性;④ 要重视总结每一问题。

1.3 讨论法

讨论法是学生根据教师提出的问题各抒己见,相互启发,进行补充或争论,最后由老师小结,从而使学生获得知识、提高认识的教学方法。教师在教学过程中,根据教学内容的特点和学生的实际提出具有启发性和思考性的讨论题,组织学生展开讨论,可以集思广益、互相启发、加深理解、提高认识,有助于探索、发现、推理、想象、分析等能力的培养。它的优点在于使学生动脑筋思考、钻研问题,加深对知识的体会。

几乎生物学的各部分内容都可以使用讨论法。运用讨论法的基本要求是:

(1) 讨论前,教师应提出讨论题和具体要求,指导学生通过各种学习活动认真做好发言的准备,严格避免进行无准备的讨论。

(2) 讨论时,既要让学生自由发表意见,又要引导他们围绕中心、联系实际进行,鼓励学生之间展开持之有据、言之成理的争论。教师要有重点地到各讨论组去指导,及时启发和点拨,指导讨论的进行。

(3) 要充分运用各种直观手段组织学生展开讨论,进一步培养学生的观察能力和抽象能力。如在"被子植物"的教学中,教师可让学生在观察一些盆栽花卉的基础上进行讨论。

(4) 讨论结束后教师要进行总结。此外,也可以提出一些需要进一步思考的问题,让学生进一步思考和探索。

1.4 演示法

演示法是教师在上课时,运用实物、样品、标本、模型、图表、幻灯片、影片和录像带提供感性材料,或进行示范性实验,或运用现代化教学手段放映影视片,使学生获得感性认识,从而说明或印证所传授知识的方法。这种方法,在各个年级、各种教学内容中都可采用,常常配合讲授法、谈话法一起使用。

演示法的优点是:能使学生形象、生动地感知生物及其生命现象,帮助学生正确深刻地理解概念、掌握原理;能引起学生的学习兴趣,调动学生的学习主动性,从而加深、巩固所学的生物学知识;能引导学生对具体生物及其生命现象进行观察对比、分析综合,有助于培养学生的观察能力和思维能力。

按教具区分,演示可分为四种:实物、标本和模型的演示,图片、图画的演示,实验的演示,幻灯、录音、教学电影的演示。按教学的要求区分,演示可分为两类:演示单个的物体或现象,演示事物的发展变化过程。

适合演示法的内容有:绿色开花植物的生活史、减数分裂的过程、生态系统的类型等等。

1.5 实验法

实验法是学生在教师指导下,运用一定的仪器设备进行独立实验作业,以验证知识或获得知识、培养操作能力的方法。实验法广泛运用于中学生物学教学中。

实验法的种类有:学习理论之前进行的实验,目的是为了获得感性知识与材料,为学习理论打好基础;学习理论之后进行的实验,目的是为了复习、巩固已学过的知识。

1.6 参观法

参观法是教师根据教学目的和要求,组织学生对实际事物进行观察、研究,从而获得新知识或巩固、验证已学知识的一种教学方法。在"动植物的种类"、"生物技术在实践上的应用"、"生态系统的类型"等教学中都可运用这种方法。

参观的种类有:准备性参观,是在讲授新课之前,为了给学生学习新课题积累必要的感性经验和引起学生学习新知识的兴趣而进行的参观;并行性参观,是在讲授过程中,为了巩固和检查学生已获得的知识,并为积累进一步学习所需的直接知识而进行的参观;总结性参观,是在学完一些内容后,为帮助学生巩固加深已经学过的知识而进行的参观。

1.7 练习法

练习法是在教师指导下,学生通过课堂作业和课外作业,以巩固知识、形成技能技巧的一种教学方法。

练习法的优点:能使学生更加牢固地掌握知识;能使学生把知识形成技能、技巧,促进学生智力发展和能力形成;还能培养学生克服困难、有始有终、认真学习的优良品质。练习的种类有说话练习,绘画、制图练习,技能、技巧的练习等。

在各种内容中,讲和练的结合非常重要。既要讲练结合,又要边讲边练,还要精讲精练;既要课内练,又要课外练。

1.8 复习法

复习法是教师引导学生对已学过的生物知识和技能进行巩固的一种教学方法,也可以是学生单独进行的一种学习方法。复习法在整个生物学教学中具有重要地位。

复习方法可以巩固知识,防止遗忘,加深理解,改善知识质量,形成知识体系。提高复习的效率,有助于学生建立能记住的信心,提高记忆的效果。教师可以运用勾画书上的重点、画图、填表、知识竞赛等多种方式让学生运用学过的知识,达到复习的要求。

1.9 学习指导法

学习指导法是指教师在传授知识和技能的过程中,引导学生掌握自学方法、提高自学能力、养成良好自学习惯的一种教学方法。

在中学生物学的教学中,自主学习、合作学习、探究式学习、研究性学习是当前课改倡导的理念之一。如:查阅资料、探究实验;让学生个别独立或合作进行完成学习任务;在学生的学习过程中,教师给予学生必要的指导。

2. 现代教学方法

现代教学方法是相对于传统教学方法而言的。所谓现代教学方法(modernistic teaching methods),是为了表达现代教学目的而采用的师生之间活动的形式,是传递现代教学内容的手段,是教师引导学生学习的途径,是现代教学工作方式的总和。

2.1 现代教学方法的特点

（1）发展学生的智能,培养学生的创造能力

20世纪50年代以后提出的各种现代教学方法,皆以发展学生的智能为出发点,以培养学生的创造能力为目标,体现出现代教学方法的时代特色。美国心理学家布鲁纳的"发现教学法"之所以能风靡全球,保加利亚洛扎诺夫的"暗示教学法"之所以

能产生巨大影响,就是因为它们适应了发展学生创新精神与能力的时代要求。

(2) 充分体现学生的主体地位,并发挥教师的主导作用

现代教学方法是以发展学生的智能为出发点,着重于培养学生的创造意识、创造性思维和创造能力。它强调教学是在教师指导下的学生的认知过程,在这个认知过程中要充分调动学生学习的积极性,激发学生对知识的渴望。现代教学方法要求教师的主导作用和学生的主体地位有机地统一起来,并充分体现学生的主体地位。教师要根据不同的教学目的和教学内容,运用正确的方法和手段,引导学生主动参与教学过程,充分发挥其积极性、主动性,使学生真正成为教学的主体。

(3) 既重视教师的"教",更注重培养学生的"学"

现代教学方法明确提出作为新时代的教师"授之以鱼"不如"授之以渔",应培养学生掌握科学的学习方法。例如,现在的讲授法,不仅要使学生掌握好讲授的基础知识,而且要使学生学习和掌握教师讲授的思路,掌握分析问题、解决问题的方法和途径;学生做课后思考题时已不再是满足于答案的正确,而是要求学生积极思考,注重获得答案的过程,以此促进知识的飞跃。

(4) 重视学生情感、兴趣等非智力因素的培养

在教学过程中,学生学习活动的心理基础十分复杂,除了认识活动等智力因素外,还伴随情感、兴趣等非智力因素。这些非智力因素在学生的学习过程中起重要作用,甚至影响学生一生的发展。现代教学方法强调情感、兴趣等非智力因素在学习中的作用,既符合学生的学习实际,又是以心理学为基础的。

现代教学方法既要借助于学生的模仿使其获得现成的知识,又需要借助于学生的创造活动使其获得"新"知识;它不仅重视教师传授知识,而且注重学生独立探索知识和培养学生的创造能力。现代教学方法注重培养适应时代要求的高素质复合型人才。

2.2 现代教学方法示例

(1) 发现教学法

发现教学法又称解决问题法、引导发现法,即学生在教师的引导、启发下,自己发现问题并解决问题的教学方法。"发现教学法"是 20 世纪 60 年代美国的认知心理学家布鲁纳根据瑞士心理学家皮亚杰关于儿童智力结构发展理论所倡导的。布鲁纳所提倡的发现法并不是指真正意义的发现,而是在教师指导下的"再发现"。他主张学生在教师的指导下积极探索,"发现事物发展的起因和事物的内部联系,从中找出规律,形成自己的概念"。

① 发现教学法的教学原则

• 动机原则

教学中,教师可利用学生对学习的好奇心激发他们参与探究活动,激发他们的学习动机,从而促进学生智力的发展。

• 结构原则

在教学过程中教师只有选择适当的知识结构,选择好适合于学生的认知结构,并使知识结构与学生的认知结构相匹配,才能促进学生的学习。

• 强化原则

教师应该要让学生及时知道自己学习的结果。

② 发现教学法的基本步骤

• 提出问题

教师根据教学内容和学生实际情况向学生提出要解决或需要研究的有一定难度的问题,引起学生的学习兴趣,激发他们的求知欲望。

• 提供材料

教师要提供相关的实验材料、器具和参考资料。

• 提出假设

学生利用教师提供的材料和自己已有的知识提出合理的假设。

• 探索发现

学生进行观察、实验,并对实验现象进行分析、讨论,以验证假设。

• 做出结论

学生在教师的引导下进行分析、比较、判断,最后做出正确的结论。

③ 发现教学法的教学效果

• 开发智力

发现教学法要求学习者主动开动脑筋,去思索问题,尽可能对提供的信息进行加工、分析、重组,有利于智力的开发。

• 调节动机

发现教学法可以使奖惩、竞争等外来动机向内在动机转化,使一般的兴趣转化为对某一学科的学习兴趣。学生在学习过程中不断体验成功的满足,从而产生兴奋感、自豪感,提高学习和发现的信心。

• 学会探索方法

发现学习的起始阶段给学生的只是一些信息资料,并没有现成的结论,学生需要通过探索才能得出正确的答案。这就促使学生去努力进行实践探索,从而学会探索方法。

• 有助于保持记忆

通过发现法获得的知识不但易于新旧知识融会贯通,而且便于按系统、类别、时间顺序保存在大脑中,从而提高记忆效果。

通过发现法进行教学,学生处于教师精心设计的新奇、未知的情境之中,不仅极大地调动了学生的学习积极性和主动性,而且有助于培养学生的观察、实践和创造性思维的能力。在生物学教学实践中,教师可根据教学目的、教学内容、教师和学生的实际情况、学校的教学条件等,将发现法灵活地和其他教学方法配合使用,不断地提高教学效果。

(2) 探究式教学法

综观 20 世纪 80 年代以后的生物学教学方法改革,尽管提法不同,名称各异,但其指导思想可以说就是"探究教学",或者是几乎同时产生的布鲁纳提倡的"发现法教学"。

近十年来,探究教学法(或发现法)在生物学教学中的运用越来越普遍。其基本过程一般是:教师或学生提出、发现问题 →准备、收集材料→探索发现(处理与解释材料)→ 讨论交流→得出结论(问题解决)。

在教学过程中,教师根据教学目标,寻找与教学内容密切相关的、可以激发学生兴趣的材料,创设出情景,向学生提出将要调查研究的领域。学生则发现并提出问题。根据已确认的问题,由学生共同讨论如何解决,然后学生开始进行观察、测量、比较、分类等活动,收集与问题有关的信息资料。在了解资料的基础上,形成假说并提出解决问题的方案,由个人或小组共同实施方案(讨论研究,实验验证),记录这一过程并将手中的信息资料加工处理。最后对问题形成一个合理的解释,得出结论或规律;或提出新问题重新设计实验,用不同的方法组织资料,解释资料,再一次进入探究过程。

在探究过程中,讨论交流是重要的一环。在最近几年的生物学教学改革中,越来越多的教师在课堂中运用讨论来促使学生的积极参与。讨论的具体形式有同桌讨论、小组讨论、全班集中讨论等。为了体现讨论的必要性,发挥讨论的作用,必须正确把握讨论的时机与内容。一般来说,当知识内容可以与现实生产生活发生联系时,当教材出现难点、学生不易理解时,当一个问题需从多角度回答时,当学生对问题认识模糊产生对立观点时……适时的讨论往往能取得理想的课堂效果。

（3）程序教学法

程序教学法是指依靠教学机器和程序教材，呈现学习程序，包括问题的显示、学生的反映和将反映的正误情况反馈给学生的过程等，使学生进行个别学习的方法。此教学法来源于 1928 年美国鲁来西设计的一种自动教学机器，但在当时并没有引起人们的重视。20 世纪 50 年代初，斯金纳进一步研究了程序教学，才引起广大教育界人士的重视，使程序教学法得以推广和使用。

程序教学法是根据"刺激—反应—强化"的原理来设计的，把学习看作"刺激—反应"之间联系的加强，教学的艺术在于如何安排"强化"。斯金纳认为，"强化"是教学中的首要因素，可以看作程序教学的核心。教学中，只要能强化正确的"反应"，消退错误的"反应"，就可以取得预期的教学效果。他强调积极的"强化"，就是对学生正确的行为给予表扬和鼓励，建议少采用惩罚、批评等消极的强化手段，有利于达到强化学生行为的目的。

程序教学法的教学效果：

① 有利于充分调动学习积极性　程序教学法使学生和教材直接发生联系，教师在整个教学过程中适时点拨、引导、质疑、释疑。通过师生之间、学生与学生之间的讨论交流，学生学会动脑、动手，独立钻研，获取知识，从而能充分调动学生的学习积极性，同时也能增强学生学习的责任感。

② 有利于培养学生的自学能力　程序教学法把教材分成一系列小单元，在每个小单元中都提出问题，然后将这些问题按由浅入深、由易到难的原则和逻辑上完整的顺序编排起来，便于学生自学和练习。长此下去，学生的自学能力得到培养。

③ 有利于减轻学生负担，提高教学质量　在运用程序教学法教学的过程中，学生在教师的指导下，按要求自学、讨论交流，完成一定数量的基础练习题，再通过教师的串联讲授、质疑释疑，完成有一定难度的提高练习题。因此，学生课后的作业少，减轻了学生的学习负担。此外，在课堂上通过教师的"精讲"和学生的"多练"，培养了学生的能力，发展了学生的智力，从而提高了教学质量。

程序教学法也有一定的局限性。例如，编制教学程序要花费大量的时间；这种方法的运用对教师提出更高的要求，若教师不能发挥主导作用，学生的自学就会变成自流；偏重学生在知识、技能和能力方面的获得，可能会在一定程度上忽视对学生的思想教育等。

（4）交流式教学法

交流式教学法即采取个案研究、角色扮演和模拟、数据分析、调查、实验、设计、讨论等多种方式讲授新知识,让学生参与课堂教学,以达到使学生掌握知识、提高学习兴趣、培养探究思维和合作态度、关心社会并参与社会有关问题的决策目的的教学方法。

下面以案例说明交流式教学法的具体应用。例如,艾滋病的教学,可采取数据调查、分析、讨论等方式。布置学生课前调查某地近几年的艾滋病患者人数,然后组织学生在课堂上分析患病人数呈上升(或下降)趋势的原因,交流讨论艾滋病的几种传播途径和艾滋病患者面对的问题,并得出如何预防艾滋病的有效措施。

交流式教学法在本质上兼具传统的讲授法、现代的探究教学法的合理思想内涵。从学生获取新知识的过程看,交流式教学法仍属结论式教学,但这些结论并非由教师直接传授,而是由学生在教材问题的激发和引导下阅读有关资料而获得。从对知识的理解、巩固与运用的过程看,交流式教学法又属过程式教学,它重视发挥学生的主体性,以各种不同形式的交流活动促使学生充分参与教学,让学生运用知识解决现实问题,加深对概念的理解与掌握。交流式教学法不仅培养了学生的思维能力、分析问题能力、决策能力,同时增强了学生间、师生间以及师生和社会间的交流。

(5)暗示教学法

暗示教学法就是通过外部环境、权威、直观、音乐、节奏等主要暗示手段巧妙地利用无意识的心理活动使学生轻松愉快地学习,提高学生学习的潜在能力,是保加利亚医学博士洛扎诺夫在 20 世纪 60 年代中期提出的。这种教学方法在重视学生有意识心理活动的同时,也十分重视无意识心理活动。通过各种暗示手段,利用无意识的心理活动使学生产生假消极状态,这对于开发人的生理潜力和心理潜力具有特殊的功能。可激发学生的学习兴趣,使他们充分发挥想象,产生丰富的联想,增强记忆力,从而获得良好的教学效果。

暗示教学法将音乐等运用到教学中去,打破了纯理性、纯逻辑性的传统教学方法,能充分激发学生的学习兴趣,从而提高学习效率。但暗示教学法不能代替基本的教学方法,可根据中学生物学教学的具体情况将其作为一种辅助性的教学方法。

运用暗示教学法必须注意:① 暗示的目的必须明确,教师要有明确的意识,思维才有特定的目标;② 必须设计好暗示的环境,使学生在轻松愉快的气氛中学习;③ 必须选择好暗示的时机,使学生的无意识心理活动向有意识心理活动转化;④ 暗示的内容必须具体,要使学生的无意识活动能产生教师预期的效果。

(6)"概念同化"法

"概念同化"是近年来国际上颇为流行的一种新型教学方法,它在备课、教学、订正、评价等方面有着广泛的应用,对于教和学都有很大的帮助。在美国、英国、加拿大、澳大利亚以及我国香港地区的生物学教学中已得到广泛应用,并取得了肯定的效果。

"概念同化"以奥苏伯尔的同化理论为理论基础。"概念同化"有助于学生将主要概念同原有知识、次要概念及其他相关概念建立联系并形象化,从而可以将零碎的、独立的知识点转变为赋予个性化含义的知识,学习者对知识的理解能力将会得到发展和提高。

例如"鱼"的概念的教学。

【师】是终生生活在水中的变温脊椎动物,用鳃在水中进行气体交换,用鳍协助身体运动和维持身体平衡;大多数身体表面有鳞片覆盖,体内有鳔。大家能说出哪些鱼?它们有什么共同点?

【生】鲤鱼、鲫鱼、草鱼……身体表面都有鳞片、用鳃呼吸、用鳍游泳。

【师】鳄鱼经常生活在水中,身体表面有鳞片覆盖,是鱼吗?黄鳝没有鳞片,是鱼吗?为什么?

【生】鳄鱼不是鱼,因为鳄鱼以肺呼吸,没有鳍。黄鳝是鱼,因为它用鳃呼吸、用鳍游泳。

【师】鲸鱼生活在水中,是鱼吗?为什么?

【生】不是。因为鲸体内没有鳃,是用肺呼吸。

【师】那么,鱼的主要特征是① 是终生生活在水中的脊椎动物;② 用鳃呼吸;③ 用鳍游泳。

这样,通过"概念同化"的接受学习,用正反例区分概念的本质特征与非本质特征,建立了"鱼"的概念。

(7) 问题解决法

问题解决法是一种在教师有计划、有步骤的指导下,通过设置一系列的问题让学生在学习过程中不断运用解决问题的行为方式和科学的事实、原理去解决问题,获得问题的答案,进而形成系统的知识的方法。

问题解决法包括创设问题情景、提供科学事实、探求解题方法、得出科学结论、运用新知识解题等五个环节。

近十年,"问题解决"已经成为国际教学改革的热点和课程论的重要组成部分。现在的英国,已经在幼儿园试验使用"问题解决",鼓励和启发幼儿大胆提出问题,培养多向思维习惯,而不需要再花大力气去克服他们以后可能形成的传统思维习惯。在德国,教育当局已经在应用"问题解决"培养教师,他们认为这等于帮助教师学习和掌握未来在课堂上开发学生智力的方法。在日本,教育家们正集中力量研究一个问题的答案不是唯一的,而是开放性的这一理论,他们在探讨提出这类问题的途径,认为这是未来不断开发新技术人才必须具备的思维模式。

总之,教学方法是多种多样的,在中学生物学教学中,教师应根据教学内容、学生实际、自己特长和学校的设备等实际情况加以选择确定,适当使用不同的教学方法,以达到最佳的教学效果。

【思考题】

1. 根据自己的成功教学经验,谈谈在实际教学中如何应用本章所讲的几种教学技能达到最佳教学效果?

2. 运用八种基本教学技能进行试讲活动。

3. 谈谈你对现代教学方法的理解。

4. 你认为在中学生物学教学中比较适用的现代教学方法有哪些? 它们在提高教学质量上均不同程度地取得了较好的效果,可为什么我们还要强调传统教学方法?

【参考文献】

1. 陈继贞,张祥沛,曹道平. 生物学教学论[M]. 北京:科学出版社,2003

2. 刘恩山. 中学生物教学论[M]. 第一版. 北京:高等教育出版社,2003

3. 郭力华. 初中生物新课程教学法[M]. 北京:首都师范大学出版社,2004

4. 周美珍. 中学生物学教学法[M]. 上海:华东师范大学出版社,1992

第三章　中学生物学教学设计

第一节　教学设计原理与方法

1. 教学设计概述

1.1　教学设计的定义

教学设计(instructional design,简称 ID)是舶来之物,自 20 世纪 80 年代传入我国就受到人们的关注和青睐,使传统经验型教学受到挑战。

教学设计是在教育技术领域中发展起来的一种教学系统方法,是以传播理论、学习理论和教学理论为基础,以优化教学效果为目的,运用系统科学的观点和方法,分析教学中的问题和需求,从而找出最佳解决方案的一种理论和方法。

1.2　教学设计的特征

（1）教学设计的目的在于帮助个体的学习

虽然学生被编成班级,但学习是发生在每个学生身上的,所以,教学设计的目的应当是满足每个学生的需要,适合每个学生的特点。虽然这是一种理想状态,但无论如何,教师应将其作为自己的目标追求。

（2）教学设计可以发生在不同的层面

由于教学设计所关照的因素众多,对多种因素的操作就构成教学设计的各个环节。如编写教材、安排师生活动等。这就构成了教学设计的层次。当代教学设计,是对教学的所有因素的分析,而不是仅仅操纵其中某一两个因素。

（3）教学设计能极大地影响个人的发展

保证每个人潜能的发展,使每个学生有相同的发展机会是教学设计的首要任务。因此,需要教师对学生个体差异有足够的认识。

（4）教学设计应以系统的方式进行

教学设计始于需要和目标分析,止于对教学的评价。

（5）教学设计必须以对人类学习的研究为基础

心理学对学习的研究必然成为教学设计的基础，这是当代教学研究的核心。如果不了解学生的学习，教学设计就可能成为盲干。

传统的"教学设计"即备课存在一些局限性（表3-1），一般只是针对某一节课的设计，只是针对教学中内容与方法的谋划，其出发点是为了教师的便利，大多是从教学内容出发，依靠教师的实践经验和个人直觉来选择教学方法、安排教学过程，或者还根本谈不上设计。

表3-1　教学设计与传统备课的区别

	传 统 备 课	教 学 设 计
内容分析	着重教学重点和难点的分析	对内容系统分析后，确定重点和难点
策略选择	着重准备教师如何去教	既设计教师的主导作用，更重视学生的主体参与
方案表述	着重教学过程的描述	重视教学结构的空间关系和知识内容的层次关系的设计

教学设计可以在不同的层面上进行。第一类是宏观教学设计，它往往从改造教育、社会与人的发展之间的关系入手，致力于创设新世纪、培养新人才的教学体制改革。也就是根据不同学习者的需要量身定制，发挥每一个人的发展潜力。第二类是中观教学设计，它主要是在学科或者若干单元的层面上进行。从这个意义上说，中观教学设计实际上等同于"课程设计或者课程开发"，也称之为"学科教学设计"。第三类是微观教学设计，它主要面对某一门学科中的单元、模块和课时，甚至还可以包括教学片段设计。微观教学设计的面最广，应用最普遍，也是教学设计真正用武之地。

课时教学设计就是运用系统方法，在对某一课时教学系统中的各要素（教师、学生、教学目标、教学内容、教学媒体等）进行科学分析的基础上，整合与本课时相关的课程资源，运用现代学习心理学理论，设计规划学习的程序、学习内容的呈现方式及学习结果的评价标准的过程。

2. 教学设计的理论基础

教学设计作为一门独立的学科，自有其支撑生长的理论基础。人们对哪些理论可作为教学设计的理论基础是有争议的，概括起来，从"单基础"到"六基础"共有6种理论。其中把"四基础"（学习理论、传播理论、系统理论和教学理论）作为教学设计的理论基础的认识是相对集中的,尤其推崇学习理论,一致认为是教学设计的理论基础。表明教学设计的取向是以学生的学习为中心的,这符合时代需求和特点。下面就"四基础"论谈谈对教学设计的指导作用。

2.1 学习理论

学习理论是研究人类学习的本质及其形成机制的心理学理论。教学设计是为学习而创造环境,是根据学习者的需要设计不同的教学计划,在充分发挥人类潜力的基础上促使人类潜力的进一步发展,因而教学设计必须要广泛了解学习及人类行为,以当代学习理论作为其理论基础。

(1) 行为主义学习理论

行为主义学习理论,主要解释学习是在既有行为之上学习新行为的历程,是关于由"行"而"学"到"习惯性行为"的看法。其代表主要有:桑代克的"试误学习"论与斯金纳的"操作条件作用"论。

基本观点:① 学习是刺激与反应的联结,其基本公式为 S—R(S 代表刺激,R 代表反应),有怎样的刺激就有怎样的反应;② 学习过程是一种渐进的"尝试与错误"直至最后成功的过程。学习进程的步子要小,认识事物要由部分到整体;③ 强化是学习成功的关键。

基本特点:重视知识、技能的学习;注重外部行为的研究。

(2) 认知主义学习理论

认知主义学习理论认为学习是对客观事物之间关系的认识,是在刺激与刺激之间建立联系。学习是知识的重新组织,即将原有的知识结构和学习对象本身的内在结构相互作用,这是学习的本质。现代认知学习理论的代表有:布鲁纳的"发现学习"论、奥苏贝尔的"意义学习"论和加涅的"信息加工学习"论。

基本观点:① 学习是知识的重新组织,即学习是认知结构的组织与再组织,其公式是 S—AT—R(A 代表同化,T 代表主体的认知结构),客体刺激(S)只有被主体同化(A)于认知结构(T)之中,才能引起对刺激的行为反应(R),即学习才能发生;② 学习是突然领悟和理解的过程,即顿悟,而不是依靠试误实现的;③ 学习是信息加工过程。人脑好似电脑,应建立学习过程的计算机模型,用计算机程序解释和理解人的学习行为;④ 学习是凭智力与理解,绝非盲目的尝试。认识事物首先要认识它的整体,整体理解有问题,就很难实现学习任务;⑤ 外在的强化并不是学习产生的必要因素,在没有外界强化条件下也会出现学习。

基本特点:重视智能的培养;注重内部心理机制的研究。

（3）人本主义学习理论

人本主义心理学是 20 世纪五六十年代在美国兴起的一个心理学新学派。人本主义学习论者认为学习就是学习者获得知识、技能和发展智力，探究自己的情感，学会与教师及集体成员的交往，阐明自己的价值观和态度，实现自己的潜能，达到最佳的境界。以潜能的实现来说明学习的机制，反对"刺激—反应"这种机械决定论，强调学习中人的因素。其代表主要是马斯洛和罗杰斯等人的"自我实现"论，在教育实践中倡导以学生经验为中心的"有意义的自由学习"。它是现代教学设计的理论基石之一。

基本观点是：① 强调人的价值，重视人的意识所具有的主观性、选择能力和意愿；② 学习是人的自我实现，是丰满人性的形成；③ 学习者是学习的主体，必须受到尊重，任何正常的学习者都能自己教育自己；④ 人际关系是有效学习的重要条件，它在学与教的活动中创造了"接受"的气氛。

基本特点：重视学习的感情因素。

（4）建构主义学习理论

建构主义学习理论是认知主义以后的进一步发展，该理论发展了早期认知学习论中已有的关于"建构"的思想，强调学生在学习过程中主动建构知识的意义，并力图在更接近、更符合实际情况的情境性学习活动中，以个人原有的经验、心理结构和信念为基础来建构和理解新知识。

建构主义对学习的基本解释：① 学习是学习者主动地建构内部心理表征的过程，它不仅包括结构性的知识，而且包括大量的非结构性的经验背景。学习的生成过程，是学习者原有的认知结构与从环境中接受的感觉信息（新知识）相互作用，主动选择信息和注意信息，以及主动地建构信息的意义；② 学习过程同时包含两个方面的建构，一是对新知识的理解是通过运用已有经验，超越所提供的信息而建构的；二是从记忆系统中所提取的信息本身，也要按具体情况进行建构，而不单是提取。因此，建构既是对新知识意义的建构，同时又包含对原有经验的改造和重组；③ 建构因人而异，提倡合作学习。学习者总是以个人独有的方式建构事物的意义，从而不同的人看到的是事物的不同方面，没有唯一标准的理解。因此，对新知识的学习，学习者之间的相互合作学习可以弥补知识理解的不足，使学习者对知识的理解更加丰富、全面、深刻。

建构主义学习理论中，学习者可以通过以下途径建构新知识：① 支架式建构，指当建构新材料 A 时，先有同性质的材料 B 的知识，将有助于 A 的学习；② 抛锚式建构,指当建构新材料 A 时,先呈现一组概念,从而有助于 A 的学习;③ 导引式建构,指为了建构新材料 A,可以通过选用材料 B 的学习来引入 A 的学习,使材料 A 的意义在材料 B 的基础上更易理解。

建构主义认为,知识不是通过教师传授得到,而是学习者在一定的情境下,利用必要的学习资料,借助其他人(包括教师和学习伙伴)的帮助,通过意义建构的方式而获得。因此,建构主义学习理论认为"情境"、"协作"、"会话"和"意义建构"是学习环境中的 4 大要素或 4 大属性。

建构主义主张基于情景、基于资源、基于协作、基于探究、基于问题解决。建构主义是网络时代的一种全新的学习理论与教学理论,是现代教学设计的重要理论基石。

2.2 教学理论

教学理论是为解决教学问题而研究教学一般规律的科学,教学设计是科学地解决教学问题、提出解决方法的过程。为了解决好教学问题就必须遵循和应用教学客观规律,因而教学设计离不开教学理论。古今中外教学理论的研究和发展为教学设计提供了丰富的科学依据。教学设计从其指导思想到教学目标、教学内容的确定和学习者的分析;从教学方法、教学活动程序、教学组织形式等一系列具体教学策略的选择和指定到教学评价都从各种教学理论中吸取精华,综合运用而保证设计过程的成功。

当代教学理论中对教学设计影响较大的主要是 3 种。

(1) 赞科夫的发展教学理论

赞科夫主张教学应推动发展前进,"只有当教学走在发展前面的时候,这才是好的教学"。他认为:教学应为学生发展创造"最近发展区",然后使学生的"最近发展区"转化为它的现有发展水平;"教学结构是学生一般发展的一定过程发生的原因","教学的结构是因,学生的发展是果。这种因果联系很重要,因为它能决定学生的发展进程"。他经过长期的教学实验和理论总结,提出 5 条教学原则:① 高难度进行教学。高难度含义之一是,加大教材难度,更新教学内容,体现近代科学技术的进步,以充分满足儿童的求知欲望和认识的可能性。因为"儿童的智力也像肌肉一样,如果不给以适当的负担,加以锻炼,它就会萎缩、退化"。即是说,教学要为儿童的精神成长提供足够的食粮,不要使他营养不良。高难度的另一含义是要学生通过努力克服困难,把精神力量发动起来,促进一般发展。教学应该创造"最近发展区",让学生努力思考,经教师的指导,由现有水平而发展到"最近发展区";

② 高速度进行教学。"以知识的广度达到知识的巩固性",要求教学"不断地向前运动,不断地以各方面的内容丰富学生的智慧,能为学生越来越深入地理解所学的知识创造条件,因为这些知识被纳入到一个广泛开展的体系中";③ 理论知识起主导作用。"理论知识是掌握自觉而牢固的技巧的基础。因此,掌握理论知识不仅不妨碍技巧的形成,而且恰恰相反,乃是形成技巧的重要条件";④ 理解学习过程。注意学习过程本身,着眼于学习活动的内在机制,教会学生怎样学习;⑤ 全体学生得到一般发展。教学面向全体,使全体学生都得到一般发展。

(2)布鲁纳的"结构—发现"教学理论

布鲁纳创立结构主义教学论流派,提出了著名的"三个任何"的观点,即任何学科的基本结构都可以用某种形式教给任何年龄的任何儿童。他的教学思想主要表现在:① 要学习和掌握学科的基本结构。他主张提高教学内容的学术水平和抽象理论水平,让学生学习和掌握学科的基本结构,即"不论我们选教什么学科,务必使学生理解该学科的基本结构"。学科的基本结构,具体地讲就是指每门学科的基本概念、基本原理和法则的体系;② 要组织螺旋式课程。就是打通中小学和大学同一学科的界限,组织循环往复达到较高水平的螺旋式课程,使学科内容围绕基本结构在范围上逐渐拓开,在难度上逐渐加深;③ 广泛使用发现法。要掌握学科的基本结构,就应想方设法使学生参与知识结构的学习过程,这种方法即他提倡的"发现法"。

布鲁纳发现法教学的一般步骤是:① 设置问题情境。提出问题,带着问题观察具体事物;② 树立假设。问题讨论、材料改组、经验联系、提出假设;③ 上升到概念或原理;④ 转化为活的能力。

(3)巴班斯基的教学最优化理论

巴班斯基提出教学过程最优化思想并受到广泛的关注。他说"在现代学校中,教学过程最优化,被理解为这样一种教学方法,它能使教师和学生在花费最少的必要时间和精力的情况下获得最好的效果。最优化教学的最一般的定义是在全面考虑教学规律、原则,现代教学的形式和方法,该教学系统的特征以及外部条件的基础上,为了使过程从既定的标准看发挥最有效,即最优的作用而组织的控制"。

教学过程最优化的基本标准:第一,效果与质量的标准,在具体的条件下,尽可能地发挥最大的效益,使学生获得最大限度的发展;第二,时间标准,教师必须在尽可能少的时间内完成教学的要求。

一个好的最优化教学方案的形成过程包括以下 6 个分析阶段：① 教学目的与教学任务的分析；② 学生学习情况的分析；③ 教师的自我分析；④ 在以上基础上选择已知条件下最佳解决教学任务的综合性手段与方案；⑤ 在多少课时内，逐步地去完成该项教学任务；⑥ 按最优化的标准分析完成教学任务的情况。

在最优化思想指导下，要求在教学过程中实现社会的、心理的、控制的三方面因素统一，也就是要求在确定教学的目的、任务、内容、规则和原则、组织、方法及最后的评价的时候，都要从全部系统的角度考虑问题。这实际上也是他教学论体系的构建原则。

2.3 传播理论

（1）传播过程的理论模型说明了教学传播过程所涉及的要素。

美国政治家哈罗德·拉斯韦尔 1932 年提出，1948 年又作补充的"5W"公式清晰地描述了大众传播过程中的 5 个基本要素和直线式的传播模式（见图 3-1）。

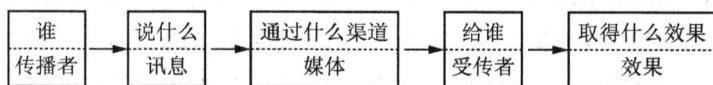

图 3-1　拉斯韦尔直线式传播模式

运用"5W"公式分析教学传播活动，可以看到教学过程也至少涉及这些类似的要素。布雷多克 1958 年在此基础上发展了"7W"模型（见表 3-2），因此教学传播过程又增加了 2 个要素。这些要素自然也成为研究教学过程、解决教学问题的教学设计所关心和分析、考虑的重要因素。

表 3-2　教学传播过程的"7W"模型

Who	谁	教师或其他教学信息源
Says what	说什么	教学内容
In which channel	通过什么渠道	教学媒体
To whom	对谁	教学对象
With what effect	产生什么效果	教学效果
Why	为什么	教学目的
Where	在什么情况下	教学环境

（2）传播理论揭示出教学过程中各种要素之间的动态的相互联系，并告之教学过程是一个复杂动态的传播过程。

贝尔洛在拉斯韦尔研究的基础上提出的 SMCR 模型(见图 3-2)更明确和形象地说明了传播的最终效果不是由传播过程中某一要素决定的,而是由组成传播过程的信息源、讯息即经过编码的信息、通道或媒体、受传者 4 个要素,以及它们之间的相互关系共同决定的。

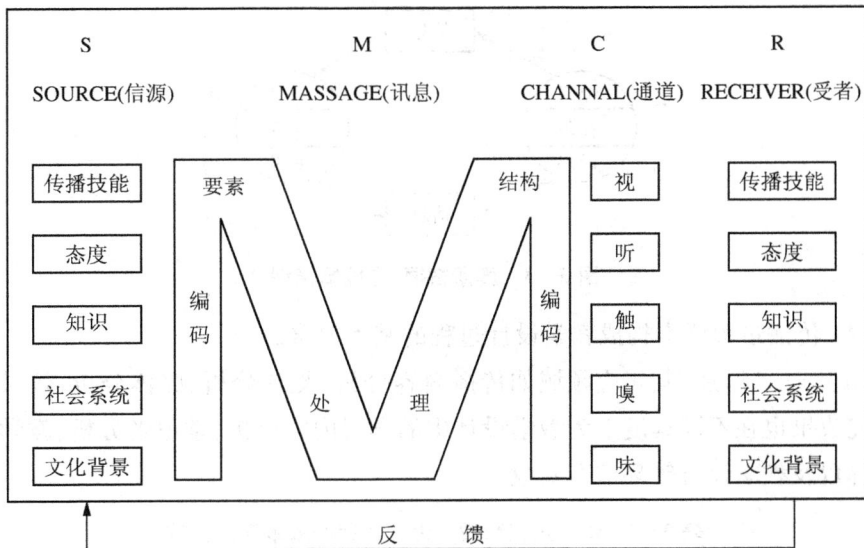

图 3-2 贝尔洛的 SMCR 传播模型(1960 年)

该模式还表明,传播过程中每一要素的功能又受其自身素质的制约。如从信息源和接受者两个要素来看,至少有传播技能、传播态度、知识水平、社会和文化背景等方面的素质问题影响着它们传播功能的发挥。又如从讯息要素来看,其实际内容、符号编码、结构处理的状况与传播目的的实现关系很大。再如从信息通道来看,不同媒体的选择以及它们与所传递的信息的匹配程度,会造成对人们感觉的不同刺激,从而影响传播效果。教学设计应予考虑的因素与此十分相似,即为了保证教学效果的优化,既要注意每一系统构成要素(教师、学生、教学内容、教学媒体等)的状态,又要对各要素之间的相互作用给予关注,并运用系统方法在众多因素的动态联系中探索真正导致实际教学效果的原因,最终确定合理的教学方案。

(3)传播理论指出了教学过程的双向性。

奥斯古德和施拉姆提出的模式则强调了传播者和受传者都是积极的传播主体。受传者不仅接受信息、解释信息,还要对信息作出反应,说明传播是一种双向的互动过程,借着反馈机制使传播过程能够不断循环进行(见图 3-3)。教学信息的传播同样是通过教师和学生双方的传播行为来实现的,所以教学过程的设计必须重视教与学两方面的分析和安排,并充分利用反馈信息,随时进行调整和控制,以达到预期的教学目标。

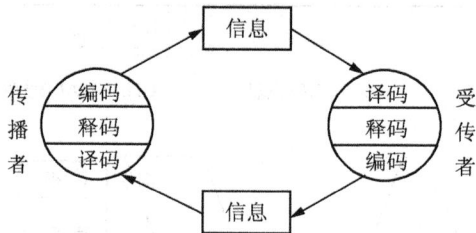

图 3-3 奥斯古德-施拉姆模型

(4) 传播过程要素构成教学设计过程的基本要素。

如表 3-3 所述,其相应领域如传播内容分析、受众分析、媒体分析、效果分析等研究成果也在不同程度上为教学设计中的学习内容分析、学习者分析、教学媒体的选择以及教学评价等环节所吸收。

表 3-3 传播过程和教学设计过程的基本要素比较

序号	传播过程要素	教学设计过程要素
1	为了什么目的	学习需要分析、教学目标分析
2	传递什么内容	学习内容分析
3	由谁传递	教师、教学资源的可行性分析
4	向谁传递	学习者(教学对象)分析
5	如何传递	教学策略选择、教学媒体选择
6	在哪里传递	教学环境分析
7	传递效果如何	教学评价

目前,传播学的研究仍在不断发展,相信其研究的新成果会给教学设计注入新的新鲜血液,使教学设计得到更快、更好的发展。

2.4 系统科学理论

系统科学理论(系统论、信息论、控制论)的许多原理被广泛运用于教育系统分析,运用于课堂教学的信息加工、反馈和控制,使人们对复杂的教学过程中的信息传递、反馈、控制等问题有了新的认识。在课堂教学设计中,常用的系统科学理论基础包括 3 对相关概念(系统与要素、结构与功能、过程与状态)和 3 个原理(反馈原理、有序原理和整体原理)。

(1) 3 对相关概念

系统即研究对象,它是由多个要素构成的。结构就是系统内部各要素的组织形式。系统在一定环境条件下所能发挥的作用即功能。系统状态的变化称为过程,系统特征的量度就表征为状态。这就要求在课堂教学设计过程中,以研究对象为系统,了解它由哪些因素构成;它们之间存在何种层次关系;如何相互作用;随着外界条件的变化,如何度量这些变化。

(2) 3 个原理

① 反馈原理

任何一个系统只有通过信息反馈才能实现控制。在课堂教学中,要实现教学目标,只有通过设问、测试、练习、感知、活动等方式反馈信息,才能发现教学中存在的问题,修正教学策略,改进教学方法,提高教学质量。

② 有序原理

任何系统只有开放,与外界有信息交换,才能有序。任何独立系统都会自发地达到最大的无序状态,开放系统由低级结构转为高级结构,即为有序。课堂教学设计作为学科教育的子系统,应该采用开放式的研究,不断融入其他相关学科的新观点、新方法和新技术,以达到不断发展、完善的目的。

③ 整体原理

任何系统都是有结构的,系统的结构功能不等于各孤立部分的功能之和,系统各部分协调,可以形成新结构,从而产生新功能。教师在教学中不仅要传授知识,还要培养学生科学的态度和能力,从而在整体上提高学生的素质。

系统是由相互联系、相互制约的若干部分,按一定的规则组成的、具有一定功能的整体。进行课堂教学设计需涉及课堂教学系统,课堂教学系统包含了教师、学生、课程、教学条件、教学目标、教学内容、教学方法、教学媒体、教学组织形式和学习结果等要素,这些要素之间相互作用、相互依赖、相互制约形成教学过程。

3. 教学设计的过程模式及方法

3.1 教学设计模型

(1) ID_1 的代表性模式——"肯普模式"

这一模式由肯普在 1977 年提出,后来又经过多次修改才逐步完善(见图 3-4)。该模式的特点可用三句话概括:在教学设计过程中应强调 4 个基本要素,需着重解决 3 个主要问题,要适当安排 10 个教学环节。

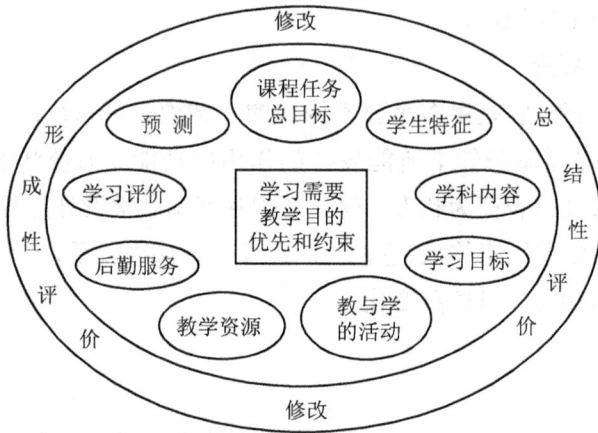

图 3 - 4　肯普教学设计模型

① 4 个基本要素

是指教学目标、学习者特征、教学资源和教学评价。肯普认为,任何教学设计过程都离不开这 4 个基本要素,由它们即可构成整个教学设计模式的总体框架。

② 3 个主要问题

肯普认为任何教学设计都是为了解决以下 3 个主要问题:A. 学生必须学习到什么(确定教学目标);B. 为达到预期的目标应如何进行教学(即根据教学目标的分析确定教学内容和教学资源,根据学习者特征分析确定教学起点,并在此基础上确定教学策略、教学方法);C. 检查和评定预期的教学效果(进行教学评价)。

③ 10 个教学环节

是指 A. 确定学习需要和学习目的,为此应先了解教学条件(包括优先条件与限制条件);B. 选择课题与任务;C. 分析学习者特征;D. 分析学科内容;E. 阐明教学目标;F. 实施教学活动;G. 利用教学资源;H. 提供辅助性服务;I. 进行教学评价;J. 预测学生的准备情况。

为了反映各环节之间的相互联系、相互交叉,肯普没有采用直线和箭头这种线性方式来连接各个教学环节,而是采用如图所示的环形方式来表示 ID_1 模式。图中把确定学习需要和学习目的置于中心位置,说明这是整个教学设计的出发点和归宿,各环节均应围绕它来进行设计;各环节之间未用有向弧线连接,表示教学设计是很灵活的过程,可以根据实际情况和教师自己的教学风格从任一环节开始,并可按照任意的顺序进行;图中的"形成性评价"、"总结性评价"和"修改"在环形圈内标出,这是为了表明评价与修改应该贯穿在整个教学过程的始终。

(2) ID₂的代表性模式——"史密斯-雷根模式"

"史密斯-雷根模式"是由史密斯和雷根于1993年提出的,并发表在他们两人合著的《教学设计》一书中。它是在"狄克-柯瑞模式"的基础上发展而来的。史密斯-雷根把教学设计模式划分为3个阶段:分析、策略和评价。在第一阶段,分析学习环境、学习者、学习任务,制定初步的设计栏目;第二阶段,确定组织策略、传递策略、设计出教学过程;第三阶段进行形成性评价,对设想的教学过程予以修正。其教学设计模型如图3-5所示。

史密斯-雷根模式的主要特点是明确指出了应设计3类教学策略:

① 教学组织策略:指有关教学内容应按何种方式组织、次序应如何排列以及具体教学活动应如何安排(即如何做出教学处方)的策略;

② 教学内容传递策略:为实现教学内容由教师向学生的有效传递,应仔细考虑教学媒体的选用和教学的交互方式。传递策略就是有关教学媒体的选择、使用以及学生如何分组(个别化、双人组、小组或是班级授课等不同交互方式)的策略;

图3-5 史密斯-雷根教学设计模式

③ 教学资源管理策略:在上面两种策略已经确定的前提下,如何对教学资源进行计划与分配的策略。

由于"教学组织策略"涉及认知学习理论的基本内容(为了使学生能最快地理解和接受各种复杂的新知识、新概念,对教学内容的组织和有关策略的制定必须充分考虑学生的原有认知结构和认知特点),所以这一点是使该模型在性质上发生改变,即由纯粹的行为主义联结学习理论发展为"联结—认知"学习理论的关键。

以史密斯-雷根模型为代表的第二代教学设计与第一代相比已有很大改进,其中最突出的是:明确指出应进行3类教学策略的设计,并把重点放在教学组织策略上,而教学内容的组织和有关策略的制定必须充分考虑学生原有的认知结构,这就与认知学习理论密切相关。由于教学组织策略可进一步分成"宏策略"和"微策略"两类,这两类策略目前均有较成熟的理论研究成果(ET 和 CDT)可直接引用,这就

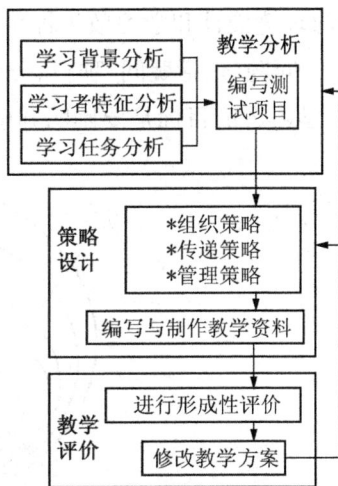

为以史密斯-雷根模型为代表的 ID_2 的推广应用创造了条件。可见,理论基础较牢固是 ID_2 的主要优点。

（3）建构主义学习环境模型

建构主义学习环境（constructivist learning environment）教学设计模型（简称 CLE 模型）以建构主义学习理论为指导,认为学生的学习只有在特定的情境中才有意义,学习和认知都是在特定的情境中产生的。主要内容为设计问题、相关实例、信息资源、认知工具、会话与协作工具、社会背景支持 6 个方面。根据其内容分为 6 个教学环节:确定学习主题、创设教学情境、信息资源设计、自主学习设计、协作学习环境设计和学习效果评价设计。其教学设计模型如图 3-6 所示。

① 问题（包括疑问、项目、分歧等）:这是整个建构主义学习环境（CLE）设计的中心,学习者的目标是要阐明和解决问题（或是回答提问、完成项目、解决分歧）。

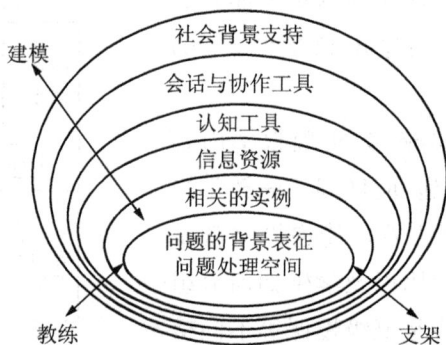

图 3-6　建构主义学习环境教学设计模型

② 相关的实例（或个案）:与问题相关的实例或个案（如法律、医疗或社会调查等方面的实例或个案）。

③ 信息资源:与问题解决有关的各种信息资源（包括文本、图形、声音、视频和动画等）以及通过计算机从 Internet 上获取的各种有关资源。

④ 认知工具:主要指在计算机上生成的、用于帮助和促进认知过程的工具,通常是可视化的智能信息处理软件,如知识库、语义网络、几何图形证明树、专家系统等。

⑤ 会话与协作工具:使学习者群体可以相互交流、讨论、协商,共同建构问题的意义。

⑥ 社会背景支持:在设计建构主义学习环境时,要考虑社会文化背景、客观环境、物质条件等方面对于当前学习所能提供的支持。

3.2 教学设计过程的一般模式

关于教学设计过程,目前有许多不同类型的理论模式。但是,可以从各种理论模式中抽取出一些基本组成部分(见表 3-4),如:学习需要分析、学习内容分析、学习目标的阐明、学习者分析、教学策略的制定、教学媒体的选择和利用以及教学设计成果的评价。这 7 个基本组成部分可以构成教学设计过程的一般模式,如图 3-7 所示。从这 7 个基本组成部分中还可以进一步抽取出以下 4 个最基本的环节(或要素):分析教学对象、制定教学目标、选择教学策略、开展教学评价。各种完整的教学设计过程都是在这 4 个基本要素(学习者、目标、策略、评价)的相互联系和相互制约所形成的构架上建立的。

表 3-4　教学设计过程模式的基本组成部分

序号	模式的共同特征要素	模式中出现的用词
1	学习需要分析	问题分析,确定问题,分析、确定目的
2	学习内容分析	内容的详细说明,教学分析,任务分析
3	学习目标的阐明	目标的详细说明,陈述目标,确定目标,缩写行为目标
4	学习者分析	教学对象分析、预测,学习者的能力评定
5	教学策略的制定	安排教学活动,说明方法,策略的确定
6	教学媒体的选择和利用	教学资源选择,媒体决策,教学材料开发
7	教学设计成果的评价	测验原型,分析结果,形成性评价,总结性评价,行为评价,反馈分析

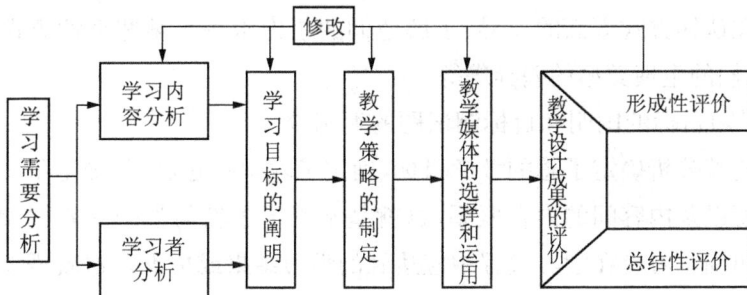

图 3-7　教学设计过程的一般模式

教学设计过程的一般模式描述了教学设计的基本过程。这个过程可以分为 4 个阶段,即前端分析阶段、学习目标的阐明与目标测试题的编制阶段、设计教学方案阶段和评价与修改方案阶段。

(1) 教学设计的前端分析

前端分析是美国学者哈利斯在 1968 年提出的一个概念，指的是在教学设计过程开始的时候，先分析若干直接影响教学设计但又不属于具体设计事项的问题，主要指学习需要分析、教学内容分析和学习者特征分析。

学习需要分析就是通过内部参照分析或外部参照分析等方法找出学习者的现状和期望之间的差距，确定需要解决的问题是什么，并确定问题的性质，形成教学设计项目的总目标，为教学设计的其他步骤打好基础。

教学内容分析就是在确定好总的教学目标的前提下，借助于归类分析法、图解分析法、层级分析法、信息加工分析法等方法，分析学习者要实现总的教学目标需要掌握哪些知识、技能或形成什么态度。通过对学习内容的分析，可以确定出学习者所需学习的内容的范围和深度，并能确定内容各组成部分之间的关系，为以后教学顺序的安排奠定好基础。

教学设计的一切活动都是为了促进学习者的学习，因此，要获得成功的教学设计，就需要对学习者进行很好的分析，以学习者的特征为教学设计的出发点。学习者特征是指影响学习过程有效性的学习者的经验背景。学习者特征分析就是要了解学习者的一般特征、学习风格，分析学习者学习教学内容之前所具有的初始能力，并确定教学的起点。其中学习者的一般特征分析就是要了解那些会对学习者学习有关内容产生影响的心理的和社会的特点，主要侧重于对学习者整体情况的分析。学习风格分析主要侧重于了解学习者之间的一些个体差异，要了解不同学习者在信息接收、加工方面的不同方式，了解他们对学习环境和条件的不同需求，了解他们在认知方式方面的差异，了解他们的焦虑水平等某些个性意识倾向性差异，了解他们的生理类型的差异等等。

(2) 学习目标的阐明和目标测试题的编制阶段

通过前端分析确定了总的教学目标，确定了教学的起点，并确定了教学内容的广度和深度以及内容间的内在联系，这就基本确定了教与学的内容框架。在此基础上需要明确学习者在学习过程中应达到的学习结果或标准。这就需要阐明具体的学习目标，并编制相应的测试题。学习目标的阐明就是要以总的教学目标为指导，以学习者的具体情况和教学内容的体系结构为基础，按一定的目标编写原则，如加涅、布鲁姆等的分类学，把对学习者的要求转化为一系列的学习目标，并使这些目标形成相应的目标体系，为教学策略的制定和教学评价的开展提供依据。同时要编写相应的测试题以便将来对学习者的学习情况进行评价。

（3）教学策略的制定阶段

教学策略的制定就是根据特定的教学目标、教学内容、教学对象以及当地的条件等，来合理地选择相应的教学顺序、教学方法、教学组织形式以及相应的媒体。教学顺序的确定就是要确定教学内容各组成部分之间的先后顺序；教学方法的选择就是要通过讲授法、演示法、讨论法、练习法、实验法、示范-模仿法等不同方法的选择，来激发并维持学习者的注意和兴趣，传递教学内容；教学组织形式主要有集体授课、小组讨论和个别化自学3种形式，各种形式各有所长，须根据具体情况进行相应的选择；各种教学媒体具有各自的特点，须从教学目标、教学内容、教学对象、媒体特性以及实际条件等方面运用一定的媒体选择模型进行适当的选择。教学策略的制定是根据具体的目标、内容、对象等来确定的，要具体问题具体分析，不存在能适用于所有目标、内容、对象的教学策略。

（4）教学设计成果的评价阶段

经过前3个阶段的工作，就形成了相应的教学方案和媒体教学材料，并加以实施。最后要确定教学和学习是否合格，即进行教学评价。包括：① 确定判断质量的标准；② 收集有关信息；③ 使用标准来决定质量。具体在教学设计成果的评价阶段，就是要依据前面确定的教学目标，运用形成性评价和总结性评价等方法，分析学习者对预期学习目标的完成情况，对教学方案和教学材料的修改和完善提出建议，并以此为基础对教学设计各个环节的工作进行相应的修改。评价是教学设计的一个重要组成部分。

教学设计的4个阶段之间是相互联系、相互作用，密不可分的。这里应强调说明的是，我们人为地把教学设计过程分成诸多要素，是为了更加深入地了解和分析，并发展和掌握整个教学设计过程的技术。因此，在实际设计工作中，要从教学系统的整体功能出发，保证学习者、目标、策略和评价4个要素的一致性，使各要素间相辅相成，产生整体效应。

另外，还要清醒地认识到所设计的教学系统是开放的，教学过程是个动态过程，涉及的如环境、学习者、教师、信息、媒体等各个要素也都是处于变化之中的，因此教学设计工作具有灵活性的特点。应在学习借鉴别人模式的同时，充分掌握教学设计过程的要素，根据不同的情况、要求，决定设计从何着手、重点解决哪些环节的问题，创造性地开发自己的模式，因地制宜地开展教学设计工作。

3.3　课时教学设计操作的辅助工具

（1）教学设计中相关要素一览表

课题	要点	教学内容						学习水平						教学目标	教学媒体						
		构成						识记	理解	应用	分析	综合	评价		实物	模型	挂图	录像	录音	幻灯	投影
		知识			能力																
		事实	概念	原理	观察	推理															

（2）学习水平检测表

课题	要点	学习水平						形成性检测题
		识记	理解	应用	分析	综合	评价	

（3）教学设计流程图

教学设计流程图是教学过程结构流程的表示法,可以简洁地反映教学思路设计中的分析和设计阶段成果。课堂教学过程中各要素的相互关系可以利用流程图的方式来表述,它是教师们在教学设计过程中慢慢形成的。运用教学结构流程图能很好地规划自己的教学过程,使教案中所体现的教师、媒体、学习内容与学生等诸要素之间的关系有一个清晰的认识。在教学结构流程图中,常用的一些图形及其意义如表3-5所示。

流程图的结构类型有3种:并列关系、递进关系和综合关系(前两种类型的综合)。

表3-5 教学设计流程图中几种符号的意义

符　　号	表示的意义
▭	教学内容和教师活动
▭	媒体应用(媒体的类型与内容)
▱	学生活动
◇	教师的逻辑判断
↓	过程进行的方向

第二节　生物学课堂教学设计与实施

1. 生物学课堂教学设计的原则与策略

在新课程标准理念下,中学生物课堂教学设计应彻底摒弃"以教师为中心"的传统观念,重新调整教材、教师、学生、媒体相互间的关系。教材提供的知识不再是教师传授的内容,而成了学生知识意义构建的对象。教学媒体由帮助教师传授知识的手段变为学生主动学习、协作探索的工具,而教师和学生也分别由知识的传播者、灌输者和外界刺激的被动接受者,转变成为教学过程的组织者、指导者、意义建构的帮助者和知识意义的主动建构者。

1.1　生物学课堂教学设计的原则

(1)主体性原则

教学的任务是解决学生现有水平与教育要求之间的矛盾。教师在课堂教学中起到调节学生与教材之间的关系的作用。教学设计的目的是为了支持学生的学习过程。

(2)目标性原则

教学目标在课堂教学中起定向作用,教学目标既是教学的出发点,也是衡量教学效果好坏的标准。教学设计很重要的一点就是能帮助教师顺利地实施教学目标。

(3)针对性原则

课堂教学设计是针对具体教学目标和教学对象而精心制定的。教学对象千差万别,教学内容也各有千秋,教学设计需要体现这些差异性,具有针对性才能收到事半功倍的良好教学效果。

(4)实践性原则

也称为可操作性原则。教学目标解决的是教师要"教什么"的问题,教学设计要解决的则是"如何教"的问题,更具有策略意义,更具有规划、筹划的意味,必须具有可操作性、实用性。

(5)有效性原则

教学有法,但无定法,贵在得法,贵在有效。教学设计中所有教学策略的选定,教学媒体的选择,教学情景的创设以及课堂问题的设计等,都必须注重实效。

1.2　生物学课堂有效教学的设计策略

(1)自主建构式

激励学生个体的自主学习、自主参与、个性发展,还学生自主学习的空间,这是我国基础教育改革的特点之一。自主学习是以学生主动建构为特征的高品质的有效学习。生物学的有些知识不是一定只有通过教师的传授才能得到的,可以将学生置于一定的情景下,借助其已有的学习经验并通过他人(包括教师和学习伙伴)的帮助,利用必要的学习资料,通过意义建构的方式而获得。这就使得学生真正成为学习的主人,从而形成自主体验、自主探究、自主实践的品质,其间教师是学生建构知识的设计者、支持者和促进者。

（2）合作互动式

合作是现代社会一个重要的、需要学习和养成的生存本领,合作学习是我国基础教育改革中大力倡导的现代学习方式之一,是基础教育课程改革的重要思想,也是 21 世纪的四大教育支柱之一。以合作学习小组为基本形式,以团体成绩为评价标准,通过不同基础学生之间有明确责任分工的合作、互助,形成知识、思维和能力上的互补,使学生最大限度的动脑、动手、动口,在集体学习中积极主动地与他人合作,在交互合作中获得相关知识、形成合作的理念,锻炼了合作的能力,达成了教学目标,教师与学生彼此之间还分享思维、经验和知识,促进教学班集体的整体认知水平的提高,因而合作互动的学习方式不失为一种极其有效的教学策略。

（3）模拟体验式

以生物科学发现史的学习来体验科学探究的方法和过程的学习方式是新课程理念中提高生物科学素养的一个有效途径。学生在学习生物科学史中沿着科学家探索生物世界的道路,体验科学探究的一般过程,体会科学家是如何发现问题、如何假设问题的"答案"、考虑从哪些途径去解决问题、如何进行合理推理的,也使学生理解科学的本质和科学研究的方法,同时学习科学家献身科学的精神,以此渐渐地培养探究的态度、方法和思维的品质。学生通过模拟体验式的探究获得的知识可以理解得更透彻,掌握得更扎实,更容易在新的情景中去运用知识思考和解决问题,还以无形的力量影响着学生的情感、态度和价值观,实践证明的确是一个有效的教学策略。

（4）发现探究式

有效教学中,更多的是将上述几种方式综合应用,通过设计问题情境和提出问题引导学生自主合作地对问题进行探究。新的课程标准十分重视探究性学习,将倡导探究性学习列为课程的基本理念之一。科学探究是新课程标准的灵魂,科学探究能力和对科学探究的理解是在发现探究学习的过程中形成的。探究是以培养学生的发现、探究能力,重组知识的综合能力,运用知识解决问题的能力为着力点,重在培养学生的创新精神和实践能力,发展学生的逻辑思维和批判性思维能力,培养学生对科学知识的开放态度和创新精神。其中教师起到的是指导者、组织者的导师作用,学生在开放的活动中自主地、探究性地获得知识和能力,教师引导学生进行探究为主的创造性的学习策略构成了有效教学的有效行为。

2. 生物学课堂教学设计的方法与内容

2.1 生物学课堂教学设计的方法与步骤

生物学教学设计方法是由生物学教学规划方法、构思设计方法、实验方法、预测评估方法等组成的复杂方法体系,其基本方法仍然是以系统方法为基础的教学系统设计方法。

运用系统方法进行设计活动,大体上包括 6 个步骤:① 明确问题,调查情况,确定要解决的问题和相应的任务,收集资料,为解决问题提供可靠依据;② 设定目标,根据问题和任务提出所要达到的具体目标;③ 选择或设计模型,做出系统的整体结构规划和设计;④ 系统分析,把系统适当分解为若干要素(子系统),对它们分别进行设计;⑤ 系统综合,对各要素(子系统)的局部设计按照系统结构设计方案进行综合并调整,形成系统的整体方案;⑥ 优化和决策,进行科学预测和评估,在若干备选方案中选择出最优方案。

2.2 生物学课堂教学设计的程序及内容

教学设计一般分为 3 个主要阶段:教学设计的准备(调查与分析)阶段,教学设计(构思与安排)阶段和教学设计的评价(评估、反馈与修正)优化阶段。

(1)生物学教学设计的准备

① 教学资源的调查

教学资源的调查就是对自己所在学校的条件及周边环境资源进行调查分析,这是过去备课也需要的最基本的工作(在此不详述)。

② 学习需要的分析

学习需要的分析就是对学习背景、学习任务、学习者进行分析。

学习需要指学习者学习方面目前的状况与所期望达到的状况之间的差距,也就是学习者目前水平与期望学习者达到的水平之间的差距。在教学设计之初必须做的第一件事情就是了解情况和分析问题。需要分析的问题很多,主要应对学习需要、学习内容、学习者进行分析。

③ 学习内容的分析

学习内容的分析就是对学习者的起点能力转化为终点能力所需要的从属知识、技能和态度等进行阐释的过程,其主要目的是分析学习内容的类型、确定学习内容的范围和深度(这与"教什么"和"学什么"有关)、揭示学习内容中各项知识与技能之间的关系、为教学顺序安排打下基础(这与"如何教"和"如何学"有关)。具体地讲就是：

A. 分析学习内容的知识类型。

B. 分析学习内容的相互联系。一是分析学习的知识内容与前后的联系,明确该知识点在整个教材体系中的地位和作用,把握好学习内容的深度与广度。二是分析学习内容与其他学科内容之间的相互联系,与社会生活实际以及工农业生产的联系,引导学生从多角度分析和解决实际问题,获得尽可能全面的知识。

C. 分析学习内容的重点、难点和关键。能否准确分析学习内容的重点、难点和关键是决定教学成败的关键环节。所谓重点是指最主要、最基本的中心内容,是知识网络的联结点。而难点是指学生难于理解和掌握的内容。难点的形成一是教材的原因,二是学生认知水平和接受能力的原因。所谓关键是指对学习其他内容起决定性作用的知识、技能或方法。抓住了关键,往往在很大程度上会起到画龙点睛的作用。在重点、难点和关键确定之后,要抓住关键,精心选择突出重点、突破难点的方法和手段。

D. 分析挖掘学习内容的价值和功能。知识的价值指知识对学生个体发展的作用。任何知识都具有多重价值,它不仅有助于学生解决实际问题的应用价值,还隐含着有利于学生能力发展以及科学方法、科学探究精神等情感、态度、价值观发展的价值。在教学设计中,要分析和发掘学习内容的各方面价值,以知识为载体,使学生通过知识学习,在能力、过程与方法、情感、态度与价值观等方面得到全面发展,从而达到全面提高学生科学素养的目的。

④ 学习者的分析

学习者的分析就是了解学习者的学习准备状态、一般特点、认知方式、学习风格等方面的情况,为教学内容的选择和组织、教学目标的确定、教学活动的安排、教学策略的采用等提供科学的依据。

对学习者的分析包括起点(知识、技能、态度)能力分析,一般特点分析,学习风格(信息加工的风格,感知或接受刺激所用的感官、感情的需求,社会性需求,环境和情绪的需求)分析。

(2) 生物学教学设计的程序构思及内容安排

针对不同的教学任务,教学设计的方法和步骤可以不同,但基本要素可概括为以下 3 个方面：一是教学要达到的预期目标(即教学目标),二是如何组织有效的教学(即教学策略、方法、媒体和过程),三是如何获取反馈信息(即教学评价)。

教学设计主要解决 4 个问题：教什么和学什么,如何教与如何学,应选择什么样的知识经验教,教得怎么样和学得怎么样。第一个问题是解决学习目标的问题；

第二个问题是解决教学内容的选择问题;第三个问题是解决教学过程中的教学策略和教学媒体问题;第四个问题是解决教学评价的问题,即形成性评价和总结性评价。因此,教学设计的基本内容应该包括教学目标设计、教学内容过程设计、教学策略与媒体设计和教学评价设计四大部分。

① 教学目标的设计

A. 教学目标的层次类型及说明

教学目标是对学习者通过教学以后能做什么的一种明确、具体的表述。从层次上看,分为教学总目标、课程目标、单元目标和课时目标。从目标领域来分,教学目标通常包括知识,能力和情感、态度、价值观三个维度。

B. 学习(行为)目标的陈述技术

一个完整、具体、明确的教学目标应有 4 个部分:行为主体、行为动词、行为条件、表现程度。因此教学目标的确定即陈述技术也必须包括这几个要素。

行为主体:学生,跟过去大纲中行为主体是教师不一样。

行为动词:如知道、记住、认识、理解、阅读、学会等(表 4 - 1)。

行为条件:通过实验或阅读、讨论、听课、合作等。

表现程度:基本、实现、逐步达到、主要、部分等。

例如:在与同学的交往中(条件),学生(主体)能复述(行为动词)他人的主要(表现程度)观点。

以上目标叙述显得很冗长,通常在不产生歧义的情况下,可将行为条件和行为主体省略。如上例可省略为:能复述(行为动词)他人的主要(表现程度)观点。

又如"动物的运动"部分可以有以下目标。

A. 知识目标:说出动物的运动依赖于一定的结构,理解关节的基本结构,说出运动对动物生存的意义。

B. 能力目标:懂得如何保护自己的运动器官,懂得观察、讨论、制作模拟实验等探究方法。

C. 情感态度与价值观目标:知道生物的结构和功能的辩证关系。

② 教学内容的选择与设计

中学生物学教学中需要各种各样的教学资料,按照媒体种类可以分为:文字资料、图片资料、声音资料、视频资料、多媒体资料等等。除了教材以及教学参考书上提供的一些资料以外,经常需要另外一部分资料作为对课程内容的补充,那么这些资料可以从哪里得到呢? 一个最重要的资料来源就是各种期刊和专著。多媒体资料的来源一般是已出版的各种课件、素材光盘等。Internet 互联网是一种很好的获取教学中所需要的资料的方式，由于 Inter 网上包含大量各种类型的资料，而且有强大的搜索引擎可以帮助使用者找到所需要的内容，因此有条件的情况下应该充分利用这种方式寻找所需要的资料。

假设你已经为你的教学内容搜集了足够丰富的素材，甚至多的可能无法在教学过程中全部呈现出来，这时你就需要选择最适当的材料来用于教学中。什么样的素材最适合你要教学的内容呢？这取决于两点：第一，教学素材的媒体特性；第二，所要教学的内容的性质。另外，由于学生本身的能力存在差异，很难说某些材料就适合全部的学生，因此应该针对不同水平的学生准备不同的材料用于教学。

在某些情况下不能获得足够的资料用于教学，或者需要设计一些课程以外的教学内容，这时教师就要自己进行教学内容的开发。由于在课程标准中已经要求整个初中生物课程中应该包括一定时数的校本课程，因此初中生物教师今后就不可避免地要参与到课程开发过程中来，真正成为课程的建设者。自己设计的教学内容应该能够作为规定课程的补充，充分考虑到解决学生生活中可能遇到的实际问题，并充分发展学生的能力、情感态度。同时应注意避免下列一些情况：第一，教学内容与课本内容重复造成补课的实际情况；第二，教学内容华而不实，与学生生活严重脱节，成为应付检查的形式主义产物。

③ 教学策略、方法和媒体的设计

教学策略主要指实现特定的教学目标而采取的教学理念、技术手段、行为方式和规则等。它解决"如何教"、"如何学"的问题，具有指向性、灵活性、多样性等特征。教学策略的设计主要研究教学顺序的确定、教学活动的安排、教学组织形式的选用和教学方法的选择，制定时要从教学目标出发，以学习和教学理论为依据，要符合学习内容和学习者的特点，要考虑教师本身的条件和客观条件。

教学策略可分为 3 个层次：高层次策略、中层次策略和低层次策略。高层次策略相当于教学思想，中层次策略指的是教学模式，低层次策略则是大家熟悉的教学思路。

A. 教学思想与理念设计：是在分析教学任务、学生情况和教学条件后，自觉地依据某种教学理论，或从总体上贯彻某种教学思想、理念。（教学思想用文字叙述，100—200 字即可）

B. 教学模式设计：是以重点内容为主线，同时顾及难点的解决，把全部的教学内容按照教学思想理念组成几个逻辑阶段，即教学模式。常见的"组"、"复"、"新"、"巩"、"布"就是一种传统的教学模式，探究学习的"提出问题——作出假设——制订计划——实施计划——得出结论——表达与交流"也是一种模式。教学模式并非固定不变的,因教无定法,教学模式也是多种多样的。

C. 教学过程思路设计:教学内容设计的大部分工作和主体工程已由课程标准研制组和教材编写组的专家们完成,教师的主要任务是在教学实施中开发优质课程资源,精心选择和组织教学内容,合理安排教学顺序,努力创设教学情景,有效组织教学活动。教学思路是指学习内容各部分的排列顺序,是对"先教什么"、"后教什么"做出科学的安排。加涅关于教学活动的安排有一般指导意义:引起注意,告诉学习者目标;刺激对先前学习的回忆,呈现刺激材料;提供学习指导,诱导行为;提供反馈,评定行为,增强记忆与促进迁移。教学组织形式常有讲解的形式、提问的形式、小组的形式、讨论的形式、科学探究的形式,初三年级生物学新课程特别强调科学探究。

教学设计时,也要考虑教学方法及教学媒体的选择和使用。"教学有法、教无定法、贵在得法",教学方法丰富多彩,必须依据教学目标和任务、学科特点和学习内容、学生的年龄特征和实际条件作出科学选择,特别是要以学生为中心。

教学媒体是指直接介入教学过程中,能用来传递和再现教育信息的现代化设备(硬件)以及记录、储存信息的载体(软件),如黑板、教材、图片、投影、电影、录像等。教学媒体可以展示事实、创设情景、提供示范、呈现过程、解释原理、设疑思辨、解决问题、提供评价分析,但要依据教学媒体的特性和功能、教学目标的类型和学习者的特征科学选择和应用,要考虑易获得性和成本问题,绝不存在"万能媒体"。

④ 教学评价的设计

教学评价是教学系统中的重要组成部分,它不仅是检测教学目标是否达到的手段,更是达成教学目标必不可少的重要步骤之一。教学评价(亦即学习评价)的类型包括:诊断性评价、形成性评价、总结性评价。

对于课时教学设计来说,教学评价主要包含两部分:

A. 教学过程的评价:教师在教学过程中通过课堂教学问题的设计,来评价教学目标实施的效果;根据实际情况,对学生的表现适时进行鼓励性评价,尤其对学生的思维成果的鼓励性评价,对于更好地完成教学任务具有重要的意义;

B. 一节课的终端评价:通过反馈练习,巩固重点知识,突破难点知识,来评价学生获得和掌握知识的情况。练习的设计要遵循由简到繁、由易到难、模仿到变式的循序渐进原则,面向全体学生,使大多数同学都有获得知识的成功感;从教材的要求和学生的实际出发,遵循因材施教的原则。通过练习,教师可以收集反馈信息,及时补救教学,同时可以使学生巩固所学知识、强化记忆并运用所学知识分析解决实际问题。

在进行课时教学设计过程中,主要是要设计适量、典型、合理的形成性检测练习题。

（3）生物学教学设计的评价与优化

教学设计的成果是完整的教学方案。这个设计方案是不是科学合理,是不是体现了新课程的基本理念,符不符合课程标准对教学活动的要求,所制定的教学目标以及所采取的教学活动组织是否得当,这些都要通过实际教学活动来检验和修正。一方面,教师可以参照一定的标准进行教学设计,对照标准找出教学设计方案中的不足之处,并作出及时的调整和修改。另一方面,教学设计方案的可行性、可操作性和适合程度还得通过实际教学加以检验,通过教学实践后的反思加以修改和完善,从而使教学设计方案得到不断优化。因此,从这个意义上说,教学设计是在教学评价的基础上逐渐改进的一项系统工程。

3. 生物学课堂教学设计的实施与案例评析

生物学课堂教学设计的实施即课堂教学。教师在课堂中做了什么,学生学了什么,这往往与文件课程有一定的差距,与理解课程有密切联系。观察和研究表明,教师领会的课程与他们实际实施的课程之间也会有一定的差距。课程实施有3个基本取向,在实施新课程的过程中,已经不限于"忠实取向",而倡导走向"相互适应取向"和"课程创新取向"。

课堂教学中人的具体行为可分为教师教的行为、学生学的行为和师生互动行为3种,具体表现如下。

3.1 教师行为

教学实施能依据教学设计的思路和内容,充分发挥教师的主导作用,有效地组织、调控课堂教学过程。

（1）教学过程的组织

① 创设教学情境,设计具有启发性、逻辑性、发展性的问题,给学生充分的自主活动的时间和空间,提供探索、尝试和思考的机会。② 面向全体学生,因材施教,教学表述、问题设置、练习及作业布置都要注意到学生的差异性,尤其要关注不善于发表意见的学生。③ 教学环节的组织有条理、有层次、衔接紧密、过渡自然、时间分配适宜。

（2）教学方法的运用

① 教师采用的教学方法具有启发性,能激发学生的学习兴趣和探究的欲望,调动学生的学习积极性和主动性。② 教师能综合运用言语概念式、案例领悟式和图示结构式等多种教学表达方式,揭示知识的发生、发展过程及解决问题

的一般方法。③ 注重指导学生对知识的归纳和概括,针对具体的学习内容有计划地给予学生学习方法的指导。④ 恰当地选择和组合各种直观教学手段,充分发挥现代教育技术在解决教学重点、难点及创设教学情境等方面的作用。

（3）教学机智的显现

① 教师具有较强的驾驭课堂教学的能力,能灵活、恰当地根据学生反应、参与的状况及时调节教学节奏和步调。② 教师具有敏锐的感知力,能及时捕捉有价值的教学资源,并加以有效利用。

3.2 学生行为

学生能依据教学目标和教学内容,在教师的引导下,主动、生动活泼地参与到学习过程中,一定程度地显现学习个性和创新性。

（1）体现主动性

① 学生通过恰当的学习方式（独立学习、集体讨论、小组活动、动手操作等）在多种感官协调作用下主动参与知识的获得过程。② 学生通过有效的活动模式（问题探讨、课题设计、实验操作、模拟体验、社会调查等）主动探索、感受和理解知识的产生和发展过程。③ 学生能运用科学的学习方法（类比、归纳、分析、综合、概括等）自主整理知识,并获得分析问题和解决问题的方法。④ 学生能广泛而有效、深入地参与教学活动,参与的人数多并覆盖不同层次的学生,参与研讨的问题目标指向明确,并有一定的深度。

（2）闪现个性

① 学生闪现出自己独特的学习风格和学习策略,并尝试在学习实践中发展自己的学习个性。② 学生在思维上闪现出灵活性和开放性,能表达出不拘泥于常规的思路和方法。③ 学生注意尝试多向思维,敢于发表与众不同的见解,敢于坚持自己的观点。

（3）凸现创新性

① 学生善于独立思考,勇于质疑问难,积极投身于问题解决的尝试和探索行为之中。② 学生能综合运用所学知识和方法,创造性地解决问题。③ 学生能对学习和创新行为进行自我评价和自我调控。

3.3 师生互动

在教学过程中能体现出平等和谐的师生关系和民主、合作的学习方式。

（1）情感沟通

课堂气氛活跃、民主、和谐,教师教态亲切自然,善于用激励性的语言鼓励学生;学生积极合作,主动参与活动,学得轻松愉快。

(2)问题交流

学生思维活跃,敢于发表自己的意见,教师能尊重学生的观点,鼓励学生求新求异,并能接受与自己不同的正确意见,教师与学生以及学生与学生之间进行平等、多向的思维交流。

课堂教学效果即教学成效,是教学结束后能展现出教学目标的较高达成度以及对学生能力发展的潜在影响力。可从 3 个方面衡量:① 知识与能力目标的达成度。多数学生都能理解和应用当堂所学的知识,学生在课堂上的练习、研讨和回答问题正确率高,学生基本能力的提高达到预期目标;② 综合发展的促进度。不同层次的学生在知识、能力、情感意志、道德品质等方面都有所提高和发展;③ 可持续发展的递进度。学生显现出浓厚的学习兴趣,进一步掌握一定的学习方法,发展了自主学习的主动性和良好的学习习惯。

衡量一堂课的标准不宜局限在哪几条,更不应该将它固定化。课堂教学本身是一种创造性很强的艺术性活动,没有固定统一的模式,应该尝试从多种角度和多侧面来衡量和评价一堂课的水平。

3.4　生物学课堂教学设计案例与评析

"叶片的结构"教学设计

王春华(河南油田七中)

一、指导思想

本教学设计主要突出对学生科学方法的训练,强调科学结论出现在探究活动之后,让学生通过发现问题、调查研究、动手操作、表达与交流等探究性活动获得知识、技能和态度的学习方式和学习过程。教师的作用体现在有效地组织、引导整个探索过程,并抓住时机训练学生的能力,培养学生科学的态度与观念。

二、教材分析

"叶片的结构"选自人教版四年制初一生物第四章的第二节。从教材的编排上来看,起着承上启下的作用,既可以加深学生对组织器官的理解,又是理解光合作用和蒸腾作用的基础,在全书中占据着重要的位置,因此大纲要求学生掌握。

〔教学重点〕

1. 叶片的结构和各部分的主要功能;

2. 初步学会观察的方法。

〔教学难点〕

1. 叶片的结构与其功能相适应的辩证关系；

2. 教会学生获取新知识的方法。

三、学情分析

教学对象为五四制初一年级的学生，相当于小学六年级，课堂有意注意的时间不长，易出现课堂疲劳现象。另外抽象思维能力欠缺，缺乏空间想象。基于学生所处的年龄特点和能力水平，结合教材的出发点，我制定了以下教学目标。

四、教学目标设计

〔知识目标〕

掌握叶片的基本结构和各部分的主要功能。

〔能力目标〕

1. 通过表皮部分的观察和叶肉部分的对比，培养学生的观察能力和求异思维能力；

2. 通过学生自己设计实验方案、动手操作，培养学生分析、解决问题的实践能力和创新精神；

3. 通过学生归纳、总结，培养学生的语言文字表达能力和获取新知识的能力；

4. 教会学生从图像中获取知识信息，建立空间概念。

〔情感目标〕

1. 使学生初步树立生物结构与功能相适应的辩证唯物主义观点；

2. 渗透环保意识，提高学生的科学素质及创新的个性品质。

五、教学媒体选择与设计

1. CAI课件不仅能增加课堂容量，而且能更直观、更形象地演示气孔是叶片进行气体交换的"窗口"。

2. 实物展台展示学生的实验设计思路、实验结果、课堂练习等，达到清晰直观的效果，并节省了时间。

六、教法和学法设计

为了完成教学目标，突破重点、难点，我运用了综合教法，主要包括直观教学法、及时反馈法和愉快教学法等。

现代教学重视知识，更重视学习方法，把学会学习摆在教学过程的第一位，把学法视为打开知识宝库的金钥匙。针对四年制初一学生的生理和心理特点，结合本节课的内容，我注意了以下几个方面的学法指导：观察法、比较异同法、儿歌记忆法、视图法和"过电影"记忆法等。

七、教学过程设计

教学流程图：

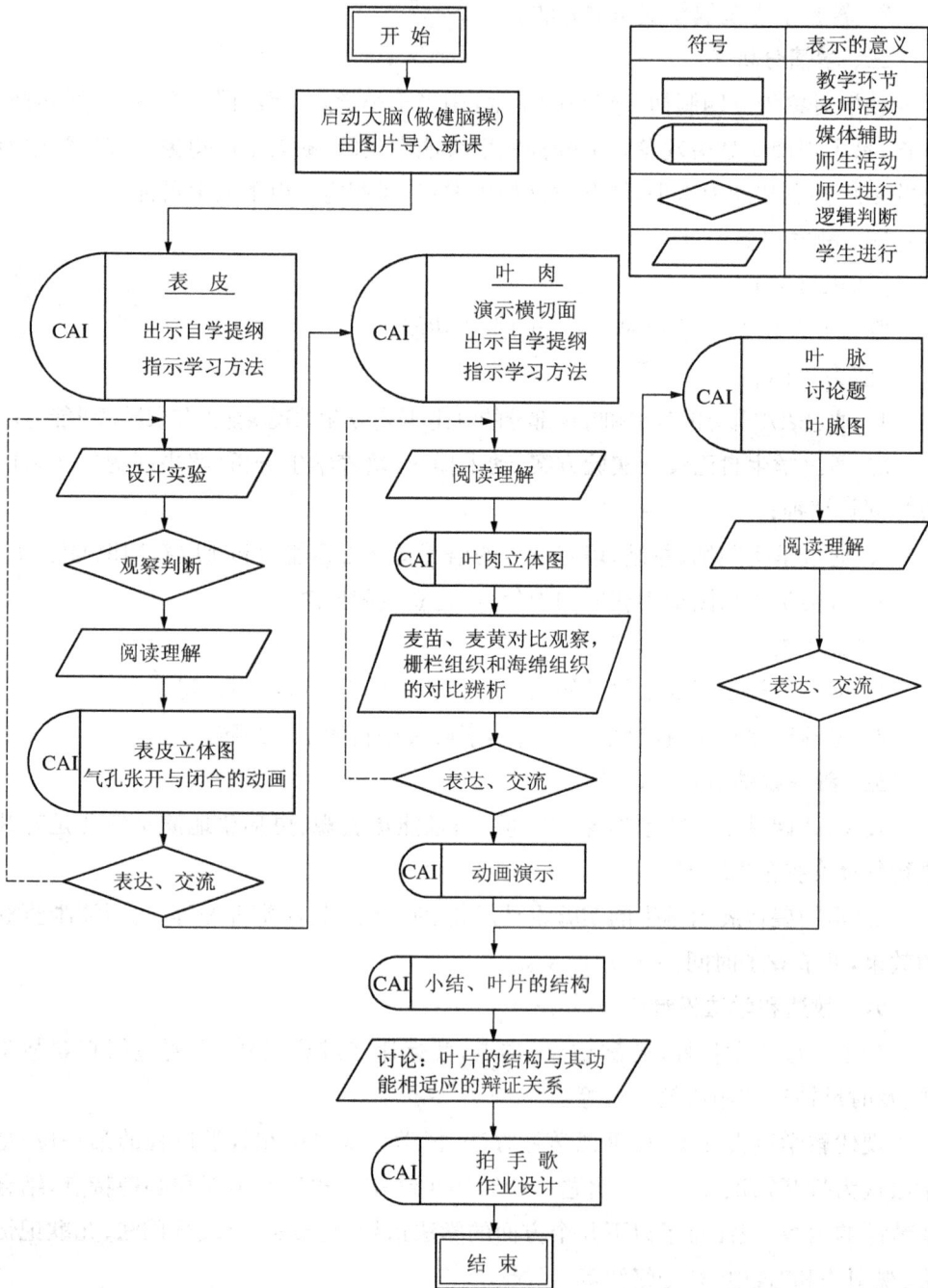

教学进程：

教学环节	教师活动	学生活动	教学设计思路
激发情感 启动大脑	益智健脑操（配音乐） 一、二、三，打打肩， 四、五、六，拍拍头， 七、八、九，扭一扭， 我们都是好朋友。	做健脑操， 全身心地放松。	给学生营造快乐的学习环境，创设民主的教学氛围。
定向设疑 交代目标	根据图片导入新课，本节课的整体目标是探究叶片的结构。	确立自己的学习方向。	确定学习目标。
自学初探 启发诱导	自学初探之一：表皮 1. 光线为什么能射入叶片内部？ 2. 水珠容易渗透到叶片内部吗？为什么？ 3 叶片与外界进行气体交换的"窗口"是什么？由什么细胞控制？ 动画演示气孔的张开与闭合。 	1. 形成假设，设计实验：（1）揭去表皮；（2）往叶片上滴水；（3）通过叶柄往叶片内吹气。 2. 带着问题，阅读课文。 3. 观察表皮图。 4. 讨论。 5. 得出结论。 用双手演示气孔的张开与闭合。	让学生亲自参与探索的过程，了解科学探究的一般方法是：识别探究问题、形成假设、设计实验、收集数据、得出结论。 经过观察获得初步的感性认识，再阅读课文，通过图像上升到理性认识。
	自学初探之二：叶肉 1. 叶片正面的颜色为什么比背面深？ 2. 叶绿素在什么条件下才能形成？ 	1. 带着问题，阅读课本内容。 2. 观察叶肉立体图。 3. 列表对比辨析。 4. 观察麦苗、麦黄标本。 5. 表述、交流。 6. 观看动画。	从图像中获取知识信息，建立空间概念。 引导学生运用对比的方法来突破难点。

续　表

教学环节	教师活动	学生活动	教学设计思路
自学初探 启发诱导	自学初探之三：叶脉 讨论：叶脉的作用。 	1. 阅读课本内容。 2. 视图。 3. 观察叶脉标本。 4. 表述、交流。	通过学生探索后的表述、交流，培养学生的语言表达能力和合作精神。 展示从不同角度观察到的叶脉形状不同。
点拨精讲 促成发现	引导学生归纳总结叶片的结构中有哪些特点适于接受阳光的照射。	讨论、判断、归纳、总结。	突破难点，使学生初步树立生物结构与功能相适应的辩证唯物主义观点。
拓展导创 实践创新	用拍手歌的形式来调整课堂疲软现象。 "你拍一，我拍一，表皮细胞排列密； 你拍二，我拍二，叶肉里有叶绿体； 你拍三，我拍三，叶脉夹在叶肉间。"	边拍边唱，享受学习带来的快乐。	针对学生年龄小的特点，运用愉快教学法，调动学习积极性。
	引导学生在大脑中再现表皮、叶肉、叶脉的图，并组合成一幅完整的叶片结构图。	训练"过电影"记忆法。	结合具体内容，进行学法指导。
	反馈练习（详见：作业设计）。	讨论、回答。	及时反馈、矫正。

八、板书设计

叶片的结构

1. 表皮（分上、下表皮）

表皮细胞——排列紧密，无色透明，外壁有角质层，主要起保护作用。

保卫细胞——成对存在，中间的孔隙叫气孔，可以进行气体交换。细胞内有叶绿体。

2. 叶肉

栅栏组织——接近上表皮，细胞呈圆柱形，排列较整齐，里面的叶绿体较多。

叶绿体是制造有机物的场所。

海绵组织——接近下表皮，细胞形状不规则，排列较疏松，里面的叶绿体较少。

3. 叶脉

{ 具有支撑作用

{ 具有输导作用 { 导管——输送水分和溶解在水中的无机盐。
{ 筛管——输送有机物。

九、教学评价设计

本节课采用的教学模式是创新学习模式,其特点是"教为主导、学为主体、疑为主轴、练为主线"。要求学生掌握学习规律、原理和科学方法,成为学习的主人,能够在学习化社会上学会学习,为学生的终身学习奠定坚实的基础。为了检测本节课的学习情况,我设计了三个不同层次的作业题。知识题要求学生掌握;发散思维训练为中上层次的学生设计,引导学生归纳本课的知识,并用自己的语言表达出来;创新思维训练给学有余力的学生准备,让学生结合光合作用课后查阅资料或师生讨论,一个月后以小论文的形式展示在学校橱窗内,供师生交流并评选出最佳设计奖,培养学生的创新意识和实践能力。

形成性练习题:

A. 知识题

填出图中各部分的名称。

1. _____

2. _____

3. _____

4. _____

5. _____

6. _____

B. 发散思维训练

一分钟演讲:叶片的启示。

C. 创新思维训练(课外题)

模拟叶片的结构,设计"掌上食品加工厂"。

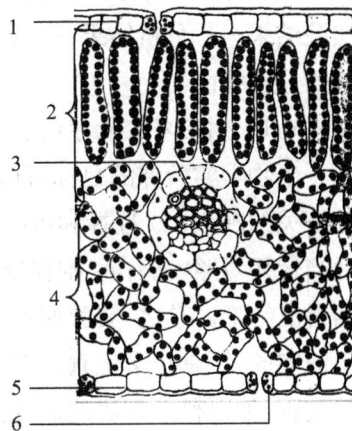

【评析】本节课采用创新学习模式,即"教为主导,学为主体,疑为主轴,练为主线"。设计内容时强调科学结论出现在探究活动之后,把知识内容设计成一个个探究的问题,让学生通过设疑、发现问题、调查研究、动手操作、寻找答案、进行表达交流等一系列科学学习的方法,并利用多媒体课件生动直观形象地展示了气孔和叶片的结构,更好地突破教学的重、难点。根据初一学生的年龄特点,采用观察法、比较法、愉快教学法等多种教法，不仅使学生获得了知识，更重视了学生掌握学习规律、原理和科学方法的培养。

第三节　生物学实验课教学设计与实施

1. 生物学实验课的教学设计

生物学作为一门以实验为基础的科学课程，不仅要向学生传授生命科学基础知识，更重要的是要培养学生具有一定的生物学基本素养，包括科学知识、科学方法、科学思维、科学态度和科学精神、价值观等。科学素质的教育已成为当今科学教育的重要组成部分。

实验课教学是实施科学方法教育的重要途径。生物学是一门实验性科学，每个生物学实验中都包含着科学方法。因此，在生物科学教育中，重视实验、观察、测量等就是进行科学方法的训练，而这个训练并不限于显微镜的使用、装片的制作、标本的采集制作等操作技能的训练，更重要的是要培养学生掌握科学方法来解决问题，通过"观察发现并提出问题——拟定假设——作出预测——搜集资料和证据——设计实验方案——选择实验材料——控制实验因子——进行实验——记录实验结果——分析结果——得出结论"等一系列科学研究的程序，提高学生科学工作的过程技能。

1.1　制定实验教学的教学目标

生物学实验课的目标可以定位于以下几个方面：① 准确地观察和描述生物体及有关的现象；② 选择和组织有关资料去解答问题；③ 拟定假设及设计实验，并能适当运用对照实验；④ 阐释资料，并用作评述及推理的基础；⑤ 用直接或间接的证据得出结论。总之，实验课不能只是为了观察而观察，也不只是为验证某一生物知识而实验，而是让学生真正在实验中体会、理解科学的方法，尝试体验"科学探究"的过程，加强科学方法的训练。

实验教学的教学目标应包括动作技能目标、认知技能目标和情感技能目标 3 个方面。

（1）生物学实验中动作技能的教学目标

动作技能是指学生在神经系统支配下，有关肌肉骨骼按合理的方式协调而顺利地完成某项工作的动作方式。而动作技能的教学目标常常是实验教学的主要目标之一，制定时应从课程标准对实验教学的要求以及学生学习技能的心理特点等方面入手。

在生物学实验教学中,要求的动作技能包括:① 使用实验仪器、器具和药品的动作技能,如使用放大镜和光学显微镜等常见仪器、解剖器等实验工具、各种器材器皿和配制试剂的技能;② 采集、培养、处理和观察实验材料的动作技能,如制作装片、徒手切片和涂片、染色及在盖玻片下换液的技能,采集植物与昆虫并制成标本的技能,培养或饲养常见植物及小动物的技能;③ 生理及生态实验的动作技能,如进行光合作用、脊蛙反射的有关实验及森林植物群落考察的相关技能等;④ 绘图和记录的一般技能,如绘制显微图和实验图、观察记录和统计等技能。

目前,有的国家或地区的生物学课程标准把实验技能的要求分成初步学会和学会2个层次。也有人建议将动作技能的形成过程及相应的目标分为模仿练习、初步学会、正确操作、熟练操作和灵活应用5个阶段。我国《生物学课程标准》将技能性目标分为:模仿水平、独立操作水平(见表3-7)。

表3-7 我国义务教育阶段生物学课程标准的技能性目标的分类和要求

	各水平的要求	内容标准中使用的行为动词
技能性目标动词	模仿水平: 在具体示范和指导下完成操作。	尝试,模仿
	独立操作水平: 独立完成操作,进行调整与改进,与已有技能建立联系等。	运用,使用

动作技能目标序列的制定使教师对学年或学期的实验教学要求有一个整体的安排。在每一节实验课上,教师对学生有明确的要求,经过循序渐进的培养,使学生的动作技能得到发展。

(2)生物学实验中认知和情感的教学目标

生物学实验教学中的认知技能目标可以分成了解、理解和应用3个层次,由低层到高层发展。认知技能的教学目标是通过各种实验活动来实现的(表3-8)。

生物学实验教学中的情感技能目标常常涉及情绪、接受和拒绝等心理倾向。由于学生在实验过程中直接观察生命现象,因而在情感培养上有其独特的作用,教学中应引起重视。情感技能目标可以是注意、接受、兴趣、满意和嗜好等。情感领域的因素复杂,容易反复,且因人而异,因此情感培养要有耐心。在实验活动中,教师的引领、示范和以身作则可以起到潜移默化的作用。

只有全面地分析每个学生在实验方面的基础和能力,才能有针对性地制定出每次实验课的教学目标。实验教学目标既是指导设计整个教学过程的依据,又是衡量教学成果的标准,还有助于教师决定实验活动顺序的安排。

表 3-8　生物学实验中认知领域目标的水平分类

| 水平分类 | 水平分类说明 | 行为动词 | | 实验报告 |
		观察	思维	
了解	看清、记忆、再认	看见、认识	描述、记忆、复述、说出	指出、注字、填写、列表
理解	说明操作、处理的原理,解释实验的结论	比较观察、系列观察	比较、分析、综合、解释、设计	简述、辩解、说明、解释
运用	运用有关知识、技能分析实验现象,解决实际问题	比较观察、注意观察特定的现象	比较、分析、综合、推导、设计	剖析、解决、使用

1.2　编制实验教学计划

（1）学年实验教学计划的编制

编制学年实验教学计划主要依据国家教育部颁布的《生物学课程标准》和省、市教育部门根据当地实际情况编制的教学大纲及教科书,也要吸取以往实验教学中的许多有益经验及值得思考的教训。编制时,先要按《生物学课程标准》的总体要求、教科书中的实验安排以及本校实际情况安排好教学进度;之后根据本地具体要求及教师的实验教学意图,在教学进度中列出学生实验、演示实验及课外实验作业的内容;最后根据每周实验需要,计划什么时候应做哪些准备工作,即实验材料的准备与实验活动组织等工作。实验计划的具体写法可以参照表 3-9 的格式。

表 3-9　学年实验教学计划表

周次	日期	教学内容	需进行的实验准备	备注

（2）实验课时计划的编制

在学年实验教学计划的统筹安排的基础上,教师要深入分析教材,明确实验目标,确定实验教学的重点和难点,设计好实验课时教学方案。重点的确定是基于教师对课程标准的理解和对教学内容的分析判断,体现了教师对特定教学内容的认识和把握;难点的确定则要依据教师的教学经验和对学生学习情况的了解。重点常常是难点,但难点不一定都是重点。一般来说,技能往往包括一连串操作程序,每一步的失误都会影响实验结果,甚至使实验失败。因而教师常常都把某一完整的实验技能列为实验教学重点,尤其是新学习的动作技能。难点的确定则先要了解学生以前实验的情况与技能基础,才能比较准确地预计出这次实验将会发生的困难。明确了重点、难点后,再选择适当的教学方法,合理安排实验时间。

实验课时教案的设计形式很多,但都应包括:教学目标、实验材料、设备用具与药品、课型、重点与难点、课前准备、实验教学过程及小结、教学评价等。实验教学过程设计是教案的主体,要有组织教学的方法、实验操作前的讲解内容与实验要求、实验后的讨论题以及巡视辅导中应主动关心的问题等。

2. 生物学实验课的实施与案例评析

新课程的理念之一,就是要面向全体中学生倡导探究性学习。中学生物实验教学则是实现这一目标的重要环节。在教学过程中,通过一定的仪器设备或药品的处理,对生物体的形态、结构、生活习性和生理功能进行观察和探究,使学生获得、验证或巩固知识,并掌握有关操作技能,进一步发展智能的过程,称为生物实验教学。生物实验教学的类型可分为演示实验、分组实验和课外实验。

2.1 演示实验

所谓演示实验就是教师根据课堂教学计划,使用演示的方法进行的生物实验。演示实验是中学生物教学中最常用的直观手段之一。演示实验比分组实验容易开展,既节约耗材,又节省时间,更便于组织教学。因此,中学生物实验教学中要特别加强演示实验的开展,以便提高教学效果。演示实验的类型主要有:

(1)传授新知识的演示实验

在以获得新知识为目的而进行的演示实验中,教师预先把实验器材准备好,在课堂上边讲授边演示,并对所用到的器材名称进行介绍,讲述实验的目的、原理和条件,准确操作,规范动作,以达到预期的演示效果。当学生观察到一个或多个现象时,教师通过谈话启发学生对所见到的现象进行解释,引导学生得出正确结论。例如,在"鉴定骨的成分"时,教师把骨煅烧后所剩下的物质用镊子打碎,问学生:"骨里含有什么成分?"学生可能回答含有"无机物"。此后,用清水冲洗15%的盐酸浸泡过的骨,将其打结或折弯,又问学生"骨里含有什么成分?"学生又可能回答骨里含有"有机物"。最终,教师才叫学生总结骨里含有哪些成分。无疑,通过这样的演示实验来传授新知识,就具有较强的真实感和说服力。

必须注意到,由演示实验得出的结论是特殊性的,教师要引导学生从特殊性的结论推广到一般性的原理。例如,用鱼骨来鉴定骨的成分,同时可以推广到鉴定其他动物骨的成分。

（2）验证、巩固知识的演示实验

以验证、巩固已学过的知识为目的的实验,从逻辑上看是从一般到特殊的学习过程。在此过程中,教师先使用各种直观教具讲授新知识,待学生掌握了有关知识之后进行演示实验,以验证和巩固所学的知识。例如,为验证"绿叶在光下制造淀粉",将遮光叶片和不遮光叶片作脱绿处理,用"滴加碘液"的方法加以验证。若叶片变成蓝色,说明叶片中含有淀粉;反之,则说明叶片中不含有淀粉。这样,通过演示,学生巩固了已初步掌握的知识,并加深了印象,从而提高了课堂巩固率。

（3）指导性的演示实验

它是指导学生进行正确实验、实习等实践活动的演示实验。例如,当指导学生第一次使用显微镜时,教师先用一台显微镜向学生介绍各部分名称,并演示取镜、安放、对光、观察等。此后,在讲授"临时装片的制作"过程中,教师演示擦载玻片、盖玻片、向载玻片上滴清水、取实验材料等具体步骤。这种边演示边讲述的教学方法,就比纸上谈兵、抽象的讲授效果好得多。

2.2 分组实验

把学生带进实验室或教室,在教师的指导下,学生独立操作而进行的实验,称为分组实验。分组实验更有利于面向全体学生培养操作技能,并激发学生的学习兴趣和发挥学生的创造性。

应该指出,分组实验既可以在新课教学之后进行,又可以在新课教学之前进行。长期实践表明,分组实验在新课教学之后进行,有利于学生验证和巩固知识;而分组实验在新课教学之前进行,则有利于增强学生的感性知识和培养学生探究知识的技能。

（1）分组实验的准备

① 认真备好实验课

教师根据新课标要求,结合本地实验条件,弄清实验原理,确定实验目标。若是验证实验,教师必须预先写出实验步骤及实验注意事项。若是探究实验,教师则要作出假设,拟定实验计划,具体写出观察发现的问题,分析实验结论。

② 充分准备实验器材

一个不容忽视的事实是,实验仪器的购买与使用往往受到学校经费的限制。由此,在制定分组实验计划时,教师必须根据本校的实际条件,对全程教学中所需要的实验材料有一个全盘的计划和安排,及时加以采集、购买或培养。此外,为了保证实验课有充足的、合适的实验材料,还可以向条件好的学校租借或交换器材,并灵活地把一些实验提前或推后进行,以实现资源共享。更为重要的是,对实验中的仪器设备和药品,教师必须预先作好准备,分发到实验桌上,尽量让学生不离开座位就能完成实验,减少人员走动,为组织分组实验带来方便。

③ 学生分组和培养小组长

教师根据班级人数、实验桌的多少以及实验内容的实际情况把学生分成若干小组,并选出小组长。实验桌上贴上编号,学生对号入座。同时,为了减轻教师教学负担和提高实验效率,要充分发挥小组长的助理作用。由此,教师要在课前利用课外时间对小组长进行实验培训,让他们熟练掌握操作方法,从而在正式实验时起到"小教师"的作用。不仅如此,小组长还应该承担帮助教师管理实验器材和药品的职责。具体地说,每次实验完毕,小组长要清点器材药品,安排其他同学清理实验桌卫生。而要做好这个工作,教师就必须对小组长进行思想品德教育,培养其爱科学、爱设备、助人为乐的思想品德。

④ 预先告诉学生实验

在每次实验之前,教师布置学生预习教材或预习实验教材,收集相关知识,使学生心中有数,作好实验心理准备。这样便于学生理解实验原理,顺利完成实验。

(2)组织分组实验教学

很多实验教师常常感到组织分组实验费力、费时,常常不得不高声要求学生保持安静和不准乱动仪器。究其原因,主要在于实验过程中容易出现课堂秩序混乱的局面。由此,为保证实验顺利进行和提高实验效果,分组实验可作如下安排。

① 有秩序进入实验室

各组的小组长带领学生按 1 组、2 组……依次进入实验室,并根据桌上的编号对号入座,这样就可避免学生一窝蜂涌入实验室去抢座位而造成的混乱局面。

② 指导分组实验

对于教师来说,其职责主要是总揽全局和具体指导。而对于小组长来说,其职责就是组织和指导本组成员开展实验。在此进程中,教师一旦发现学生操作错误,立即做好记录,让相关学生停止操作,指出其错误,并予以演示和引导。例如,在练习"临时装片"的制作时,教师发现很多学生撕取的材料较厚,存在着有的盖片下有气泡、有的把显微镜搬得太斜、有的染液流在载物台上等问题。对此,教师要给学生现场演示解决这些问题的方法,使学生通过反复练习最终达到规范操作的目的。

③ 离开实验室

实验课结束之前,教师要预留 3 分钟时间,让学生清理器材和桌上的卫生,随后按顺序离开实验室,并请小组长留下协助教师清点器材。

2.3 生物学实验课教学设计案例与评析

"模拟酸雨对植物种子萌发的影响"实验教学设计

陈岚(上海市延安中学)

1. 教学指导思想

"模拟酸雨对植物种子萌发的影响"是上海市二期课改教材高中二年级《生命科学》第 12 章节中的一个实验。通过这一实验的教学活动,培养学生从实际出发、实事求是、不断追求真理的科学精神;通过学生的主动研究获取知识并体验科学探索的过程,进一步引导学生学习方式的转变,使学生能够对自己发现的问题进行初步的研究活动,根据实际情况修正研究计划,完整表达研究结果,在自主学习和研究过程中获得丰富的体验;同时培养学生的合作精神,提高学生综合分析问题和解决问题的能力,进而培养学生的创新精神和实践能力。

2. 教学目标

2.1 知识目标

本实验研究 pH 值这一非生物因素对菜豆种子萌发的影响,探究菜豆种子萌发、生长的最佳 pH 值,用学过的知识解释实验现象。

2.2 过程与方法目标

让学生通过实验,获得一项课题的探索体验,从而提升学生开展科学研究及解决实际问题的能力(如:如何测量使实验数据具有可比性,如何处理数据等)。

2.3 情感态度和价值观目标

增强学生的环保意识,增强学生对环境污染危害人类的感性认识,培养学生科学对待数据、实事求是的态度,增强学生的合作意识。

3. 教学重点和难点

3.1 重点:实验数据的整理、统计、分析和讨论。

3.2 难点:实验结果的分析和讨论。

4. 教学策略和方法

4.1 教学策略

从重点高中学生的学习心理特点出发,采用"自主探究、亲手实践、交流讨论"

的学习模式,运用现代教育技术手段进行教学,在整个实验探究的过程中注重引导学生全程参与,激发学生学习生命科学的兴趣,提高课堂教学的质量,培养学生的学习能力。

4.2 教学方法

实验法、自主探究法、谈话法等。

5. 教学过程

5.1 课前准备

将菜豆种子浸泡于配置好的 pH2—pH7 六种水溶液中,准备好其他实验器材。

5.2 自主实验

四人为一个学习小组。实验前,让各小组学生提出一个他们认为最有利于种子萌发的 pH 的假设,指导学生设计观察记录表,然后让各小组自愿选择一种 pH 溶液做实验,一个教学班中同一种 pH 溶液的实验由两个小组的同学承担。用延安中学校园内的雨水作对照。本实验持续 10 天,各小组同学利用休息时间,每天中午 12:15 分去实验室观察菜豆种子萌发情况,测量菜豆种子的长度、萌发的根的长度,做好观察记录,并补充本小组的 pH 水溶液。(学生通过实验获得的数据和资料将用于评价自己的假设)

5.3 交流讨论

指导学生运用校园网络系统将自主探究到的实验现象和实验数据进行汇总、统计、分析和讨论,引导学生归纳出实验结果,并提出进一步探究的方案。

5.3.1 数据汇总与统计分析

运用校园网传输各小组的实验数据。各小组成员分工合作,通过校园网获取其他小组的实验数据,在 Excel 中做全班实验结果的统计折线图两张,其中一张横坐标是日期,纵坐标是种子本身长度的平均长度;另一张横坐标是日期,纵坐标是种子胚根萌发成根的平均长度。6 种 pH 溶液和 1 种对照溶液分别用 7 种颜色表示。

5.3.2 结果与讨论

将各小组与全班同学的实验结果进行比较,找到用于菜豆种子萌发水溶液的最佳 pH 值,引导学生思考与讨论导致这一实验结果的原因,启发学生从雨水酸度对菜豆种子萌发的影响这一角度来思考问题。

5.3.3 进一步研究

引导学生思考如何进一步改进实验方案,如何进一步探究实验。启发他们思考：如可以利用这种方案研究重金属盐溶液对植物种子的萌发、生长等影响；可以用这种方法研究影响某种植物生长的因素，如光照、温度等；研究多因素条件下植物生长、发育的最佳条件。

【评析】本实验教学设计方案利用校园网络系统，旨在让学生通过分组实验进行自主探究、主动研究获取知识并体验科学探索的过程，能够达到培养学生从实际出发、实事求是、不断追求真理的科学精神，同时培养学生的合作精神、提高学生综合分析问题和解决问题的能力，进而培养学生的创新精神和实践能力之目标，使"提高全体学生的生物科学素养"和"倡导探究式学习"的新课程理念得到了很好的体现。而且，从教学目标到教学过程设计到位，各个教学环节考虑得细致、周全，并提出了以本实验为基础进一步探究的内容，不失为一个实验教学设计得好的典型案例。

第四节　生物学课外活动教学设计与实施

1. 生物学课外活动的教学设计

生物学课外活动即生物学科技活动或实践活动，它是生物学教育的一个重要组成部分。生物学课外活动是一种实践的、整体的、开放的教育活动，是一种在教师指导下学生自主进行的、具有研究性的实践活动。它强调让学生在实践中学习，在实践中获取生物学知识与能力，在实践中体验情感、发展个性品质；以其丰富多彩的内容和形式激发青少年的好奇与兴趣，锻炼青少年动手动脑的能力，培养青少年求实探索的科学精神。

1.1　生物学课外活动的总体目标

根据生物学新课程理念，生物学课外活动的总体目标包括知识、能力、情感态度与价值观 3 个维度，体现在 5 个方面：① 亲近周围自然环境，增进对自然的了解和认识，获得亲身参与实践的积极体验和丰富经验，学会在活动中自我管理；② 发展实践能力，体验科学研究的一般过程和方法；学会在自己的学习和生活中发现问题，用所学知识分析问题并找到解决问题的方法，提高生物科学素养；③ 激发创新意识，养成从多种渠道主动获取、分析、处理和利用信息的学习习惯和主动探究的态度，学会用科学解决问题的方法思考问题，善于提出革新性、创造性见解，为终身学习奠定基础；④ 增强团队精神，善于与他人沟通、联系、合作和交流，并能与他人分享不同的意见或信息，有效地利用工具和符号表达个人的主张、观点和思想感情;⑤ 认识科学、技术和社会的相互关系,增强社会责任心和使命感,从而形成社会发展和生活方式变革所需求的基本品质。

1.2 生物学课外活动设计的步骤

(1)学生情况分析

学生是活动的主体,他们活动热情的高低、活动能力的大小以及自我管理能力的强弱将影响活动的成败。因此,教师只有多方面了解学生,才能当好学生的参谋,并根据不同学生的具体情况制定不同的指导策略。① 了解学生的兴趣所在。对生物学哪些领域有偏爱,喜欢看生物学哪方面内容的书籍,对生活中的生物现象是否有好奇心,涉猎知识的范围是否广泛,对生物学课外科技活动的态度是否积极,参与的热情是否高涨。② 了解学生的智力状况。想象力是否丰富,发散思维、逆向思维和批判性思维的程度如何,是否善于自学,思维的独立性如何。③ 了解学生的活动能力。是否愿意与同学、老师和家长进行交流,是否敢于向陌生人请教,是否愿意到一个不熟悉的部门去采访,是否愿意向别人袒露自己的观点和思想,合作意识程度如何,平时遇到挫折会采取什么态度,希望从教师那里得到哪些帮助。

(2)学习资源分析

学习资源包括校内外有形的物质资源和无形的人文资源,它们的丰富和广博构成了开发性的资源系统。因此,教师先要根据所在学校的地域,以多种途径了解校内外学习资源的分布;之后,根据学科特征确定哪些是生物学课外科技活动可利用的学习资源,特别注意人力资源的分析;最后,在学生自行开发学习资源时,胸有成竹的教师便可提出供学生参考的意见。

(3)确定活动主题与目标

生物学课外科技活动以生物学知识为依托,以学生的心理水平、学习兴趣和社会生活为基础,主题范围包括学生与自然、学生与社会生活以及学生与自我关系的基本情境和问题;目标具有强烈的针对性,针对学生与生物学有关的现实需要,满足学生融入整个社会生活领域、应用生物学能力的需要,使学生获得主体意识、行为能力和情感态度的综合发展。

(4)指导策略

在生物学课外科技活动中,教师要当好导演的角色,必须形成带有教师个性色彩的指导策略,正确的指导策略是提升学生活动兴趣、保证活动顺利进行的有效形式。① 激励。学会欣赏学生是教师教育观念转变的标志之一。即使学生某次活动直接成效不大,也会有其他方面的收获。赞扬、认可、鼓励和支持是必要的,要让学生都有一种"我能行"、"我会成功"的自信心。② 信任。给学生足够的信任,在活动中放手让他们去做一些陌生的事情,会使他们有强烈的责任感,任何一点成功都会使他们的心理得到满足。

（5）做出整体规划

整体规划包括:① 怎样向学生部署生物学课外科技活动事宜,提出哪些具体要求;② 活动类型与方式的介绍。常见的类型有观测记述型、实验探究型、采访调查型、参观访问型、栽培饲养型、考察调研型、设计制作型、竞赛游艺型和作品展示型等,学生可以视其内容来选择与之适应的活动类型,也可以根据任务设计独特的活动类型。在活动方式上,做到课内与课外实践相结合,校内与校外相结合,限定与自愿参加相结合,多人合作与个人活动相结合,以及学校、社会和家庭相结合;③ 技术辅导时间与活动过程总体步骤的安排。另外,教师还要考虑帮助学生参加每年一次的"全国青少年科技创新大赛活动"（网址 http://castic. xiaoxiaotong. org）。

（6）活动效果评价

生物学课外科技活动要求新的评价理念和新的评价方式,强调多元价值取向,评价的着眼点应放在学生个体认知、能力提高和情感发展的活动过程上,看学生在整个活动过程中的表现和态度的变化。

2. 生物学课外活动的实施与案例评析

2.1 生物学课外活动的实施

中学生物学科技活动仍然是一种教育教学活动,这种活动虽然也重视实验的结果,但是更重视实验的过程,重视在实验过程中培养学生的科学探究能力,因而它和真正意义上的科技活动不完全相同,教师必须精心安排活动的主要程序。其主要程序包括活动开始阶段、活动实施阶段和活动结束阶段三部分。

（1）活动开始阶段

活动开始阶段的任务是发动和准备。包括:① 选题的指导。让学生发现和提出自主活动的内容或主题,或明确由教师引导提出活动的目的、意义、任务、进度、分工及可能的结果。精心选择引人注目的活动课题是吸引学生积极主动地参与活动的有效方法,如有的教师开展了"拯救珍奇竹,保护基因库"、"蔬菜死亡之谜的探究"、"噪音和摇滚乐对白鼠发育的影响"、"阳台美化和绿化方案的设计"、"叶脉网式凝雾积水装置"、"生产无公害蔬菜应选择哪些农药"、"垃圾资源化分类收集处理的可行性调查"等活动的课题就很吸引学生;② 帮助学生明确具体任务。让学生明确活动所需要的科学知识和实践技能,让学生做好活动器具和场所的准备以及具体事项的分工操作等;③ 论证学生自主设计的活动方案。"课题论证"又称"开题",让学生了解活动的程序,通过讨论和思考提出自己的观点和改进意见。

这一阶段是活动的基础,尤其是让学生参与活动方案的讨论和改进体现出学生是科技活动的主体,关系到整个活动的成败。

(2)活动实施阶段

活动实施阶段主要是让学生按活动计划方案完成各自的工作。教师要"指导不指令,参谋不代谋",做一个组织者、指导者、服务者和促进者,必要时做一些技术指导,对学习中可能出现的障碍要十分清楚和警惕。其中特别要求学生客观地记录实验现象和结果,并能根据实验进展情况分析改进实验程序,创造性地完成实验实践活动。因为课外科技活动不是"照着说和做"而是"接着说和做",活动目的主要是培养创新能力,所以能否选择创新的方式方法是科技活动成败的关键。通过广泛阅览和进修提高,勤实践、多思考,就能选择具有创新性的方式方法。同时,在可能的情况下还要注意选择少花钱多办事的方式方法,例如采用替代材料等方法,这本身也是一种创造。

(3)活动结束阶段

活动结束阶段的任务主要是分析总结实验结果,提出创新的见解。教师的工作:① 督促学生处理资料、得出恰当的结论。要让学生抓住实验结果的本质特征,采用科学研究的表述方法,例如采用生物科技术语和符号、采用科学图表和照片等言简意赅地加以表述;② 指导学生写出结题文章。结题文章主要包括调查报告、实验报告和小论文等;③ 协助学生进行成果展示与交流;④ 作出公正评价。

2.2 生物学课外活动案例及评析

案例一:探究洗衣粉对池塘富营养化的影响

(一)活动目的

了解池塘富营养化的原因;探究洗衣粉对池塘富营养化的影响。

(二)活动原理

大量氮、磷等物质进入水体,造成水体中藻类等大量繁殖,引起池塘生态平衡的破坏。洗衣粉中含有烷基苯磺酸钠和三聚磷酸盐等,进入水体后促成了水体富营养化,造成环境污染。

（三）活动方法

1. 春、夏、秋季用烧杯从池塘中取水 100 毫升,其中一定含有一定数量的藻类;

2. 在向阳窗口培养上述藻液 1—2 天,绿藻有下沉到杯底部的现象;

3. 倒去上清液,保留其中的绿藻,再加入自来水至 900 毫升,在向阳窗口继续培养;

4. 按上述步骤重复 3—4 次;

5. 用玻璃棒搅拌藻液,使绿藻分布均匀,并立即平均分配至 A、B、C 3 只烧杯中,每只烧杯中有藻液 300 毫升;

6. A 烧杯加自来水至 1000 毫升,作为对照用;B 烧杯加自来水至 1000 毫升和尿素 0.5 克;C 烧杯加自来水至 1000 毫升及尿素、洗衣粉各 0.5 克;3 只烧杯都置于向阳窗口培养;

7. 培养期间经常用玻璃棒搅拌藻液,并适量加自来水以维持 1000 毫升水量;

8. 3 天后观察藻液变化情况,得出结论。

（四）活动结果

A. 烧杯水液几乎没有变化;

B. 烧杯水液也无明显变化;

C. 烧杯水液发生明显变化,绿藻大量繁殖,水液变成浓绿色,液面有污浊样,可视为富营养化。

（五）讨论

1. 重复第 3—4 步骤的目的是什么?

2. 尿素既然也是藻类的营养元素,为什么并没有使 B 烧杯的水液富营养化?

3. 如何设计一个实验来证明尿素也是水体富营养化的主要因素之一?

【评析】本活动方案属于探索性的课外科技活动。在活动中学生基本上按照教师设计好的实验步骤进行实验,通过活动使学生初步掌握进行生物学科学研究的基本方法和过程。为独立探索研究奠定基础。但是,这一活动方案并不像中学生物学教学中的生物学实验那样,把每一步都交代得详详细细,而是故意留有"破绽"或"思考的余地",让学生逐步修正和完善探索进程。几个活动后的讨论题就是针对活动方案中的"破绽"而设置的,通过讨论可以使学生思考活动每一步的目的和原因,认识"破绽"。再通过修正,也就是补充设计(部分设计)一个小探索实验,为独立探索逐步打下基础。

案例二:生物周活动(初中一、二年级)

(一)活动目的

提高学生学习生物学的兴趣,强化学生生物学实验的技能,拓展学生生物学知识,增强学生服务社会的意识。

(三)活动计划

在一周的时间里,分别开展下列活动:

1. 制作叶脉书签并加以艺术造型;

2. 显微镜使用技能竞赛;

3. 邮票展览:分花卉和鸟类两个专题;

4. 知识竞赛:"植物和人类社会"或"鸟类和人类社会"专题知识竞赛;

5. 知识讲座:神奇的生物技术;

6. 科普宣传:配合植树节、爱鸟周等进行"植物和人类社会"或"鸟类和人类社会"专题知识宣传或进行"讲究卫生、美化环境"的宣传等;

7. 游艺活动:生物谜语竞猜活动,围绕生物学知识的相声、小品等文艺活动等;

8. 活动评比:对上述活动分别进行评比奖励,以班级为单位进行集体评比,奖励活动优胜班级。

【评析】本活动充分考虑到了学生争强好胜的心理要求,通过竞争和评比充分调动学生学习生物学的积极性,满足了学生好动、好说和好奇的特性,并在学校和社会造成一定影响,扩大了生物学科的地位。

【思考题】

1. 谈谈你是怎样理解教学设计的基本概念的。

2. 教学设计的特点是什么?

3. 你了解的学习理论有哪些?掌握有关学习理论对生物学科教学设计有何意义?

4. 你认为哪些因素对教师的教学设计影响最大?

5. 生物学新课程的基本理念对教学设计有什么影响?

6. 现代教学设计有哪些模式?举例说明现代教学设计与传统教学设计的主要异同。

7. 一般来说,教学设计应包括哪些主要内容? 各有何具体要求?

8. 从当前的课程教学内容中任选一节,练习并完成教学设计的全过程。

9. 什么是课程实施? 你认为课程实施与教学设计有什么样的关系?

10. 选择合适的内容,练习设计一节以培养学生科学方法和基本技能为主的教学活动。

11. 参考案例,任选一节合适的内容设计一个探究性教学的方案,并与你的同伴一起讨论。

12. 自己设计一个与生物学有关的课外科技活动的案例,并与你的同行们进行交流。

【参考文献】

1. 何克抗,郑永柏,谢幼如. 教学系统设计[M]. 北京:北京师范大学出版社,2002

2. R. M. 加涅等著,皮连生等译. 教学设计原理[M]. 上海:华东师范大学出版社,1999

3. 盛群力,李志强. 现代教学设计论[M]. 杭州:浙江教育出版社,1999

4. 尹俊华,庄榕霞,戴正南. 教育技术学导论(第2版)[M].北京:高等教育出版社,2002

5. 施良方. 学习论(学习心理学的理论与原理)[M]. 北京:人民教育出版社,1994

6. 王永胜. 生物新课程教学设计与案例[M]. 北京:高等教育出版社,2003

7. 李伟. 高中生物新课程创新教学设计[M]. 长春:东北师范大学出版社,2005

8. 刘恩山. 中学生物学教学论(第2版)[M]. 北京:高等教育出版社,2009

9. 国家教育部制订. 全日制义务教育生物课程标准(实验稿)[M]. 北京:北京师范大学出版社,2001

10. 周红. 新课程理念下高中生物有效教学的设计策略[J]. 中学生物学,2006,22(6):59—62

11. 陈岚. "模拟酸雨对植物种子萌发的影响"实验教学设计[J]. 生物学教学,2005,30(1):36

12. 郭力华. 初中生物新课程教学法[M]. 北京:首都师范大学出版社,2004

13. 汪忠. 现代生物学教师技能[M]. 香港:天马图书有限公司,2000

第四章　生物学教师的备课

什么是备课？从广义上来说，教师在上课前所做的一切准备工作统称为教师的备课。学年（期）教学工作计划、单元教学工作计划和课时教学工作计划的制订都属于备课的范畴。人们习惯上还是仅将课时教学工作计划称之为备课，这也是狭义的备课。

第一节　备课的意义

教学是一种复杂而又细致的创造性工作，备课是教学工作能够有目的、有计划进行的先决条件，是教师从事教学不可缺少的基础工作，是提高教学质量的保证。无论是刚刚走上讲台的年轻教师，还是教学经验丰富的老教师，在上课之前都必须认真地备好课。

1. 教学工作的首要环节

教师的教学工作主要由备课、上课、作业布置和批改、课外辅导和学生成绩的考查与评定等环节构成。备课是教学工作的首要环节，没有这个环节，上课乃至其他环节，就只能是空中楼阁。备课也是一种教学活动，不能认为只有上课才是教学。事实上，备课是比上课更为重要的一种教学活动。

2. 提高教学质量的关键

"凡事预则立，不预则废"。备课是制定蓝图、预先谋划、寻求策略的过程。备课是一堂课的起点，是决定一堂课成败的基础，也是提高教学质量的关键。上课是备课的目的和结果，只有认真充分地备课，才能上出高质量的课。更何况教材不断地更新，学生不断地变化，教学的目的和任务也随之不断地深化，备课也应该常备常新。

3. 促进教师的专业发展

教师备课过程就是对中学生物学课程教学的目标、内容及其组织、教学过程、教学方法、教学评价等进行研究并作出计划的过程。当前,新课程要求教师改变多年来习以为常的"三中心"(以书本为中心、以课堂为中心、以教师为中心)教学模式,确立一种"以学生发展为本"的崭新教育观念,还要求教师能动地参与课程的开发与实施。教师已经不再是课程的单纯的消费者和执行者,而是课程的策划者及设计教材者。教师备课实际上是教师进行专业学习、实践及创新的过程,是教师提高自身文化科学知识水平以及积累、总结教学经验和提高教学能力的过程。

第二节 备课的内容及程序

教师的备课包括教学工作的一般准备和制定教学工作计划(学年或学期教学工作计划、单元教学工作计划以及课时工作计划)。中学生物学教师应依据生物课程标准和学生的实际情况,按照教学进度表进行备课。备课的内容及程序主要包括"六备":备学生、备内容、备资料、备教法、备实验材料及教具、备检测等。

1. 备学生

教学实践证明,教师对自己的学生了解得越充分、越仔细、越有针对性,教学效果就会越好。一切教学活动都是为了学生,学生是学习的主体,满足学生的学习需要是备课首先需要考虑的事情。学习需要是指学习者在学习方面目前的状况与所期望达到的状况之间的差距。学生的学习需要大体有六方面:① 标准的需要;② 比较的需要;③ 情感的需要;④ 表达的需要;⑤ 预期或未来的需要;⑥ 批评性事件的需要。备学生或对学生的分析一般从下列几个方面进行。

1.1 了解学生的一般特征

目前我们所实行的是班级授课制,相同年级或同一班级中的学生其年龄相近,认知结构相似,学习经验和生活经验也很接近。因此,对学生的一般特征进行分析,了解学生群体的一般心理特征,是进行科学的教学设计的最基本要求,只有这样才能科学施教。

1.2 了解学生的个别差异

教师应对每位学生的年龄、身体状况、特长爱好、人际关系、学习兴趣、学习态度、学习习惯及家庭环境等个体自然状况详细了解,以作为备课依据,有针对性地考虑如何组织教学,做到因材备课。

1.3 了解学生原有学习基础

一是班级整体基础,二是个人学习基础。了解学生已有的认知结构、思维方式、生活体验以及班级中优、中、差生的所占比例等。在讲授新课前，特别要了解学生对原有知识的预习准备是否充足、新课讲授中可能出现的困难和障碍及学生对新知识的兴趣是否浓厚等。根据学生原有学科的知识水平和技能掌握情况来确定备课的要求和打算。

1.4 了解学生对教学方法的反应

教学工作是教学内容和具体方法的双重体现。教师采取何种方法实施教学直接影响学生的学习积极性和课堂教学效果。日常的教学过程中，教师应随时注意观察学生对自己教学的反应，听取他们的意见，及时反馈信息，调整教学方法。

教师可以通过各种途径和方法了解学生，如日常观察、个别谈话、分析作业、测验试卷、召开座谈会、访问家庭、查阅学生的档案，听取班主任和其他任课老师对学生思想、纪律、学习、家庭等情况的介绍等。教师只有这样从多方面并深入地了解学生，才能把备教材和备学生结合起来，使课堂教学更具有针对性和预见性。

2. 备内容

2.1 明确教学目标

熟悉生物学课程标准，明晰本学科的教学目标及其教学上的基本要求是教师备课的重要任务之一。教学目标是指学生通过教学活动后要达到的预期学习结果或教学活动要达到的标准。它既是评价教学过程的标准，又有指导教师进行教学策略选择、引导学生的学习活动的功能，是教学活动的出发点和归宿。

（1）深刻领会生物课程标准提出的课程总目标和课程的具体目标

首先，仔细研读《课标》，体会它是如何体现课程理念的。其次，弄清在知识、情感态度及价值观、能力三方面，它提出了哪些目标要求，这些目标要求将对课程的实施起着什么样的导向作用。最后，要考虑在每节课上如何贯彻这些目标要求。

（2）掌握教学目标的科学表述方法

教学目标的表述必须足够清晰，力求做到明确、具体、可观察、可测量。只有这样才能激发学生学习的积极性，使学生产生要达到目标的强烈渴望。为克服传统的生物学课堂教学目标陈述上的不足，马杰（R. E. Mager）根据行为主义心理学提出了行为目标的理论与技术，主张用预期学生学习之后将产生的可观察、可测量的行为变化来陈述教学目标。行为目标主要包括 4 个要素，简称 ABCD 表述方法。

① 行为主体（audience）

行为主体指学习者，即学生，是目标句子中的主语。行为目标描述的是学生的行为而不是老师的行为。

② 行为内容（behavior）

行为内容由行为动词和对象组成，是目标句子中的谓语和宾语。生物课程标准在"学习目标的说明"中提出了一些常用的不同层次的目标动词。具体说明如表4-1。

表4-1 《普通高中生物课程标准（实验）》的教学目标层次

	各水平的要求	内容标准中使用的行为动词
知识性目标动词	了解水平 再认或回忆知识；识别、辨认事实或证据；举出例子；描述对象的基本特征等	描述，简述，识别，列出，列举，说出，举例说出，指出，辨别，写出，排列
	理解水平 把握内在逻辑联系；与已有知识建立联系；进行解释、推断、区分、扩展；提供证据；收集、整理信息等	说明，举例说明，概述，评述，区别，解释，选出，收集，处理，阐明，示范，比较，描绘，查找
	应用水平 在新的情境中使用抽象的概念、原则；进行总结、推广；建立不同情境下的合理联系等	分析，得出，设计，拟定，应用，评价，撰写，利用，总结，研究
技能性目标动词	模仿水平 在原型示范和具体指导下完成操作	尝试，模仿
	独立操作水平 独立完成操作；进行调整与改进；与已有技能建立联系等	运用，使用，制作，操作，进行，测定
情感性目标动词	经历（感受）水平 从事相关活动，建立感性认识	体验，参加，参与，交流，讨论，探讨，参观，观察
	反应（认同）水平 在经历基础上表达感受、态度和价值判断；作出相应反应等	关注，认同，拒绝，选择，辩护
	领悟（内化）水平 具有稳定态度、一致行为和个性化的价值观念等	确立，形成，养成，决定

③ 行为条件（condition）

行为条件指学生行为产生的条件，是目标句子中的状语。

④ 行为标准（degree）

行为标准指学生对目标达到的最低表现水平，用以评价学习结果的达成度。

（3）制定教学目标的基本要求

① 综合全面

在设计教学目标时，要照顾到教学目标的各个组成部分，既要有"知识"与"技能"领域的目标，又要有"情感态度与价值观"领域的目标。在确定目标的内容范围时，要全面考虑三个维度，同时在具体的每节课中教学目标又可以有不同的侧重点。

② 明确具体

教学目标的表述要明确、具体，可以观察和可以测量，尽量避免用抽象的、模糊的语言来表达。要改变采用"使学生……"、"培养……"等目标表述模式，采用"学生能……"、"学生具有……"等表述方法。

③ 体现层次

教学目标的设计要体现生物课程标准对具体内容标准的学习目标提出的不同层次要求，即每一领域的教学目标必须有层次，如《课标》将知识性学习目标分为了解、理解和应用三个目标层次，技能性目标分为模仿和独立操作两个目标层次，情感性目标划分为经历（感受）、反应（认同）和领悟（内化）三个目标层次。另外，不同的学习者达到的目标层次是不同的，因而应该用不同的标准去衡量和评价学习结果，教学目标设计时要适应这种多层次的要求。

④ 难度适中

目标太高，学生经过努力还达不到，会使学生产生畏学心理；目标过低，学生不需要花费多少意志努力，目标对学生起不到发展引导作用。教学目标的设计要符合学生现有的发展状况，做到适度。

⑤ 展现个性

教学目标的表述应根据学生的差异、特点和针对不同的教学内容，展现教师自己独有的风格。这样，才能发挥教师的个人优势，满足学生发展的需要，以达到学生学习的预期结果，实现教学目标。

2.2　全面分析教材

教材是教师开展教学活动的基本素材，也是学生学习的重要资源。教材的主要品种是教科书，还包括教学参考书、学生活动报告册、挂图、视听教材、电子教材及其他多媒体教材等。熟悉教材、领会教材、掌握教材和最终驾驭教材，是老师备课的一个关键性程序。在"通读"、"熟读"和"精度"的基础上，全面深入地分析教材。

（1）弄清教材编写的基本思路

中学《生物学》教材是以国家《基础教育课程改革纲要（试行）》为指导思想，以

《生物课程标准》为根本依据编写的,全面贯彻落实《标准》提出的课程理念:提高生物科学素养,面向全体学生,倡导探究性学习,注重与现实生活的联系。例如,义务教育课程标准实验教材《生物》(人教版)编写的基本思路和特点如下:

① 突破传统的学科体系,构建突出人与生物圈的知识体系;

② 安排了系列化、多样化的科学探究活动;

③ 注重科学方法教育;

④ 重视能力培养的梯度设计;

⑤ 注重对生物学概念和原理的理解,适当删减需要单纯记忆的知识;

⑥ 注意反映生物科学新进展;

⑦ 教学内容具有一定的开放性;

⑧ 文字表达力求通俗、准确和生动。

(2)熟悉教材内容的地位和作用

利用联系的观点、综合分析的方法,从整体到局部,分析教材所涉及的具体内容在整个教材体系中的地位和所起到的作用,以及前后知识的联系。每一项具体的教学内容都在学科体系和教材体系中占有一定的位置,熟悉每项教学内容的地位才能把握该项教学内容的教学价值,便于主次分明地处理教学内容。例如,高中《生物》(必修3)中"植物生命活动的调节"一节内容,在教材中,作为人体生命活动的调节、动物生命活动的调节和植物生命活动的调节中的一个主要部分,对于学生全面认识生命活动的调节这部分内容具有重要作用;也能为学生参加社会决策如参与评述植物激素的应用价值等奠定必要的知识基础;同时,这部分内容也是后续必修课程中"生态系统中的信息传递"和选修课程中"植物的组织培养"、"农业生产中的繁殖控制技术"、"现代生物技术在育种中的应用"等内容的学习基础。

(3)分析教材内容的逻辑系统

分析教材的逻辑系统就是老师要帮助学生理清知识之间的纵横关系,以及内容的逻辑结构与学生的认知结构之间的关系。分析教材一章、一节中有哪些新的知识点,搞清这些知识之间的内部联系,确定从学习起点达到终点目标的知识学习顺序;搞清新知识与原有知识的联系、与其他学科知识之间的联系,形成知识结构图。在教材处理时尽可能为学生提供一个完整的知识结构。

(4)把握教学的重点和难点

能否准确分析和把握教材内容的重点、难点和关键点,是决定教学成效的关键。在对教材内容进行深入分析、统观全局的基础上,确定教学重点。一节课的

"重点"就是本节课最主要、最本质、带有主导作用的关键性知识,它可以从概念、理论、法则、公式或方法中去找。在分析教材内容时,要根据具体内容的特点和学生的知识基础来确定教学难点。"难点"确定方法:知识抽象性较强,学生了解又少的;由于知识本身的隐蔽性较强,学生一时识破不了的;某些知识在使用上灵活度较大,学生不易掌握的;新知识与旧知识之间跨度较大,学生一时接受不了的;知识内容复杂,综合性较强的;知识内容较精湛,学生很难理解的等,都可以形成难点。

需要注意的是,教材重点不一定是教学难点,难点也不一定是重点,有时两者是统一的。另外,任何一节教材内容都有其重点,但却不一定有难点。

(5)分析教材中联系实际的因素

生物学与我们的日常生活、医疗保健、环境保护、经济活动等方面都密切相关。在中学生物学教学中,教师可以努力挖掘教材中联系实际的内容,将课本知识与学生生活实际联系起来,使内容更具实用性,更有利于学生对生物学核心知识和方法的理解,并将这些知识和方法运用到现实生活中,解决实际问题。让学生在现实生活中学习生物学,还有利于学生从被动的学习方式向主动获取知识的学习方式的转变,以及对生物学科价值的正确认识。分析教材联系实际的因素可从五方面入手:联系大自然实际,联系日常生活实际,联系农业生产实际,联系自身发育实际,联系社会问题实际。

(6)分析教材的情感、态度、价值观因素

分析教材中隐含的有关情感、态度、价值观因素,并最终落实到课堂教学中。情感因素包括对周围世界的好奇心、学习的兴趣、成功的喜悦、爱祖国、爱家乡、热爱大自然、珍惜生命、爱科学等。态度因素包括学习态度、科学态度、生活态度等。价值因素包括振兴祖国和改变祖国面貌的使命感与责任感、人与自然和谐发展的意识、人类共同发展的意识、对人类共同享有的自然环境的爱护意识、对环境及资源的保护意识和法制意识、主动参与社会决策的意识、辩证唯物主义自然观等。教材中的情感、态度、价值观因素广泛而深入地渗透在各部分知识中,具有分布零散且隐蔽性较强的特点,需要生物学教师深入思索、认真分析、不断挖掘,制定出明晰的情感教学目标,才能在课堂教学中加以发挥,渗透给学生。如教材生动的插图与版面设计,有趣的语言描述等,都与激发学生的学习兴趣、好奇心相关。我国古今科学成就能够激发学生的民族自豪感;我国资源、环境面临的危机,能够激发学生的民族责任感;科学史、科学家的故事和科学探究活动等内容,能够帮助学生理解科学的性质,养成科学态度和科学精神。

3. 备资料

为了更好地实现课程目标,变"教教材"为"用教材教"的教学观念,生物学教师在阅读《课标》和分析教材的基础上,还要广泛收集、阅读有关参考资料。了解当代生物科学发展的新成果以及人们关注的热点问题等,并从中选择适合于教学的材料补充在自己的教学中。生物学教学参考资料的收集主要包括:一要广泛收集并整理与教材配套的教参、教师教学用书、实验手册、各级教研组组织编写的备课参考资料等;二要广泛收集整理课时及单元、学期、学年、学段检测题,标明收录习题或试题的知识、能力考查点及编写意图;三要广泛收集并阅读生物学及其教学的有关报纸杂志,如《生物学通报》《生物学教学》等。另外,还要经常收集、阅读生物学专业及教育理论(如《教育学》、《心理学》、《生物学学科教学论》)等方面的书籍,不断丰富和更新自己的知识结构,改善教学策略,提高教学质量。

4. 备教法

"教无定法,贵在得法。"教法得当,教学效果可以事半功倍;反之,则事倍功半。备教法主要包括有序地组织教材、合理选择教学方法、设计课堂教学程序和确定教学措施等 4 个方面。

4.1 有序地组织教材

即把教材涉及的知识点重新分解组合,努力变成适合教师讲解、口语化的内容。中学生物教师在组织教材时,必须从宏观和微观两个方面掌握教科书的知识结构序列和题组序列(即不同层次水平的试题库),只有这样才能进一步增强教学过程的整体性和系统性。

4.2 合理选择教学方法

教师要遵循基本的教学原则,根据教材、学生、教师本身素质等特点选择最优的教学方法。"教学有法,而无定法"体现了教学方法的层次多样性和形式灵活性。教师备教法既要熟练掌握讲授法、谈话法、讨论法、实验法等常用的教学方法,更要转变教学理念,改革教法,根据学科特点实施自主学习、探究性学习、小组合作学习三种大力倡导的现代教学策略。

选择教学方法时应注意:① 要从教学内容、课型特点和学生的实际出发,从总体上把握被选教学方法与教学目标要求、教学重难点、教学过程的呈现顺序相适应;② 既要考虑教学对象的可接受性,又要考虑自己对被选教学方法的驾驭能力;③ 课堂教学效果与效率必须兼顾,力求统一起来;④ 必须把启发式教学思想作为教学方法的指导思想;⑤ 应恰当地选择和组合众多的教学方法。此外,在选定教学方法的同时,还要进一步深入地研究学生的学习策略,使学生由"要我学"过渡到"我要学"、"我会学"的境界。

4.3 设计课堂教学操作程序

设计课堂教学程序是备课的主要环节,它是教师在掌握了课时教学的立体知识结构、确定了课时教学的实施目标、明确了学生的前置认知结构和情感意志品质之后,设计的符合学生认知心理规律的教与学的操作程序。这种设计要以最大限度地发挥师生双方的主观能动性,全面实现课时教学目标为宗旨。下面列举几种常见生物学教学操作程序。

(1)"接受学习"教学模式的操作程序

① 组织教学;

② 复习旧知识;

③ 呈现新知识;

④ 促进新知识的理解;

⑤ 巩固小结及布置课外作业。

(2)"探究性学习"教学模式的操作程序

① 积极引导学生形成问题意识;

② 积极指导学生学会大胆而科学地假说;

③ 搜集资料制定实验方案并实施计划;

④ 分析数据和得出结论;

⑤ 交流和评价。

(3)"小组合作学习"教学模式的操作程序

① 确定课题,将教学目标具体化;

② 划分小组、安排座次、设计教学材料;

③ 明确小组任务、个人责任和成功标准;

④ 监控学生学习行为、点拨或辅导;

⑤ 提交小组学习结果;

⑥ 评价小组的学习和必要的讲解或总结。

4.4 确定教学措施

有效的教学措施是教学目标达成的必要条件。根据课堂中具体的教学事件确定相应的教学措施是备课的一个重要方面,是教学顺利进行的保障。下面列举了生物教学中常规教学事件以及需要确定的教学措施(表4-2)。

表 4 - 2　生物教学中常规教学事件

教学事件	需要确定的教学措施
课前学生应做的准备	是否需要？怎样布置？提出什么要求？
已学知识、技能	是否需要复习？用什么形式复习？
导言启动新课	设计什么样的导言？怎样表达？
内容的逻辑顺序	怎样安排？是否符合学生的认知规律？
知识间的衔接过渡	设计什么样的转折语言？以什么形式处理？
教学重点、难点	用什么方法突出重点、突破难点？
联系实际	联系哪方面的实际？举哪些例子？
教具	需要哪一种或几种？怎样选择和组合？何时使用哪种？
教师提问	设计什么样的问题？何时提问？提问后怎样处理？
学生质疑	是否给予了机会？可能提出些什么？能做些什么准备？
多边活动	怎样使学生参与？怎样组织师生、生生交往？怎样调控？
插入测验	何时进行教学反馈？怎样处理教学反馈信息？
能力培养和思想教育	有哪些考虑？采取什么措施？怎样渗透？
教学技巧	在哪些方面体现？怎样体现？
复习	复习什么？采用什么样的形式？
检测目标	采用什么样的方式？怎样根据达标度进行调整？
结课	设计什么样的结课语或结课形式？
教学时间	怎样进行时间分配？怎样提高有效学习时间？

确定教学措施应注意：① 具体的教学措施不仅仅描述的是教师的活动，而是描述教师与学生、学生与学生间的互动方案，教师的活动应该围绕学生的活动而展开；② 真正有效的措施是在教学实施的过程中完成的，因而教学措施的设计应该是动态设计，是多种措施的准备而不是一种措施的准备，是为在课堂上胸有成竹的应变做的准备。

5. 备实验材料及教具

生物学是一门实验性很强的学科，在教学中大力开展实验教学可以增强教学的主动性和直观性，是提高教学效果的不可缺少的教学手段。实验材料的获取途径有采集、收集、购置、种植、养殖、培养、替代等多种方式。许多生物实验要求使用新鲜的活体材料，因此只能在实验前的一定时间内采集、培养或购买。但是，生物教学中运用的实验材料,往往是有季节性、地域性的。这就要求教师平时要有计划地到野外采集一些与教学密切相关的动植物种类,制成浸制、干制和剥制标本;培养和饲养所采集的草履虫、水螅、鼠妇和蚯蚓等小动物;培养苔藓、藻类、花卉和农作物等,以供课堂教学或实验课所用。

生物学课堂教学的教学用具一般有标本、生物活体、挂图、模型、录像、幻灯片以及计算机多媒体课件等。直观教具有助于激发学生的学习兴趣,促进学生全面深入地理解和巩固教学内容。在开展直观教学过程中需要应用不同类别的直观教具。典型而有代表性的直观教具由教学仪器部门供应,但种类和数量都不能满足。因此,教师还应根据教学需要,利用简单的材料制作一些直观教具。

6. 备检测

检测的目的主要是获得教学活动的反馈信息,检测学生学会了什么、学到何种程度,判断教学是否达到了预定的教学目标,如果没达到,是什么原因,有没有加以调整的可能和必要。检测项目应该与教学目标相匹配。在教学进行中也要检测,使用恰当的方法检查学习结果。

第三节　教案的编写与范例

教案是教师在授课之前,为使教学活动科学有效地进行,根据课程标准和教材的要求,对课堂教学过程中涉及的各个要素进行详细设计的课堂教学计划书,也叫课时工作计划。

1. 教案的主要内容

教案一般包括教学课题、教学目标、教学重点难点、教学方法、教学用具、课时安排、板书设计、教学过程、教学后记或教学反思等。

1.1　教学课题

说明本课名称,一般用课本上的标题。

1.2　教学目标

从课程目标的三个维度来考虑教学目标的基本内容。使用行为动词,按照教学要求的不同层次(水平),分别从知识(认知)、技能和情感目标三方面陈述教学目标。

1.3　教学重点难点

教学重点要根据课程标准和该知识点在教材中的地位和作用来决定,关键性的知识、实验、技能或作为掌握后续知识必需的基本知识都可作为重点。教学难点一般是那些相对于学生来说抽象、深奥或陌生的知识，是学生学习过程中的主要障碍。

1.4 教学方法

说明教学过程中教与学的方法。根据教学目标、学习任务和学生实际，选择适当的教学方法，如直观教学法、讲授法、谈话法、讨论法等。

1.5 教学用具

有活的生物体、标本、模型、挂图、投影、电视、电脑等。

1.6 课时安排

说明需几个课时。

1.7 板书设计

板书设计或称板书提纲，即教学过程中黑板上要写的内容。要求目的明确、条理清楚、重点突出、图文配合、书写工整、字迹清楚、大小适中、板书量适当、编号前后一致等。

1.8 教学过程

教学过程体现教学的基本环节、教学内容、教学方法及时间分配等，是教案的主体部分。如教学的基本环节有组织教学、复习提问、引入新课、新课教学、巩固小结、布置作业等。教学内容应按知识的段落和逻辑关系写出要提问的问题、导入语、大小标题、演示实验的步骤及结果、概念和规律的内容及建立过程、公式图表、掌握概念和规律应注意的问题、例题、随堂练习、作业题目等。教学内容的编写要求语言精练，内容具体明确，逻辑性强，层次清楚，既不是简单的提纲，也不是繁琐的讲稿。教法运用栏应反映出完成相应的教学内容所选用的教学方法和策略，可注明复习旧知识、引出新问题、讲解、演示实验、出示挂图、指导观察、师生共同分析比较、提出问题、启发思考、讨论、学生回答、自问自答、只问不答、板书课题、板书、指导阅读、探索发现等，以反映师生教与学的动态过程。

1.9 教学后记

教学后记即教师对教学过程进行回顾总结后所做的笔记。对教学中成功的作法和失败的原因进行分析记录；对学生在课堂上的反映和学习中的问题、困难所在进行记录；记录学生对教学工作的有益见解；对教师本人的课后体会、再教设计进行记录，为教育科研打基础。用以记录教课中的激情灵感，包括教案的实施情况、心得体会、存在的问题、经验教训以及改进的设想等。

2. 教案的格式

2.1 讲稿式（详案）

把教学内容和教学过程以文稿的形式书写出来的教案，是目前使用较普遍的一种教案形式。它把教学的每一个细节甚至课堂上老师所讲的每一句话都详尽地书写出来，能使人详细地了解教学内容和教学过程。但是，这类教案把教学方法和教学设想暗含在教学内容之中，使人不能直接看出教师是如何处理教材、如何选择教学过程的，不利于教师教学经验的总结和教学交流。

2.2 板书提纲式（简案）

把教学内容以提纲的形式按顺序书写出来的教案，其中大部分是板书内容。特点是内容简明扼要，层次清楚。但是，这类教案过于简单，除了教学的纲目和顺序之外，看不出教师和学生的行为，看不出教学方法的安排及对教材的处理。这种教案适于有经验的教师。

2.3 方法说明式

方法说明式的教案是在讲稿式的基础上加入说明性的文字，即在叙述教学内容时，对处理某段教学内容的思路和选择教学方法的构想进行备注式的说明。使人既了解了教学内容和教学过程，又理解了教材处理和方法选择的思路。

2.4 对话式

把教师的行为和学生的行为以对话的形式书写出来的一种教案形式。优点是能够看清教师和学生在课堂活动中的行为。缺点是不能反映教师处理教材、选择教学方法的思路，不能体现教学内容的层次，不利于教师在课堂上的应变。

2.5 流程式

把教学过程的每一步、教师与学生活动的顺序和方式用流程图和符号的形式表示出来的一种教案形式。

3. 编写教案

经过一系列准备之后，教师可着手撰写教案。教案的格式多种多样，没有统一的要求。每位教师的教案具有明显的个性化倾向，这主要取决于个人的经验、习惯做法、学习活动的性质和对教案的管理要求。

4. 教案运用的方法

（1）教案只能作为教师活动的指南，而不能拘泥于教案，要根据课堂实际发生的教学事件灵活调整使用。

（2）教师在教学之前，要把教案细心研究一番，想象教学活动的过程和要求，直到完全掌握为止。教学时,教案可放在桌上,以备遗忘时翻阅,但查阅时也只能很快地一瞥,切忌注视教案,以致教态呆板,更不可时时翻阅教案,分散学生的注意力。

（3）教案应该加以保存,以备下次再用时,可以根据自己的经验、别人的批评和建议以及现有学生的能力等加以修改。

5. 教案范例

教学课题　生物膜的流动镶嵌模型

一、教学目标

1. 知识目标

① 举例说明生物膜具有流动性的特点。

② 简述生物膜的流动镶嵌模型的基本内容。

2. 技能目标

① 通过分析科学家建立生物膜模型的过程,阐述科学发现的一般规律。

② 分析科学家建立生物膜模型的过程,领悟科学的过程和方法。

③ 发挥空间想象力,在头脑中构建细胞膜的空间立体结构。

3. 情感目标

① 生物膜结构的研究是立足于生物膜所具有的功能特点开展的,确立生物体结构与功能相适应的辩证唯物主义自然观。

② 体会假说的提出要有实验和观察的依据,需要有严谨的推理和大胆的想象,并通过实验进一步验证。

③ 认同实验技术手段的进步在促进科学的发展中的作用,形成正确的科学价值观。

二、教学重点和难点

1. 教学重点:科学家对生物膜结构的探索历程,流动镶嵌模型的基本内容。

2. 教学难点:探讨建立生物膜模型的过程如何体现结构与功能相适应的观点。

三、教学方法

采用教师设计一系列问题并配合演示多媒体课件和展示挂图,引导学生观察、分析、比较及讨论,最后师生共同归纳总结的教学方法。

四、教学用具

1. 与生物膜结构探索过程相关的科学家图片及其实验图片。

2. 生物膜流动镶嵌模型的多媒体演示课件。

五、课时安排:1课时

六、板书设计

生物膜的流动镶嵌模型

（湖南省永顺县第二中学　鲁云）

（一）对生物膜结构的探索历程

1. 19世纪末,欧文顿提出:膜是由脂质组成的。

2. 20世纪初,对膜进行化学分析:膜是由脂质和蛋白质组成的。

3. 1925年荷兰科学家提出:膜中的脂质分子排列为连续的两层。

4. 1959年罗伯特森提出:膜的静态结构(单位膜模型)。

5. 1970年费雷和埃迪登提出:膜具有流动性。

6. 1972年桑格和尼克森提出:流动镶嵌模型。

（二）流动镶嵌模型的基本内容

1. 膜的成分:主要成分为蛋白质和脂质。

2. 膜的基本支架:磷脂双分子层。

3. 膜的结构特点:流动性。

4. 膜的功能特点:选择透过性。

七、教学过程

以"问题探讨"引入,学生思考、讨论并回答问题,教师提示。

【教师】提示:① 三种材料(塑料袋、普通布和弹力布)比较,弹力布更能体现细胞膜的柔变性和一定的通透性,相对好一些。当然,这几种材料的特点与真实的细胞膜之间还有不小的差距;② 有条件的话,使用微孔塑胶或利用激光给气球打上微孔都可以作为模型的细胞膜。使用透析袋也可以。如果制作临时使用的模型,利用猪或其他动物的膀胱做细胞膜是更加理想的材料。

再以"本节聚焦"问题引导学生的思考。

【板书】一、对生物膜结构的探究历程

【教师】那细胞膜的组成成分是什么呢?（引出下面的内容）

【学生】学生分析资料1,并进行思考。

资料1:欧文顿的实验,时间为19世纪末。

实验:欧文顿用500多种化学物质对植物细胞的通透性进行上万次实验。（课件展示示意图）

发现问题:细胞膜对不同物质的通透性不同。（是从生理功能上入手研究的）

〖教师〗通过资料分析,能得出什么样的结论或假说呢?

〖学生〗膜是由脂质组成的。

〖教师〗那在推理的基础上有没有必要对膜的化学成分进行提取、分离和鉴定呢?

〖学生〗有必要,通过鉴定能更准确地说明问题。

〖教师〗那为什么一开始不直接对膜成分进行提取、分离和鉴定呢?

〖学生〗当时的技术不能实现。

〖教师〗是的,这说明技术对科学研究的重要作用。直至 20 世纪初,科学家才首次将细胞膜从哺乳动物红细胞中分离、提取出来。请见资料 2。（课件展示资料 2 的内容）

〖教师〗可以得出什么结论?

〖学生〗……

〖教师〗总结:化学分析表明,膜的主要成分是脂质和蛋白质,从而以实验说明了欧文顿的假说是成立的。也就是说假说是在实验的基础上提出来的,同时又需要更进一步的实验来证明。

〖问题〗清楚了膜的组成,那么脂质（主要是磷脂）和蛋白质是通过什么样的排列方式参与膜的构建的?

〖教师〗请先让学生看资料 3,然后思考讨论,并请学生在黑板上画出磷脂分子的结构。（课件展示资料 3 及磷脂分子的结构示意图内容）

〖教师〗对学生所画磷脂分子结构图进行评价。课件展示资料 3 及磷脂分子的结构示意图,讲解后提问:如果在当时,你测得单分子的磷脂分子的面积恰好为红细胞表面积的 2 倍,此时大胆的展开你的想象力,你能得出什么样的结论或假说?

〖学生〗细胞膜中的磷脂分子是双层的。

〖教师〗很好。科学家得出的假说:细胞膜中的脂质（主要是磷脂）分子排列必然为连续的两层。所以说明你们也是具有了一点科学家的思维能力了,假说的提出不仅需要有试验的基础,同时还需要有严谨的推理和大胆的想象力。

〖教师〗那蛋白质和磷脂的位置关系如何呢?（展示资料 4 及课本图 4-4）通过此资料又能提出什么样的假说呢?

〖学生〗得出"蛋白质—脂质—蛋白质"三明治模型。

〖教师〗是的。并且当时科学家认为:① 所有膜结构都相同;② 静态的结构。

〖教师〗既然是那样的,有人就提出:那怎么解释质壁分离和质壁分离复原,变形虫的变形运动等现象呢?(用图片展示,激发学生的学习兴趣)并且有科学家后来通过"冷冻蚀刻电子显微法"否决了细胞膜的三明治模型,并怀疑细胞膜结构不是静止的。

〖教师〗提问:那有什么证据证明细胞膜的结构不是静态的呢?(展示课本图4-5)

〖学生〗通过分析,得出结论:细胞膜具有流动性。

〖教师〗在新的观察和实验证据的基础上,1972年桑格和尼克森提出了生物膜的流动镶嵌模型。

〖教师〗分析生物模型的建立过程,你受到什么启示?引导学生开展讨论。[这里也可以介绍一下2003年度诺贝尔化学奖授予两名研究细胞膜的美国科学家阿格雷(Peter Agre)和麦金荣(Roderick MacKinnon),并指出人类对自然界的认识永无止境,对膜的研究将更加深入。]

〖学生〗答:① 科学研究依赖技术的进步;② 科学的发现过程不是一帆风顺的,往往是在继承的基础上不断验证、修正和完善发展的;③ 科学研究是在实验和观察的基础上,通过推理和想象提出假说,再验证的过程。

〖教师〗那流动镶嵌模型的基本内容有哪些呢?

〖板书〗二、流动镶嵌模型的基本内容

(边看图边分析,穿插一幅动态的细胞膜流动镶嵌模型)

〖学生〗讨论后得出结论:① 磷脂双分子层构成膜的基本支架(具有流动性,磷脂双分子层的运动有多种形式);② 蛋白质有的镶嵌在磷脂双分子层表面,有的部分或全部嵌入磷脂双分子层中,有的横跨整个磷脂双分子层(大多数蛋白质具有流动性);③ 细胞膜外表,有一层由细胞膜上的蛋白质与糖类结合形成的糖蛋白或糖被。

〖教师〗提问:结合以前的知识,说说生物膜的结构、功能特点是什么?

〖学生〗膜的结构特点:流动性;膜的功能特点:选择透过性。

〖教师〗总结、评价。

教学小结:用课件展示生物膜的结构和功能的概念图,对这节课的知识内容进行归纳总结。

八、作业布置(略)

九、教学反思

本节课的教学内容主要包括两大部分:1. 科学家对细胞膜结构的探索历程;

2. 生物膜的流动镶嵌模型的基本内容。通过设计一连串的环环相扣的问题以及应用多媒体课件展示相关的图片,引导学生分析、思考,并开展讨论,最后总结出科学发现的一般规律及流动镶嵌模型的基本内容。该教学措施激活了学生原有的知识和经验,引起学生对新知识的学习兴趣和探究欲望。最后通过老师的归纳总结,学生很好地完成了本节课的教学任务,获得了良好的教学效果。

在教学过程中运用了多媒体的教学手段,课前资料和图片的收集及处理对教学的成败起到关键的作用。总之,备好课是上好课的前提条件。

【思考题】

1. 说出备课的主要内容和程序。

2. 编写一节课的教案。

【参考文献】

1. 周美珍,郑鸿霖,张代芬. 中学生物学教学法[M]. 北京：高等教育出版社,1991

2. 汪忠. 新编生物学教学法[M]. 兰州：兰州大学出版社,1994

3. 汪忠. 生物新课程教学论[M]. 北京：高等教育出版社,2003

4. 刘恩山. 中学生物学教学论[M]. 北京：高等教育出版社,2003

5. 中华人民共和国教育部制定. 普通高中生物课程标准(实验)[M]. 北京：高等教育出版社,2003

6. 王永胜. 生物新课程教学设计与案例[M]. 北京：高等教育出版社,2003

7. 陈继贞,张祥沛,曹道平. 生物学教学论[M]. 北京：科学出版社,2003

8. 汪忠. 生物新课程教学论[M]. 北京：高等教育出版社,2003

9. 张海珠,毕润成. 生物学教学设计论[M]. 北京：科学出版社,2004

10. 汪忠. 生物学课堂教学技能训练[M]. 上海：华东师范大学出版社,2008

11. 段鸣. 教师备课结构中的六大要素[J]. 文教资料,2008,26：106—107

12. 贾荣固. 教材分析与处理策略(下)[J]. 辽宁教育,1999,6：27—28

13. 曹海宾. 浅谈对实习支教学生教学设计的指导[J]. 中国科教创新导刊,2008,23：127

14. 吕宪军,王延玲. 新课程标准和教材的分析与把握[J]. 中国教育学刊,2004,2：33—36

第五章　中学生物学教学的测量与评价

第一节　教学测量与评价概述

教学(instruction)是教师和学生一起参与的一种活动过程。教师依照预定的教学目标,运用各种方法,循序渐进,希望学生的身心行为能够随着教学的进展而有所改变,达到既定的教学目标。然而,要知道教学结果是否达到预期的目标,就必须针对教学效果实施客观、全面、正确的评价。因此,教学测量与评价是教学过程中重要的一环。

1. 教学测量与评价的概念

教学测量(educational measurement)是针对学校教学影响下的学生各方面的发展,侧重从量的规定性上予以确定和描述的过程。它是针对学生在德、智、体、美、劳以及个性、心理素质等方面的测量。教学测量所关注的是教学效果,即教与学双方共同作用的结果;它反映的是教和学两方面的信息。

教学评价(educational evaluation)是指按照一定的价值标准和教学目标,利用测量和非测量的方法,系统地收集资料信息,对学生的发展变化以及影响学生发展变化的各种因素进行价值分析和判断,并为教学决策提供依据的过程。

从上面的对教学测量和教学评价的定义,我们可以看出两者之间既相互联系又有区别。它们的区别有三点:第一,教学测量是对教学和课程的定量描述,所关心的是数量的多少,而教学评价是一种定性描述,所关心的是价值的高低;第二,教学测量是一种纯客观的过程,教学评价则带有主观性,是客观测量与主观估计的统一;第三,教学测量是一种单一的活动,教学评价则是一种综合的活动,教学评价比教学测量所包含的内容要广泛。

教学测量与教学评价又是相互联系的。教学测量是教学评价的依据,教学评价是教学测量的目的;教学测量是教学评价获得数据资料的重要手段,教学评价要基于教学测量的数据给予正确的价值判断。事实上,将教学测量与教学评价两种活动截然分开是非常困难的,教学评价也不一定非得以教学测量为基础才能进行。在一些情况下,教学测量与教学评价是同义的,许多教学测量本身就含有价值判断的作用。因此,教学测量和教学评价是密不可分的。有些书中就直接用教学评价来代替两者的内涵。

2. 教学测量与评价的目的

一般而言,教学测量与评价的目的主要有下列几项。

2.1　了解学生起始状态,合理配置学生

教学测量与评价是以教学目标为导向的。在教学之前进行评价,目的是为教师了解学生的起点状况,规划教学活动。在教学之前,教师可以运用成就测验分析学生的学习起点行为或已具备的知识背景来制订教学计划。教学之后,教师可以根据评价结果了解学生是否具备学习下一个新单元的能力,以便配置学生在适当程度的班级里学习。

2.2　调整教学进度,达成教学目标

根据教学目标规划课程进度与步骤,选择适当的教材教法后,教师便开始进行教学。在执行一段时间后,教师可以通过教学测量与评价所获得的反馈信息得知预期的教学目标是否达到、教学方法或教学策略是否存在缺陷,从而进一步检查教学过程中的每项活动,包括教学目标、教学方法、教学材料、教材组织等是否适当。教师可以利用教学测量与评价的反馈信息,随时调整教学的进度,改进教学不足。

2.3　了解学生问题,促进学生学习

教学测量与评价所提供的反馈信息,可以帮助教师明白不同学生的学习类型及学习困难所在,进而采取适当的补救措施。当教师就教学评价结果和学生一起讨论时,教师可以获得诊断学习困难的线索,以便决定采取何种补救措施;学生也可以借此进行自我评价,以帮助了解自己在学习上的优点和不足,做出恰当的自我评价,从而做出最佳的学习计划,采取最佳的学习策略,促进其学习的进步。

2.4　评定学习成就,报告学业成绩

教师除了利用教学评价结果来了解学生的学习起点行为、诊断学习困难,并适时调整教学方法外,也可以将学生的学习表现予以等级评定,并将评定的结果作为学生学习成就的代表,向家长及学生提出学业成绩报告单,同时作为学校奖励或惩处的依据。

3. 教学测量与评价的内容

客观恰当地选择测量评价内容不仅可以有效评价教学效果,而且可为被测量评价的客体反馈信息,使其利用这些信息,对原来的教学设计作出必要的、及时的调整;也可以供被测量评价群体参考,进而产生良好的激励效应。同时,为测量评价主体确定教师评优、职称晋级等提供依据,也可以为教学改革提供有价值的信息。然而,影响教学质量的因素很多,测评既不能面面俱到、不分主次,也不能以点代面、以偏概全。

3.1 对教师测评的内容

(1)职业道德和专业修养情况

良好的职业道德和专业修养是教师教书育人的必要前提。因此,应着重对教师的爱岗敬业精神、严谨治学态度、课程驾驭能力、实践操作能力、语言表达能力以及和谐的人格魅力等进行测量评价。

(2)贯彻执行教学大纲情况

教学大纲是以"纲"的形式制定的教学指导文件,只有认真贯彻执行教学大纲,才能使教师的教和学生的学达到规定的要求。因此,测量评价内容必须包括是否完成教学大纲中规定的全部内容,是否达到大纲要求的水准。

(3)教学内容的科学性

我国教材建设相对落后,教材中的有些内容是过时的知识。因此,教师在教学过程中,必须对教材中的内容进行选择性的讲解,而不是照本宣科。要测量评价教师能否能动地驾驭教材,创造性地使用教材,科学阐述重点,合理拆分难点。同时,重视教学内容的文化内涵,体现科学性、人文性和社会性的融合。

(4)教学设计的合理性

测评教师能否用巧妙的设计和灵活的方法为学生提供主动参与学习、合作学习和自主学习的时间和空间,创设具有挑战性的形式和方法,营造能够激发学生学习兴趣和求知欲望的氛围,培养学生由学会知识提升为学会学习的能力。

(5)教学目标的明确度

测评教学目标确定得是否全面、妥当、明确、具体,教师和学生的教学互动能否紧紧围绕教学目标进行,目标任务是否能够完成。

(6)个性能力的培养的注重情况

测评教师是否理解和尊重学生的个体差异和发展权利,对学生个性差异的诱导和个性能力的培养有无创造性,是否做到因材施教,使每一位学生都在自己的最大发展潜能上获得成功。

3.2 对学生测评的内容

（1）学生的背景、性格和学习兴趣

对于这方面的测评可以通过配置性评价来完成，如性向测验、综合入学测验等。

（2）学生的学习困难

可以通过在教学过程中的课堂提问、平时测验等来获得。

（3）学生的学习进展和成就

通过各级学校目前举行的年段考试、期中考试或学期末举行的期末考试来测评。

（4）课堂及课外表现

主要内容为使用多种工具或形式，测评学生在实际情景下应用知识的能力，以及在情感态度和动作技能领域的学习成就。

对测量结果进行分析给出结论，目的是促进教学质量的提高和学生学习的进步。

4. 教学测量与评价的类型

从不同角度，教学测评的方法很多，可以根据多种方法分类。

4.1 从施测时所使用的工具和形式来分

一般而言，根据实施评价时所使用的工具和形式来分，可以把教学评价归纳为"纸笔测验"（paper-and-pencil test）和"表现性评价"（performance assessment）两种。

（1）纸笔测验

纸笔测验是指书面形式的测验工具，主要侧重于评定学生在学科知识方面学习成就的高低或在认知能力方面发展强弱的一种评价方式。这类评价方式包括：传统的考试、教师自编成就测验以及标准化成就测验或其他作为教学评价辅助工具用的各种心理测验等。其共同特征是都使用纸质的测验卷来呈现要学生回答的试题，并要求学生以各种书写工具在该测验卷上填写答案，因此被称为纸笔测验。虽然，目前把计算机和互联网技术应用到教育测验的施测方式中，但是，测验学者仍将这种类型的评价方式称为纸笔测验，这种评价方式在目前教学评价中仍然占主流地位。又因为这种测验是以文字来表现测评内容，学生也用文字作答，因此，有些学者也将其称为"文字测验"。

（2）表现性评价

这是指使用多种工具或形式，评定学生在实际情景下应用知识的能力，以及在情感态度和动作技能领域学习成就的一种评价方式。这类评价工具或形式多样，主要包括：观察与轶事记录、表演、作品、评定量表、检核表、档案袋、社交测量或投射测验等。由于这类评价方式需要实际观察和记录学生在真实或仿真的施测情境中的实际表现，或根据学生实际表现行为的过程或最后的成果作品来进行评定，因此被称为表现性评价。这类评价需要学生通过指认、手工操作提供答案，而不是主要依靠文字作答，因此，也称"非文字测验"、"操作测验"和"表现评价"等。目前，国际科学教育已逐渐重视学生的表现性评价，以弥补传统纸笔测验的不足。近年来，我国的教育改革也逐渐强调多元能力及多元评价的重要性，因此，表现性评价也日益受到重视。

4.2　从测评的时间与目的来分

（1）配置性评价（placement evaluation）

这是在了解学生的背景、性格和学习兴趣时使用的一种评价，以便根据学生的不同情况安排适当的学习过程、施予适当的教学和辅导，如性向测验、综合入学测验等。

（2）诊断性评价（diagnostic evaluation）

这是在各学年、各学期或某一教学阶段开始或结束前进行的预测性、摸底性的测量与评价。这类评价旨在发掘、鉴定学生的学习困难或教学不足，供调整教学方案参考，如在教学过程中的课堂提问、平时测验等。

（3）形成性评价（formative evaluation）

这是学习中的测量与评价。这类评价旨在了解学生的学习进展状况以及教学的可能缺失，作为调整课程、改进教学和学习的依据，如各级学校目前举行的年段考试、期中考试等。

（4）终结性评价（summative evaluation）

这是教学结束后的测量与评价。这类评价旨在评定学习的进展和成就，作为成绩报告或教学决策的参考，如各级学校在学期末举行的期末考试。

4.3　从教学测评的参照标准来分

（1）标准参照测量与评价（criterion-referenced assessment）

标准参照测量与评价又称绝对评价，是以既定的课程目标、教学目标为评价标准，衡量学生在多大程度上达到了该标准。这种测量与评价的标准就是"目标"，所以也常称为目标参照测量与评价,它所关心的是学生达标的程度。学校内的教学评价多属此类评价。

（2）常模参照测量与评价（norm-referenced assessment）

常模参照测量与评价又称相对评价,是以被测评的团体的平均状况作为评价标准,以评价学生在团体中的相对位置的一种测量与评价。常模参照所评价的重心在于学生个体之间的比较。因此,它适用竞争性的选拔考试,例如全国高考和国家公务员考试等,均属此类评价。

第二节　生物学课堂教学的评价

课堂教学的评价是按照一定的标准,对所实施的课堂教学行为进行测量和评价,比较并分析通过课堂教学活动所达到教学目标程度的过程。它是为促进学生学习、改善教师教学而实施的,对学生的学习过程与结果、教师的教学所进行的测量和评价。而生物学课堂教学评价既是教学工作的一个组成部分,也是生物学教育测量与评价的一个重要环节。对生物学课堂教学的评价涉及教的质量、学的质量、内容的质量及媒体的质量等多个方面。因此,在实际实施过程中,对教师、学生所进行的测量和评价之间相互有所包含,特别是在进行教师课堂教学工作的测量和评价中,通常也会包含对学生学习结果的测量和评价。

生物学课堂教学的评价强调生物学教师对自己教学行为的分析与反思,建立以教师自评为主,校长、教师、学生、家长共同参与的评价制度,使教师从多种渠道获得信息,不断提高教学水平和教育质量。

1. 生物学课堂教学评价的基本问题

1.1　课堂教学评价的定义

课堂教学评价是对教师的课堂教学所进行的评价,主要是对教师课堂教学的行为及其效果所进行的价值判断。而广义的课堂教学评价通常有过程和结果、教师和学生两个方面的维度。有关学生和教学结果的评价在第三节进行叙述,在这里,我们的课堂教学评价主要是针对教师的课堂教学过程进行的评价。对教师的课堂教学评价通常从三个方面进行:一是对教学过程进行评价,主要是对教学过程的构成要素,如教师、学生、教学方法和教学环境等进行评价;二是对学生活动进行评价,这种评价则是以学生的心理发展为评价中心,要求对学生在课堂教学中是否得到了认知、情感、动作技能等的发展和进步进行评价,它以学生在课堂上的行为表现作为基础,是通过学生在课堂上的行为表现来推测其可能的收获;三是对教学效果进行评价,它通常是在教学结束之后通过考试等测量手段对学生学习的进步状况所进行的评价。

在这三种评价方式中,第三种方式往往同学生评价相联系,而且是学生评价的重点,将在后面的章节中进行详细的阐述;第二种评价方法目前尚处在探索阶段,在此不做过多阐述;而教学过程评价则是目前采用较多的评价方式,也是相对较为成熟的教师课堂教学评价,下面我们就这方面的内容进行主要探讨。

1.2 生物学课堂教学评价的意义

对生物学课堂教学进行评价旨在研究如何形成课堂教学的合理结构,使课堂教学高效化。对课堂教学的全过程及其教学效果做出正确的判断和科学的结论,可以达到及时调整教学,采取有效的措施加强教学的薄弱环节,提高课堂教学质量的目的。简要地讲,生物课堂教学评价的意义可概括为以下几点。

（1）促进生物学课堂教学改革

我国第八次基础教育课程改革强调校本教研,校本教研的具体形式就是课例研讨。通过课例研讨,评价课堂教学,促使生物学教师自我反思、同伴互助、专业引领,有针对性地深入研究教学过程中的问题,使教学过程最优化。校本教研的有效开展,课堂教学的科学、公平和全面的评价,是推动和深化基础教育课程改革、巩固改革成果的重要基础。

（2）加强教师间的交流

课堂教学评价不仅能够有效地评析教师课堂教学的状况和优缺点,还可以使教师在相互听课、评课活动中增进了解,互相学习,促进教学。生物学教师通过互相听课、评课不仅可以了解自己和其他教师课堂教学的实际情况,做到相互学习和交流,取长补短,共同提高,而且可以促进人际关系的和谐,有助于营造合作、互助的教研氛围,有利于中青年生物学教师的成长,有利于生物学骨干教师的培养。

（3）促进教师专业发展

对于教师而言,课堂教学水平和能力是教师立足的基点,如何有效提高教师的教学水平与能力是教师教育最重要的课题之一。课堂教学评价正好为教师提供一个了解自身教学状况的窗口,使其明了自己教学中存在的问题和今后需要改进的地方,为教师的专业发展提供一个很好的平台。

（4）促进课堂教学达标

课堂教学评价标准既是课堂教学的目标,又是课堂教学质量的保障,同时也是评价课堂教学的依据。听课和评课的过程,实际上就是依据课堂教学标准进行评价的过程,此过程能够促使教师明确自己教学的优势和不足,从而在今后的备课和课堂教学中扬长避短,努力达到课堂教学评价标准的要求。

(5)利于学校管理

课堂教学评价是教师工作评价的重要组成部分,也是学校评价体系的核心内容。通过开展科学有效的课堂教学评价,能够有效地鉴定教师的教学态度、教学质量、工作能力、业务水平等,使学校的管理工作更系统化、决策更科学化。

2. 生物学课堂教学评价的方法

生物学课堂教学评价的方法,总的来说有定性和定量两种不同的方法。在实践中,教育工作者常常采用定性与定量相结合的方法。课堂教学评价的具体方法有很多,在教学实践中比较常用的有分析法、调查法、综合量表评价法、课堂观测法等。

2.1 分析法

分析法是指通过对课堂教学的有关方面进行定性分析进而评价其质量优劣的方法。评价人员运用分析法评价课堂教学的依据主要是其学识和经验,没有明确具体的评价指标和评价标准,评价结果以定性描述为主。分析法可用于自评,也可用于他评。生物学教师在课后对自己的课堂教学进行分析,找出自己教学的优势和不足,这对改进自身的教学工作、提高教学水平具有积极的作用。学校领导和其他教师也可运用分析法对生物学课堂教学进行评价,在观摩课堂教学活动后,凭借自己对教学目的、教学原理的理解和积累的教学经验,分析其成功之处和薄弱环节。该法优点:简便易行,能突出主要问题和主要特征;缺点:标准不够明确,受主观因素影响大、规范性差。

2.2 调查法

调查也是一种非常重要的获取课堂教学评价信息的手段,主要有座谈和问卷调查两种方式。座谈是指召集有关教师和学生举行专门会议,询问某教师的课堂教学情况,了解人们对其教学质量的意见,最后对其教学质量给予评价。问卷调查是通过设计专门的调查问卷,向相关人员发放问卷进行调查,收集处理问卷上的有关数据,最后对教师的教学质量做出定性或定量的评价。不同的调查方法所适于收集的评价资料是不同的,因此在实践中,可以根据不同的评价内容选用不同的调查方法。

2.3　综合量表评价法

综合量表评价是一种比较精细的数量化的评价方法,它是指通过编制评价量表来完成课堂教学评价。在课堂教学评价中使用量表评价法时,量表中的指标或指标体系是评价的基础。指标是指具体的、行为化的、可测量或可观察的评价内容,即根据可测或可观察的要求而确定的评价内容。其主要流程为:首先,要编制专门的课堂教学质量评价表、各项指标的权重和各项指标评分标准;其次,评价主体以听课为基础在课堂教学质量评价表上进行评价,评价人员依据自己对评分标准的理解,独立地在每个项目上对教师的课堂教学给予一定的等级或分数;最后,汇总所有的课堂教学质量评价表,运用一定的统计方法对所有数据进行分析处理,得出每个评价对象的总得分或等级。此法注重对课堂教学活动的具体分解,评价指标较具体;注重量化处理,结果比较准确;注重标准的一致性。该法也存在两个问题:一是确定项目和权重的依据是否合理的问题;二是客观、公正的问题,因为评价人员对标准的理解会因人而异。

2.4　课堂观察法

课堂观察是研究者带着明确的目的,凭借自身感官及有关辅助工具(观察表、录音录像设备),直接(或间接)从课堂上收集资料,并依据资料做相应研究。课堂观察是搜集资料、分析教学实施的有效性、了解教学与学习行为的基本途径。

课堂观察的内容包括:师生沟通方式,教师提问的问题类型和次数以及学生对问题的反应,教学过程的开放性和探索性,教室的空间布局、班级规模等因素对学生认知、情感、态度和行为的影响。

课堂观察的技术方法和手段主要有:随堂听课、课堂教学录像、录音,座位表法,提问技巧水平检核表,弗兰德斯语言互动分类表,学习效果的后测分析等。该法的详细实施过程将在下面叙述。

3. 生物学课堂教学评价的实施过程

生物学课堂教学评价的方法很多,但课堂观测法是课堂教学评价最常用、最基本的方法,而其他方法不单独使用,而是作为课堂观察的补充。下面以该法为例介绍生物学课堂教学评价的实施过程,一般来讲,可以分为四个阶段。

3.1　准备工作

(1)了解授课教师的教学进度和教学内容

在上课之前,要了解师生所用的教材是哪个版本,目前进度以及所听课的内容的章节等基本情况。

（2）熟悉课程标准

生物学课程标准是教材编写的依据，也是教学和评价的依据，要明确课程标准对教学内容的具体要求及活动建议。熟悉课程标准必须在听课前进行。

（3）确定听课的重点

要对某一教师的课堂教学进行评价，需要在课前确定听课的重点。重点的确定，可以根据评价对象的意见，也可根据评价者对评价对象的了解来确定听课重点。但每次听课重点不宜过多，最多不要超过三个。

（4）设计听课记录表和评价表

听课记录表和评价表都要有比较全面的表头，包括学校、班级、教师的基本情况、课题、日期等。听课记录表可以设计为左右两栏，左栏记录教学过程，右栏记录板书或投影。课堂教学评价表可以根据评价指标、评价标准自行设计，也可以运用现成的评价(量)表。

（5）了解学生和教师的基本情况

学生的基本情况包括学生对生物学课程的学习兴趣、生物学成绩的整体水平、学生之间的差异等。教师的基本情况包括教师的学历、所学专业、教学经历、培训经历等。上述基本情况可以通过课前对教师和学生的访谈获得，有些内容也可用问卷的方式获得，例如学生对生物学课程的学习兴趣等相关的内容。

3.2　课堂观察和记录

在上课之前，评价人员进入教室，坐在教室的后面或角落，以减少对任课教师的心理和学生听课视线的干扰。讲课开始，评价人员即进入记录状态，将教师和学生的语言、行为、活动转换的时间记录下来。课堂观察的内容包括教学内容、教学方法、教学效果、课堂环境、课堂教学条件和课堂气氛等。在观察过程中，评价者应对拟定的重点问题不放过任何一个细节，保持高度的敏感，并对这些行为进行及时的记录和分析。记录可采用两种方式：一是利用事先选择或研制的观察工具进行记录，如弗兰德斯的相互作用分析系统等；二是描述记录法，它需要对课堂中的语言和非语言都进行记录，描述记录要求记录时应尽可能把看到的和听到的所有内容都完整地记录下来，即进行课堂教学实录。课堂记录是评价信息的重要来源之一，在课堂教学评价中占有非常重要的地位，尤其在传统课堂教学评价中的作用尤显重要。

3.3　整理课堂记录

整理课堂记录主要有两个任务：一是理清课堂教学的结构和思路，听课结束后,评价者重新看一遍课堂记录,对课堂教学的过程和思路再次进行梳理,有利于对教师的教学设计和结构安排做出统筹考虑和评价;二是把重要的细节补充完整,由于听课时间的限制,来不及把细节记录下来,听课结束后及时整理,把听课时所记的提示性的关键词补充完整。在生物学课堂教学评价中,常常采用评价表的方式,让评价者给每个指标按标准打分,或者把指标分为优、良、中、合格、不合格等几个等级。评价表的总分等于各项目分数之和,多人评价时,取其平均值。这种评价表中的指标及结果简洁明了,是课堂教学定量评价很好的补充。

3.4 评价结果的反馈

课堂教学评价结果的反馈要及时,还要根据不同对象和不同条件采取不同的反馈方式。一般来说,对教师的评价结果的反馈主要以课后讨论的形式出现,其主要方法就是面谈。面谈包括以下几个方面:

(1)明确面谈的目的,消除被评价者的顾虑,让其畅所欲言;

(2)让被评价者阐述本节课的总体安排、设想及其实现的程度,并对照评价标准进行自我评价;

(3)评价者根据听课记录指出这节课的优势和不足,依据评价标准进行初步的评价;

(4)在被评价者对评价者所做的评价和建议基础上,二者就双方存在分歧的问题进行讨论;

(5)双方达成共识后,提出对以后课堂教学的要求。

通过课堂教学评价的反馈信息使教师认识到自己在教学方面的缺点和不足,评价者对其不足和缺点提出自己的见解和建议,让教师反省和改进,从而提高课堂教学的质量,促进教师的成长。

第三节 学生学业成绩的测量与评价

学业成绩测量同其他种类教育测量一样,一般是间接性测量,通过学生对测验内容的反应和行为表现来分析、判断,间接地获知他们的学习情况。根据实施评价时所使用的工具和形式不同,可以把教学评价归纳为"纸笔测验"和"表现性评价"两种。下面就这两种方式分别进行详细叙述。

1. 纸笔测验

在纸笔测验中,编制测验试题是一项非常重要的工作。因为高质量测验试题才能够测量出教学成效和学习成就;低质量测验试题无法测出应有的教学成效和学习水准。因此,编制高质量的测验试题在学生成就测验中尤显重要。要想编制出这样的测验试题,那就需要编制试题的教师对测验试题的编制(test construction)原理、原则和技术十分熟悉。

1.1 生物学试题的编制

编拟高质量的试题并不是一件容易的事。教师必须参考双向细目表,充分了解各类型试题的优缺点和命题原则,充分了解学生的特征和程度,并具有良好的文字表达能力。在编拟试题时,要遵守一定的命题原则。下面就各种题型的命题原则分别进行叙述。

(1)选择题的命题原则

选择题是各种测评中最常用的题型,假如命题技术很高,试题制作良好的话,它几乎可以评价任何科学知识和学习成就。阅卷快速且客观是选择题的最大特点,这也是它成为学习成就评价中最具效率的试题之一的主要原因。

选择题的结构分题干与选项两部分,题干可用直接问题式或未完成叙述式,而选项则包括标准答案和扰乱选项。选择题可根据答案性质的不同分为两类,即正确答案型和最佳答案型。所谓最佳答案是在两个或两个以上都是正确的答案中,选出一个最好的答案。又可根据选项中正确答案(或最佳答案)数目的多少,将选择题分为单项选择题和多项选择题。其制作原则如下:

① 题干本身应是一个具有完整意义的句子;

② 题干要简洁,题意要清楚,不要有不必要的信息,避免出现干扰考生正常思维的信息;

③ 题干一般不使用否定,如果必须使用,应在否定词下划线或加着重号,以提醒学生注意;

④ 每一题的选项以四至五个为宜,其中应有而且最好只有一个正确的或最佳的答案;

⑤ 每一选项在语法、语气和句子长度等方面尽可能保持一致,使正确选项和错误选项在形式上尽量一致,防止"有技巧"的考生猜题;

⑥ 所有的选项都应合理,符合逻辑,否则给学生猜题带来方便;

⑦ 正确答案要随机排列,无规律可循;

⑧ 可适当使用"以上都对"或"以上都错"为选项;

⑨ 各备选项相互独立,具有排他性,不交叉、不包含、不重复;

⑩ 不测试复杂的推理、计算。选择题不适合测试学生复杂的推理能力,也不宜包含繁琐的计算过程。

（2）判断题的命题原则

判断题的目的是评价学生鉴别正确叙述、事实、概念或名词意义等的能力。命题时,必须特别注意其明确性,不可含糊,否则将会造成是非不明。在制作判断题时,要注意:

① 陈述句要简洁明了,用词正确;

② 避免零碎、不重要或纯记忆性的命题;

③ 避免使用否定,尤其是双重否定;

④ 避免以冗长而复杂的叙述来命题;

⑤ 在同一命题中,应避免有两个或两个以上的科学概念存在,有因果关系存在时除外;

⑥ 答案为是与非的命题应约各占 50%;

⑦ 尽量不要抄书上的句子;

⑧ 题中不要暗示答案。

（3）配合题的命题原则

配合题主要是用来评估学生鉴别科学知识之间相互关系的能力的一类题型。因此,在内容上,以涵盖与某一科学概念有关的零碎概念最为恰当。一组配合题,通常可分为前提和选项两个部分。命题时,要求学生从选项中找出与某一前提有关的答案。因此,配合题是在要求学生寻求两件事实或叙述之间的关系。

编制配合题时,应注意的原则如下:

① 在一配合题中,前提与选项的内容均应是相关的,不可将无关的内容勉强凑合;

② 前提和选项的个数最好不要相等,以避免一一对应;

③ 前提的句子通常应比选项长,而且将选项置于右方;

④ 选项与对应的前提之间在排列方式上不要有任何规律可循;

⑤ 每一配合题应附一作答说明,使学生对作答方式能一目了然;

⑥ 同一配合题的所有前提和选项应置于同一页上。

（4）简答题的命题原则

简答题是指要求学生填写几个很短的字或词句的命题。这类命题主要涉及一些非常重要的名词、原理或概念等,由于这些知识很重要,所以往往需要学生理解

和记忆,因此简答题旨在评价其理解或记忆的能力。大体上,它又可分为两种方式——问题型和填空型。在命题时,应注意下列原则:

① 命题题意要明确,限定要严密;

② 避免用教科书上的原文、原图或原表简单设问,应有所变化;

③ 题意集中,答案明确;

④ 如果期望的答案带有单位,应将单位标示出来;

⑤ 如果题干使用填空型,原则上以一题一空格为原则,尽量不要在一个题目内出现两个或更多的空格。

（5）解释题或实验题的命题要领

此类试题旨在评价学生应用科学学说或定律、综合资料和解释实验数据等的能力,主要由一段科学事实、数据或实验结果以及以这段资料为基础的客观型试题构成。基本上,这类试题多为客观型试题,不过在内容上,必须以某些提供的已知资料为基础来作答。

编制这种类型试题时,要先设计或转录一段科学概念、科学实验结果或图表等,再根据其内容设计客观型试题。

1.2 试题与测验的审查

该项工作包括两个方面的审查:逻辑审查和实证审查。前者旨在评阅试题与教学目标间的关联性,又可称作形式审查;后者旨在评阅学生的反应组型是否是所期望的,又可称作客观审查。现分别说明如下:

（1）逻辑的审查

以逻辑的方法审查测验试题,主要是对测验试题的一致性和适当性进行审查,以确保测验试题能够达到测量的目的。

① 测验的一致性

检查测验的一致性就是查验试题与教学内容之间是否有一致性。在实际工作中,教师可以将自编的成就测验初稿,请校内任教同一科目的其他教师检查,察看各试题是否与上述审查重点相符合。然后,将与目标间一致性较高的试题保留,而将与目标间一致性偏低的试题删除或作进一步修改。

② 测验的适当性

检查测验的适当性就是查验试题的格式、问题陈述的方式以及其他可能的影响因素,是否能够适当地反映出试题所要测量的行为目标。通常,检查的重点在于:试题内容、题数、范围是否遵照双向细目表的计划,试题类型是否符合应有的命题原则,题意表达是否清楚,试题呈现方式与作答说明是否明确,试题是否代表所要测量的行为目标,问题的叙述有无前后矛盾、提供暗示答案的线索或重叠出题等等。

通过逻辑审查,如果试题是教师自编成就测验用,那么就可以编辑成试卷进行测验了;如果是大规模的或正式的标准化成就测验试卷的编辑,则还需要经过实证审查和测验分析,方可进行试卷的编辑工作。

(2)实证的审查

以实证的方法审查测验试题,主要是对试题功能和教学敏感度进行分析。通过这些分析,我们可以获得一些客观的量化数据,以作为判定试题品质好坏、挑选试题并编辑成测验试卷的参考依据。其内容包括试题分析和教学敏感度分析两项。

① 试题分析

试题分析的目的在于审查试题品质是否符合所要测量的学习领域和测量理论的要求,以一些量化的指标作为挑选试题的依据。分析后的试题,可由教师根据测验目的来挑选具有适当指标的试题,编辑成测验卷,用于评价教学效果和学习成果。有关试题分析的内容将在后面进行详述。

② 教学敏感度分析

教师自编成就测验在多数情况下属于标准参照测验。在标准参照测验中,其关注的重点是看学生是否达到教学目标的要求,因而试卷的区分度不再受重视,作为评判试题鉴别功能好坏的参考指标也相应地改为教学敏感度。

常用的教学敏感度有好几种,较常用的是前后差异指数(pre-to-post difference index,简称 PPDI),它的定义如下:

$$PPDI=(后测的难度)-(前测的难度)$$

前后差异指数的取值范围在 -1.0 到 $+1.0$ 之间。在正常的教学情境里,PPDI 指数值介于 0.10 到 0.60 之间。PPDI 指标被用来帮助教师检查每个试题与教学之间的品质关系,以便作出下列三种决定之一:① 保留;② 删除;③ 修改该试题。

总之,通过逻辑的和实证的审查,教师便可知道哪些试题可以保留,哪些需要修改,哪些必须删除。只有每个试题都经过严密的审查,并且决定去留之后,教师才可继续下一步工作。

1.3 测验的分析

测验分析是针对整个测验试卷的分析,其内容主要包括:① 信度分析;② 效度分析;③ 差异度等基本描述性统计分析。有关这些指标的分析和计算,目前可利用相关的计算机软件来完成。关于这些指标的具体计算方法,我们将在下面进行详细讨论。

1.4 试卷的编辑

教师在编拟好测验试题后,经过初步的试题形式审查和客观审查,便可进入到试卷编辑阶段。试卷编辑是依据测验目的将适当的优良试题编辑成一整份测验试卷,在编辑时应该考虑以下几点。

(1) 试卷长度

试卷长度即一份试卷包含的题数。一份试卷应该包含多少试题,并没有一个绝对的标准。教师所编拟的试题数,通常都比实际需要的数目要多,在经过审查和分析后,教师可以根据测验的目的、试题的类型、测试对信度要求的高低、应试学生的年龄、应试学生的能力和作答的时间等因素,适当调整试卷的长度。

(2) 试题难度

测验试题的难度选择,取决于测验的目的。一般来讲,如果测验是常模参照测验,是用于学生选拔和分类的目的,则以难易适中的试题为主,当然也可有少量简单和困难的题目,用于吸引不同程度的学生作答。如果测验是标准参照测验,目的是用于形成性评价,则决定试题的难度因素是学习材料与学习涵盖的范围。学习材料愈简单,试题就愈简单;学习材料愈困难,试题就愈困难。学习所涵盖的范围愈小,试题通常会较简单,因为多数学生都被期望能够达到精熟的程度;反之,学习涵盖范围愈广,则试题通常会较困难,因为多数学生均难达到既定的标准或精熟程度。

(3) 试题排列

确定了试卷长度和试题难度后,教师可按照一定排列方式来编排试题了。在编排试题时可以根据试题的难易度编排,如以先简单后难的方式进行编排;也可根据试题的类型进行编排,将同一类的试题放在一起;还可根据教学目标或测量能力来编排试题。当然,也可以将以上几种排列方式组合起来使用。

(4) 编制试卷指导语

教师在编完试题的排列顺序后,应在测验卷上写明施测指导说明,它应该包含以下内容:① 测验目的;② 作答时间;③ 记分方法;④ 答题要求;⑨ 试题分数的分配;⑥ 猜题是否扣分;⑦ 是否可以携带及使用教科书、讲义、笔记、尺、圆规或计算器等;⑧ 答案纸与试题册是否分开作答,分别交卷;⑨ 是否允许学生在答案纸或试题册上注记或补充说明事项;⑩ 考试中途是否可以举手发问等,以及其他有关考试需要特别强调的事宜。

这些陈述目的是使施测的过程标准化、一致化,避免因为施测程序不一而影响学生的答题情绪和成绩。

1.5 试卷评阅和结果的统计分析

阅卷和评价结果的统计分析也是教学评价的重要工作。只有遵循一定的阅卷原则,才能保证评价做到公正公平,才能达到评价的预期效果。而掌握评价结果的统计分析方法,有利于教师客观地评价测验试卷的评价效果,从而改进评价工具,提高命题技能。

(1) 试卷的评阅

阅卷是学习成就评价中一项十分重要的工作。客观型试题因答案固定,则阅卷较为简便快捷。对主观型试题的评阅应尽量做到标准一致,必要时,可对评阅者事先进行培训再进行。

(2) 试题分析

试题分析是对试卷中各个试题的测试结果进行分析,从而确定试题的品质。它可以作为实证审查的组成部分,也可以在正式测试后作为整个测试工作评价的一个方面。试题分析的主要内容包括:① 难度分析;② 区分度分析;③ 针对选择题的诱答力分析等。

试题分析可以使用计算机通过相应的教育统计软件完成。如果没有统计软件帮助,则进行试题分析需要以下步骤。

① 将试卷按得分的高低排列。

② 由最高分向下取全部试卷数的 27% 或 1/3,称为高分组。

③ 再由最低分向上取与高分组相同份数的试卷,作为低分组。

④ 分别计算高、低分组选答各试题每一选项的人数,并作记录。

⑤ 计算各试题的难度(P)。难度是指答对某一试题的人数占总测试人数的百分比。因此,难度值愈大,试题愈简单;反之,难度值愈小,试题愈困难。它常以百分比表示,其计算方法如下:

$$难度\ P = (R_U + R_L)/2N \tag{5.1}$$

R_U:高分组答对该题人数;R_L:低分组答对该题人数;N:高分组或低分组人

数。

⑥ 计算各试题的区分度（D）。区分度是指试题能够区别答对和答错人数的百分比，也是指试题能够区别高低不同能力组群的功能。区分度愈大说明试题区别答对者和答错者两种能力组群的功能愈好；反之，区分度值愈小，表示试题区别答对者和答错者两种能力组群的功能愈差。其计算方式如下：

$$区分度 \ D = (R_U - R_L) / N \tag{5.2}$$

⑦ 评价每个试题的选项的有效性或诱答力。有效性或诱答力没有具体的计算公式，但作为选择题中一个有效的选项，应该做到两点：一是至少有一位低分组学生选择该不正确选项；二是选择该不正确选项的低分组学生人数应该比高分组学生人数要多。

⑧ 将所有试题依其难度与区分度制作综合分析表。综合分析表请参考本节表 5-1。

（3）试卷分析

试卷分析是对整个测验的品质作出分析。通过试卷分析确定本测验是否达到测验目的，是否真实有效可信。试卷品质的分析包括试题分析、基本的描述性统计分析以及信度和效度分析。

① 试卷的综合分析

计算出测验试卷的每个试题的难度（P 值）和区分度（D 值），然后分别以试题的 P 值和 D 值两个维度作坐标，根据各试题的 P，D 值，将题号填入坐标内的空格，形成一个综合分析表，如表 5-1。通过综合分析表可以知道在某一次测验试题中，P，D 值达到理想的试题有哪些，P，D 值没有达到理想的试题有哪些，哪些试题需要改进。

表 5-1 试题的难度与区分度综合分析表

P 值 ＼ D 值	0 以下	0—0.19	0.2—0.29	0.3—0.39	0.4—0.59	0.6 以上
80—100				29	35,44	
60—79	43	40	50,79	1,14,25,31	12,27,21	3,7,10
40—59		8,18	22,37,41,48	6,9,20,24,46	13,15,19,28,36,45	16,23
20—39	49	2,32	11,33,34	4,5,38	17,30	42
0—19		26	47			

P 值平均=52%，D 值平均=0.37。

● 难度（P）分析

一般来说，在常模参照评价中，我们希望考生得分越分散越好，以便区分学生学习成就的高低。据研究，试题的难度 P 值愈接近 50％，则考生得分愈分散。理论上，在高分组的学生都答对，而低分组的学生都答错情形下，试题的区分度 D 值就趋于完美（即 D＝1）。但现实中，任何一个试题，均有被学生盲目猜对的机会，其猜对的概率为 1/n（n 为选项数）。如果是四选一的选择题，那么猜对的机会约为1/4，因此，理想 P 值便会低些。在实施学习成就评价时，我们通常都希望学生的平均得分落在满分（国内常以 100 分为满分）与机遇得分（就四选一的选择题来说即为 100/4＝25 分）的中间。若试卷的试题全部为四选一的选择题，则理想的平均分即为 25＋(100－25)/2＝62.5 分。

● 区分度（D）分析

最为理想的试题是所有高分组的学生都答对，而低分组的学生都答错，此时，D 值为 1；如果与之相反，高分组的学生都答错，而低分组的学生都答对，则 D 值为－1，因此，D 值的取值范围为－1 与＋1 之间。就常模参照评价而言，D 值愈大，学生得分便愈分散，相应地，试卷标准差（SD）也比较大，试题品质较高，信度也较大。因此，在学习成就评价上，我们通常以表 5－2 的标准来评价。

表 5－2　试题区分度（D）的评价标准

D 值	评 价
0.40 以上	极佳的试题
0.30—0.39	需要稍加改进的试题
0.20—0.29	必须加以改进或废弃的试题
0.19 以下	应废弃的试题

② 试卷的基本描述统计分析

基本描述统计资料是分析和描述测验结果的重要指标，掌握这些统计指标的含义可以帮助我们解释和理解评价结果，现将一些基本的统计指标分述如下。

● 平均分

平均分的大小可以代表试题的难易程度，理想的平均分约在满分与机遇得分之间。它是统计学生学业成绩时最常用的一种指标。平均分的计算公式如下：

$$平均分 \bar{x} = \frac{1}{n} \sum x_i \tag{5.3}$$

x_i:各份试卷的得分数;

$\sum x_i$:统计的试卷的得分总和;

n: 统计的试卷数。

假如实际值比理想值低,表示试题太难;反之,如果实际值比理想值高,则试题太易。

● 标准差(standard deviation)

标准差代表评价结果的分散度与变异度,通常以 SD 或 σ 表示。实际上,它是方差的平方根,是衡量算术平均数代表性程度的指标。标准差愈大表示分数的变异度愈大。当其他条件相同时,标准差愈大,试卷的信度也愈大。理想的标准差为满分与机遇得分之差的六分之一,评价结果的标准差应与理想值相近为宜。标准差的求法如下:

$$标准差 \sigma 或 SD = \sqrt{\frac{1}{n} \sum (x_i - \overline{x})^2} \tag{5.4}$$

x_i:各份试卷的得分数;

$\overline{x}$:所有统计试卷的平均分;

n: 试卷总数。

● 频数分布表(frequency distribution)

频数分布表是用频数表示数据分布状态的一种统计表。所谓频数(frequency),是指每个分数段所含的人数。频数分布表的编制步骤如下:

● 求全距

在全部分数中找出最高分和最低分,然后求两者之差,即为全距。

● 决定组数和组距

将全距分成若干组时,要确定组数和组距。组数就是分组的个数,组距就是每一个组内包含的距离。一般分为 10—15 组为宜,组距的大小要根据实际情况而定。

● 决定组限

组限就是每组的起止范围。每组的最低值为下限,最高值为上限。

● 登记频数

分好组之后,就可以将每个数据按所属的组一个一个地登记于表内。登记完毕,得出各组的频数,用数字记入表格。

也可将统计好的频数分布表转化为图的形式,可以更为直观地看出各种数据出现的不同分数段的次数。

● 相关性分析(correlation study)

阅卷后,将得分登记在成绩册上,然后计算本次成绩与类似性质的评价结果的相关性。通常,相关性的大小以相关系数(correlation coefficient)即 r 表示。r 值介于-1和$+1$之间,当r值为正数且达显著水准时,称为正相关;为负数时,则称为负相关;r值未达显著水准时,则表示零相关,即没有任何相关存在。r 值愈大,表示两组结果相关愈密切。相关系数(r) 的大小,也可说明测验试卷的信度大小。r 值愈大,则测验试卷的信度越大,即测试的结果更可信。

③ 试卷的信度分析

● 信度的内涵

所谓信度是指评价的结果(分数)与其拟测评的学习成就的一致性。由于学生的真正学习成就不易界定,我们只能以一些评价工具,经多次评测之后,给每位学生一个等级或得分,作为评价结果来代表学生的学习成就。因此,当我们要评估某一评价工具所测得的结果(分数)的信度有多大时,便往往通过观察本次评价结果是否与其他类似目标的评价结果一致来判断,若一致性很高,便可认为该评价结果是学生的真正学习成就。

信度的评估能够让命题者发现评价工具的不足之处,加以完善。因此,它是改进命题和评价的一个重要指标。一般认为,影响评价结果信度的因素有:

● 试题的难度。对常模参照评价来说,难度越趋近50%,信度越高。

● 试题的区分度。试题区分度愈理想,信度愈大。

● 分数的分散度。分数愈分散,信度愈高。因为,分数分散时,表示每一得分的差异较大,于是,测验误差对学生名次的影响便较小。

● 试题的数量。通常题数愈多,信度也愈高;反之,题数越少,信度越低。

● 评价工具的客观性。在其他条件都相同的情况下,通常客观性评价工具所测得的结果要比主观性评价工具所测得的结果信度高。但这并不意味着主观性评价工具不好,应该说主观型试题和客观型试题各有其优缺点,我们应根据不同的评价目标而选用不同的题型。

● 信度的计算方法

在实际的测评中,信度的计算方法主要有以下几种。

● 重测法(test-retest method)

用同一份试卷测试同一组学生两次,两次测评相隔一段时间,把先后测得的分数分别记录就得到了两组数据,并求出两组分数之间的相关系数,即为信度。由于这种方法所求出的信度实际上是在测定分数的稳定性,因此又称为稳定信度,也叫重测信度。重测法只适用于速度测验,不适用难度测验。这是因为速度测验的试题数量大,受时间限制,学生很难记住施测内容,第二次施测时较少受记忆影响。

● 复本法(alternate-from method)

又称平行法(parallel-form method)。即拟定两份在试题格式、题数、难度、指导语说明、施测要求等方面都相当的试卷,然后分别用这两份试卷来测验同一群学生(可连续或相隔一段时间实施),每位学生各得两个分数,再求出两组分数之间的相关系数,即为信度系数。这种信度旨在测定分数的对等性,这两份试卷互称为复本,故得出的信度叫复本信度。

● 分半法(split-half method)

在实施测验之后,将每一份试卷的奇数题和偶数题分别计分,那么每一份试卷便可得到两个分数。然后求出所有学生的奇数题分与偶数题分之间的相关系数,以 Rhh 表示,再依照斯皮尔曼-布朗校对公式(spearman-brown formula)计算分半信度系数 Rxx。其计算公式为:$Rxx = 2Rhh/(1+Rhh)$。分半法得到信度属于同质性信度的范畴,即所有题目测的都是同一种特质,各题目的得分之间都具有较高的正相关。

● 库李法(Kuder-Richardson method)

1937 年,库李二氏提出一些评估信度的公式,其中比较常用的两个公式称为 KR_{20} 和 KR_{21}。其计算公式如下:

$$KR_{20} = \frac{K}{K-1}\left[1 - \frac{\sum pq}{\sigma^2}\right] \tag{5.5}$$

$$KR_{21} = \frac{K}{K-1}\left(1 - \frac{M(K-M)}{K\sigma^2}\right) \tag{5.5}$$

K:试题数;

p:答对某一试题的学生所占的比例;

q:答错某一试题的学生所占的比例($q = 1 - p$);

σ:分数的标准差;

M:分数的平均数。

当试题的难度均在 50% 左右时,用 KR_{21} 来计算信度比较简便,但当试题的难度很大时,使用 KR_{21} 算出的信度会偏低。从内容上讲,库李法是估算评价工具的内部一致性。由于库李法基本上假设所有试题都是均质的,而在快速测验中,有些学生无法做完所有题目,将导致 KR_{20} 和 KR_{21} 的信度系数的混乱。因此,该法不适合用来求取快速测验的信度。

从实际操作上讲,以上所述四种计算信度的方法之中,分半法与库李法比较容易实施,因为只需进行一次测验,故而成为教师进行学习成就评价时计算信度的常用方法。

④ 试卷的效度分析

效度(validity)是指一个测验能够测量到它所想要测量的特质的程度,也即是一次测量的有效程度。就学习成就评价来讲,所谓效度是指评价工具是否精确地测出了该工具期望评测的成就。在中学生物学测量与评价中,可以用内容效度来表征测量的有效程度。内容效度指的是测量内容的代表性程度。学生成绩测验的内容效度,就是测验题目能够体现教学目标要求的程度。一次生物学测验,如果试题涵盖了生物学教学所要求达到的教学目标的重要内容,我们就说其具有较高的内容效度。

内容效度的分析方法有逻辑分析和量化分析两种。

● 逻辑分析方法是分析试卷的内容效度时常用的方法,是依靠有关专家对试题与应测内容范围的吻合度作出判断。专家通过分析试卷的所有试题,把所有试题按考试内容分布,形成实际的“试题双向分类表”,将其与考查目标进行分析、比较,对这次测量的内容效度的满意程度作出等级判断或评语描述。如果一份生物学试卷是依据命题双向细目表编制的,专家可以把施测试题分析得到的“试题双向分类表”与“命题双向细目表”进行比较,分析实际命题与原命题计划的偏离程度。

● 量化分析方法是将专家的判断综合为一个内容效度系数的统计办法。该方法要求两位专家在审阅教学目标的基础上,分别判断试卷中的每个试题“实际测量的内容”与“想要测量的内容”之间相关联程度如何,用四点量表赋值:“1”表示完全无关,“2”表示部分相关,“3”表示相关较密切,“4”表示完全相关。“1”、“2”为弱相关,“3”、“4”为强相关。

将两位专家的判定结果进行统计。“A”为均判定为弱相关的试题数;“B”和“C”为一专家判定为弱相关,另一专家判定为强相关的试题数;“D”为均判定为强相关的试题数。内容效度的计算公式为:内容效度系数 $= D/(A+B+C+D)$。量化后的内容效度系数的值介于 0 和 1 之间,值越大表示内容效度越高;值越小,表示内容效度越低。一般考试的效度应在 0.4 到 0.7 之间,大规模的考试要求效度在 0.9 以上。

为了提高测评的效度,在施测时,应注意一些细节来保证和提高试卷的效度。诸如:

- 答题说明应明确详尽,使学生不至于有任何混淆或误会;

- 题目中语意要清楚明确;

- 不可在题目中暗示答案;

- 试题数量不可太少,难度要适当;

- 试题应尽可能评测重要的概念、思考过程、知识的理解、分析和综合,而不宜故意设置陷阱,评测一些琐碎、零星的记忆性知识;

- 信度是效度的必需条件,因此,效度高的评价,信度一定高;

- 试题的排列次序应先易后难,避免学生浪费时间在难题上,而无时间做容易的题;

- 避免同一试卷重复多次使用,否则会降低其效度。

2. 表现性评价

随着认知心理学和建构主义学习理论的发展,多元智能理论越来越受到人们的重视。人们逐渐认识到,学生的学习成就是多方面的,不是所有的学习成就都可以用传统的纸笔测验来进行评价的。而且,传统的纸笔测验中尚存在一些不足,需要其他更为真实的评价方式来弥补。因而,表现性评价慢慢受到人们的关注。

2.1 表现性评价的概念

表现性评价是在仿真各种不同真实程度的评价情境之下,提供教师一种有系统地评价学生实作表现的方法。因此,它可定义为:具相当评价专业素养的教师,编拟与学习成果应用情境相类似的仿真测验情境或真实的测验情景,让学生表现所知、所能的学习成果的评价过程。其内涵具有三个方面的含义:第一,学生自己必须创造出问题解决方案或用自己的行为表现来证明自己的学习过程和结果;第二,评价者必须观察学生的实际操作或记录学业成果;第三,表现性评价能使学生在实际操作中学习知识和发展能力。

表现性评价的形式包括建构反应题、书面报告、作文、演说、操作、实验、资料收集、作品展示。其重点放在实际表现的过程、作品或这两者的组合上,具体情况视实际表现活动的性质而定。一般情况下,在教学之初,教师会比较重视正确的表现过程,而当学生熟悉了正确的表现过程后,就会将重点转移到完成作品的品质上。

表现性评价与另类评价、真实评价、直接评价等名词的含义近似;另外,与档案袋评价、动态评价的方法和技术相同。

2.2 表现性评价的类型

实施表现性评价的情境愈接近真实情境,愈能显现出学生真正学会了什么技能。因此,仿真的情境愈接近真实情境,则表现性评价的结果将愈具有教学期望结果的代表性,愈能符合教师期望学生真实学会的重要教学目标和内容。根据施测情境的真实性程度可将表现性评价分为五种类型。这五种类型之间有一定程度的重叠,教师在使用时,应依据所要评价的技能特质来确定采用哪种评价类型。现将五种类型分别介绍如下。

(1) 纸笔表现(paper-and-pencil performance)

这里的纸笔表现不同于传统的纸笔测验,它是一种强调在仿真情境中应用知识和技能的评价方式。应用这种纸笔表现评价,可以获得教学所期望达到的学习成果,或作为在更真实情境中表现(如生物实验课上学生对显微镜的操作)的初步评价。

在许多教学评价例子里,纸笔表现也可以促进有意义的教学成果。例如,生物课程教学中,教师常常要求学生上交学期报告(term paper)或各种不同类型的作业(如:一个实验设计、野外考察报告、实验报告等),作为其学期成绩的评价依据之一。这些作业的要求,都是通过纸笔表现的评价来评定学生在生物课程上的学习成就,以确定是否达到该课程相应的教学目标。

(2) 辨认测验(identification test)

辨认测验是指由各种不同真实程度的测验情境所组合的一种评价方式。例如,在某些情境下,要求学生辨认一套工具名称及其用途或辨认执行某种特殊实验所需的仪器设备和程序;给学生一些植物叶片标本,让其辨认正常叶、虫叶和病叶;如果学习更深入,让其辨认是什么植物,生的什么虫、得的什么病,它们的防治策略如何等。

(3) 结构化表现测验(structured performance test)

结构化表现测验是指在标准且有控制的情境下进行的表现性评价。测量表现的情境是非常有结构性的,它要求每位学生都能表现出相同的反应动作。例如:要求学生按照规范调整一部显微镜,找到所要观察的物象。

编制结构化表现测验时,同样需要遵守编制原则,但要比一般成就测验的编制过程复杂。因为,很难完全控制和标准化测验情境,这需要教师花较多的时间去准备和进行施测。测验结果的评分也相对难一些。为了增进测验情境的真实性,测验情境就必须标准化,测验指导语也必须详细描述整个测验情境所需要表现的是什么以及在什么条件下该展示什么样的表现等,以方便每位受试者都能明确遵守。例如,有关测量的精确性(测量空气温度,精确到小数点以下第一位数)、适当的步

骤和顺序(依据适当的步骤,调整一部显微镜到理想的观察状态)或表现的速度(在
5分钟内将30种植物进行正确的分类)等测验指导语的描述。

(4)仿真表现(simulated performance)

仿真表现即为配合或替代真实情境中的表现,部分或全面仿照真实情境而设
立的一种评价方式。例如,生物学教学中要求学生掌握杂交实验的人工去雄和授
粉技能,提供塑料花和其他工具及试剂进行操作或评价就是一种仿真表现。在某
些情况下,特殊设计的仿真仪器会被作为教学和评价的工具。例如,在汽车驾驶和
飞机驾驶的技能训练中,受训者多半是在仿真仪器上进行训练和测验的,这类仿真
仪器既可提供逼真的仿真情境,又能避免在技能学习初期危险事件和伤害事件的
发生,以及昂贵仪器设备损毁而造成的浪费。一般,仿真仪器多用于各种职业训练
课程中,它为真实表现评价提供了一种最佳辅助工具。

(5)样品模板(work sample)

在表现性评价的各种类型中,样品模板算是真实性程度最高的一种评价方式,
它需要学生在实际作业上表现出所要测量的全部真实技能。样品模板包括全部表
现中最重要的元素,并且是在控制良好的情境下进行表现的。例如,要求学生制作
一个DNA结构模型,则这个模型的质量反映了学生对DNA结构的理解情况,模
型的质量应该体现在碱基配对、双螺旋结构等方面。

2.3 表现性评价的实施步骤

表现性评价注重的是学生怎样把知识和技能应用到实际的表现活动上,以及
在接近真实的施测情境中产生出作品成果来。虽然,进行表现性评价的情境难以
完全控制和标准化,且其施测前的准备工作比较费时,评分也很难客观、公正;但
是,表现性评价所使用的工具或评价过程一旦被开发出来,即可跨人、跨班、跨校及
跨年度连续使用。那么实施表现性评价的步骤有哪些,实施时需要注意哪些问题
呢?下面就这两个问题进行论述。

(1)确立表现性评价的目的

有一个明确的评价目的,是完成一个成功的表现性评价的前提。只有目的明确,
才能保证通过完成所设计的任务,测到所要评价的学生的能力和技能。在设计表现
性评价任务时必须保证目的和任务的高度相关。如果教师只是将评价的目的作一个
笼统的描述,在实际的任务设计过程中就很容易出现任务与目的之间的偏差。

(2)确认表现性评价的标准

在确立好表现性评价的目的后,要详细说明细节行为的项目,以及教师所期望

学生达到的表现标准是什么;也即是说,教师必须先决定好表现性评价的重点是放在过程上,还是放在作品上。

（3）提供适当的表现情境

界定了表现标准后,教师就需要准备可供进行观察表现成果的施测情境,它可以是教室内自然发生的情境,也可以是教师专门设计仿真真实的情境。施测情境的挑选是依据所要进行评价的表现或成果特质而定的。在实践中,施测情景的选择有两个判断原则可供参考:① 教室中自然发生的表现频率;② 依据评价所作的决定的重要性。

首先,如果在正常的班级活动中,某项表现出现的频次较多,则教师不需要另外设计特别的情境。但是,如果某项表现在正常的班级活动中发生的次数并不多,则教师便需要特别设计某种情境,好让学生都能在该情境里表现出所期望的行为。

其次,根据表现性评价结果所作决定的重要性,决定观察情境的取舍。一般来讲,所作的决定愈重要,则所需要的评价情境愈要结构化。反之,当所作的决定不是很重要时,施测情境的要求也就不必十分严格,只要能给每位学生都有机会表现即可。

（4）选择计分和评定方法

表现性评价的评分方法有整体评分法和分析评分法两种,在实际操作中,可根据所作出的决定本身的重要性采用适当的方法。如果教师所作的评价决定只是一般性质,如分组评定成绩等,则使用整体评分法更为适当,因为这类决定只需要教师提供单一的整体分数即可。如果教师所作的评价决定是诊断学习困难及了解学生熟练表现水准,则以使用分析评分法最为恰当,因为这类决定通常需要教师针对各种表现标准提供多种的评分结果。

2.4 表现性评价的方法

所谓表现性评价的方法就是可以用来作为收集和记录学生表现行为的工具。较常用的表现性评价方法主要有:

（1）系统的观察和轶事记录（systematic observation and anecdotal records）

在自然情形下,人的行为表现更为自然和真实。因此,自然情境下观察学生的表现是一种最常用的表现性评价方法。对于学生较复杂的表现行为,只有进行系统的观察,并记录观察实况才能提高未来评价的客观性和有效性。

但系统的观察通常是依据检核表和评价量表来进行的,常常有许多东西被忽略掉了。而轶事记录是针对有意义的偶发事件作扼要的事实说明和描述的记录,它可以弥补系统观察的不足。它的内容包括被观察到的行为、发生的情境以及针对此事件的个别诠释。保留完整的轶事记录是相当费时和费力的工作,不过我们可以将内容局限在某种方便掌握的范围内。例如,只针对某种行为形态(如安全)或针对最需要帮助的个人(如缓慢、粗心的人)作记录即可。

(2) 检核表(checklists)

检核表是一组列出表现或成果的测量维度,并且提供简单记录"是"或"否"判断的资料表。一份检核表,一般包括两个部分:① 描述该行为表现的状态或作品成果的重要维度;② 检核记录,提供打"√"或做记号的空白处。因此,检核表可以将评价的注意力集中到所要观察的某些点上,是一种能够快速作出判断的记录工具。例如,表5-3是一个比较完整的"种子发芽是否需要土壤"的实验评价检核表(参见刘恩山,中学生物教学论)。

表5-3 种子发芽是否需要土壤实验评价检核表

学生姓名: 班级: 检核人:

检核表现	通过	不通过
一、实验设计		
(一)取两个培养皿,分别写上甲、乙	☐	☐
(二)在甲培养皿内,盛满泥土,并用水浇湿	☐	☐
(三)在乙培养皿内,放一些湿棉花	☐	☐
(四)在这两个培养皿中各放十颗绿豆种子	☐	☐
(五)同时将两个培养皿放在日照条件相同的地方	☐	☐
二、观察绿豆发芽的情形		
(一)每天保持甲培养皿中土壤的潮湿	☐	☐
(二)每天保持乙培养皿中棉花的潮湿	☐	☐
(三)三天后记录甲培养皿中绿豆发芽数和幼芽生长情形	☐	☐
(四)三天后记录乙培养皿中绿豆发芽数和幼芽生长情形	☐	☐

三、作品评价	优	良	加油
(一)甲培养皿水分的控制	☐	☐	☐
(二)乙培养皿水分的控制	☐	☐	☐
(三)甲培养皿中绿豆发芽数	☐	☐	☐
(四)乙培养皿中绿豆发芽数	☐	☐	☐
(五)甲培养皿中绿豆幼芽生长情形	☐	☐	☐
(六)乙培养皿中绿豆幼芽生长情形	☐	☐	☐

本检核表使用说明：

① 评价目标

● 能控制环境变量，设置实验，检验种子发芽时是否需要土壤。

● 能由实验结果说出种子发芽时，不需要土壤的养分。

② 评价方法

● 本评价在单元教学中实施，采用个别施测方式。

● 评价分成操作过程检核与作品评价两部分；操作过程检核又分成实验的设计和观察绿豆发芽的情形两项，由小组长检核；作品评价由教师评价。

● 操作过程检核是各组学生依次序操作检核表的各个步骤，由小组长检核。

● 小组长由教师挑选班级成绩优良者担任，在检核前进行训练。

③ 实施步骤

● 教师对小组长进行检核与评价。

● 对小组长进行检核训练，说明检核标准与注意事项；并由一名小组长操作其他小组长检核，核对检核结果，检讨可能的差异原因。

● 先实施操作过程检核，再请小组长将检核结果与甲、乙两培养皿送交教师，最后由教师实施作品评价，评定成绩。

④ 检核或评价标准

● 操作过程检核：各组学生出现（或完成）该检核项目的动作，则在评价检核表中"通过"下面的 □ 内打"√"；如果未出现（或未完成）该检核项目的动作，则在评价检核表中"不通过"下面的 □ 内打"√"。

● 作品评价：教师根据下列标准进行评价，教师在学生表现的"优"、"良"或"加油"下的 □ 内打"√"。

评价项目与标准	优	良	加油
（一）甲培养皿水分的控制	湿度恰当	土壤表面积水	绿豆完全在水中或完全没水
（二）乙培养皿水分的控制	湿度恰当	棉花表面积水	绿豆完全在水中或完全没水
（三）甲培养皿中绿豆发芽数	7 颗以上	4—6 颗	3 颗以下

续　表

评价项目与标准	优	良	加油
（四）乙培养皿中绿豆发芽数	7颗以上	4—6颗	3颗以下
（五）甲培养皿中绿豆幼芽生长情形	健壮（5 cm以上）	中等（0—4 cm）	没发芽、腐烂、枯萎
（六）乙培养皿中绿豆幼芽生长情形	健壮（5 cm以上）	中等（0—4 cm）	没发芽、腐烂、枯萎

⑤ 计分方式

● 操作过程检核占36分，作品评价占36分，基本分28分。

● 操作过程检核共9题，每题通过者得4分，未通过者得0分。

● 作品评价共6题，每题评优者得6分，评良者得4分，评加油者得2分。

⑥ 结果运用

● 评价后，将评价检核表和作品分发给学生，使学生了解其学习成果。

● 提供教师进行补救教学或个别指导参考。

● 评价标准、计分方式仅供参考，教师可根据情况自行调整。

● 评价检核表得分与纸笔测验结果共同作为学生在该单元的学习成绩。

（3）评定量表（rating scales）

评定量表是用来作为判断过程和成果的一种评价工具。它所评价的表现行为特质通常都是属于连续性变量资料，但这种资料可被人为地分成少数几个等分。例如，用于测量情感态度的利克特五点评定量表，表中列出一系列与所测的情感态度有关的陈述，要求学生对每一陈述在适当的数字评定选项上勾选作答。例如，表5-4即是"学生生物课态度调查量表"的部分内容。

表5-4　生物课态度调查量表之一：学习方法

题号	内　　容	1 极赞同	2 赞同	3 中立	4 不赞同	5 极不赞同
1	我喜欢实践性工作					
2	我愿一个人独自做而不是小组做实验					
3	我应当就自己的实验提出建议					
4	我不喜欢操作仪器					
5	在小组中学习比自己独自学习效果好					

续 表

题号	内　容	1	2	3	4	5
		极赞同	赞同	中立	不赞同	极不赞同
6	我在做实验中学到了很多东西					
7	熟记学习的知识,试验中会做得更好					
8	如果我回答错了,老师通常会和我耐心地讨论					
9	老师通常很忙,我不喜欢在课后提问题					
10	如果老师不知道答案,老师应该如实说					
11	自己做实验有利于我理解书本知识					
12	如果为考试而学习,我只要学习书本就行					

说明:本评价量表没有正确和错误答案之分,请根据自己的实际情况回答。每项内容只能选择其中一个选项。

（4）作品量表（product scales）

作品量表的格式与评定量表相类似,其内容包括一系列足以反映出各种不同品质程度的样本作品。例如,在学生制作作品的评价中,我们可以从中挑选五份作品品质在优秀—低劣的连续量尺上大约等距的作品样本,然后依序给予每份作品样本标上数字（如 5,4,3,2,1）,数字的大小代表了作品品质的优劣,数值越大品质越好,数值越小品质越差,这种量尺表示法即为作品量表。然后,将每位学生的作品依序与这五种样本作对照,看看每位学生的作品符合哪一种样本,即得该样本代号的分数,该分数即用来表示作品的品质值。例如,某生的作品接近 4 号样本,他的得分即为 4 分。这种评价使用的是整体的判断法,因此它往往用于整体判断。例如在生物学课堂上,对学生制作的生物标本的品质进行评价时,就可采用该方法。

（5）档案袋（portfolios）

档案袋评价兴起于 20 世纪 80 年代的美国。档案袋是学生作品有目的的汇集,以反映学生在特定领域的努力、进步或成就,其内容包括档案袋内容选择过程中学生参与情况、选择档案袋作品的标准、判断作品质量的标准以及学生反思的证据。档案袋作为评价的工具,由学生和教师有系统地收集相关资料,以检查学生的努力、进步、过程和成就,并对很多正式测验的结果作出相应解释。

　　档案袋成果的评价主要是以整体评分法、分析评分法或这两者的综合为基础。整体评分法是以整体的印象为评分基础,而不考评构成整体的个别细节部分,在整体判断确立之后,才给予每件作品或成果评定一项数字分数。因此,整体评分法的过程,先是迅速地评阅一遍作品或成果,然后根据所获得印象给出数字分数的评定。例如,在进行实验报告评价时,评分者快速地将所有的实验报告样本浏览一遍,先获得一个整体的印象,而后分别给出评分分数。通常,较多使用的评定点数在4—8点之间,且偶数点分数更受青睐,因为这样可以避免评分落于中间时的争议场面。

　　分析评分法则需要针对构成每件作品或成果的每个重要细节进行判断。例如,在评价学生科学小论文的写作技能时,诸如文章的组织结构、词汇、写作格式、立论观点和字迹的工整性等方面,均可被列为评价的重点,且被分开来逐项进行评分。一般情况下,检核表或评定量表都可用来评价每个细节部分,并可在量表上预留一定的空白,用于记录判断结果或进行评论。

　　档案袋法可用于在生物学实验教学的评价中。在实践过程中,可由教师、学生自己或同伴依据生物学实验档案袋中的材料,对学生生物学实验学习的过程和结果进行客观、综合的评价。

【思考题】

1. 假如你是一名中学生物学教师,你将如何测验学生的课堂学习状况?
2. 假如你使用课堂观察法对同事进行课堂教学评价,你需要做哪些工作?
3. 编制一份高效度、高信度的试卷需要哪些步骤?
4. 以初中或高中某一生物学实验为背景设计一份翔实的实验评价方案。
5. 请你谈一谈教学测量与评价的发展趋势。

【参考文献】

1. 蔡永红. 当代美国另类评价的改革[J]. 比较教育研究,2000,2:18—22
2. 陈皓兮. 中学生物教学法[M]. 第一版. 北京:北京师范大学出版社,1987
3. 陈继贞等. 生物学教学论[M]. 北京:科学出版社,2003
4. 高明乾,郑明顺. 中学生物学教学论[M]. 北京:科技出版社,2007
5. 何兆华. 普通教育评估学[M]. 西安:陕西人民出版社,1992
6. 侯光文. 教育评价概论[M]. 第一版. 石家庄:河北教育出版社,1996

7. 侯光文. 教育测量与教学评价[M]. 第一版. 济南：明天出版社，1991

8. 胡中锋. 教育测量与评价[M]. 第二版. 广州：广东高等教育出版社，2006

9. 黄光扬. 教育测量与评价[M]. 上海：华东师范大学出版社，2002

10. 李小融，魏龙渝. 教学评价[M]. 第一版. 成都：四川教育出版社，1988

11. 李效忠. 能力原理与测量[M]. 长春：东北师大出版社，1993

12. 刘恩山. 中学生物教学论[M]. 第一版. 北京：高等教育出版社，2003

13. (美)R. L. 桑代克，E. P. 哈根合著，叶佩华等主译. 心理与教育的测量和评价(上、下册)[M]. 第一版. 北京：人民教育出版社，1985

14. 沈复初. 中学生物教学法[M]. 第一版. 北京：高等教育出版社，1989

15. 王汉澜. 教育测量学[M]. 第一版. 开封：河南大学出版社，1987

16. 王孝玲. 教育统计学[M]. 修订版. 上海：华东师范大学出版社，1993

17. 吴钢. 现代教育评价基础[M]. 第一版. 上海：学林出版社，1996

18. 项伯衡，郑春和. 生物学教育测量与评价[M]. 南宁：广西教育出版社，2001

19. 杨华等. 生物课程教育学[M]. 武汉：华中师范大学出版社，2003

20. 张敏强. 教育测量学[M]. 第一版. 上海：人民教育出版社，1998

21. 张厚粲. 心理与教育测量[M]. 第一版. 杭州：浙江教育出版社，1997

22. 张迎春，汪忠. 生物学教学论[M]. 西安：陕西师范大学出版社，2003

23. 张玉田. 学校教育评价[M]. 第一版. 北京：中央民族大学出版社，1998

24. 周美珍. 中学生物学教学法[M]. 第一版. 北京：高等教育出版社，1991

25. 郑涌泾(台湾). 生物教育测验与评量 Measurement and Assessment in Biology，Education 网上课程，Available：http://wwwbio1. ntnu. Edu. Tw/yjcheng/course/index. htm

26. Ebel RL. Essentials of Educational Measurement. 2nd ed. Prentice-Hall，Inc. ，EngIewood Cliffs N. J. 1972

27. Gronlund NE. Measurement and Evaluation in teaching. 3 rd ed. Macmillian Publishing Co. Inc. ，New York. 1976

28. Popham WJ. Criterion—Referenced Measurement. Prentice-Hall，Inc. ，Englewood Cliffs N. J. 1978

第六章　中学生物学教学与现代教育技术

现代教育技术(modern education technology)是运用现代教育理论和现代科技成果,以信息技术为主要依托,通过对教学过程和教学资源的设计、开发、利用、评价和管理,以实现教学最优化的理论和实践,其涵盖教学设计技能、媒体操作技能、教学软件设计制作技能以及网络教育的应用技能。教育、教学过程实质上是信息的产生、选择、存储、传输、转换和分配的过程,而信息技术正是用于上述一系列过程的各种先进技术的应用,包括微电子技术、多媒体技术、计算机技术、计算机网络技术和远距离通讯技术等方面。把这些技术引入到教育、教学过程中,可以大大提高信息处理的能力,即大大提高教与学的效率。特别是以多媒体和网络为标志的现代教育技术,大大增加了课堂教学的信息量,达到了传统教学方法不可能达到的效果。

第一节　多媒体技术与生物学教学

多媒体(multimedia)是指以计算机为核心,交互地综合处理文字、声音、图形、图像、动画以及活动影像等多种媒体信息,并使这些信息建立逻辑连接,协同表达出更丰富复杂的信息。多媒体技术所具有的图、像、声、文并举的信息传播形式给人以全新的感受。在教育领域,多媒体作为一种全新的教育技术,引起了教育的革命,使现代教育走进了信息化时代。近年来,多媒体在生物课堂教学中的应用日趋完善,成为教学过程中必不可少的手段,成为提升学生思维品质、培养学生学习能力、铸造学生科学素养、提高课堂教学效率的重要渠道。如何在新课标、新理念指导下,将多媒体技术与生物教学科学、合理、有机地整合起来,优化教学过程,提高教学效果,已成为引起广大教师极大关注的一个问题。

1. 多媒体技术在生物学教学中的优势

在中学生物学教学中,传统的教法比较单一,老师讲得多,学生参与少,既缺乏充分的图像支持,又缺乏供学生发现探索的良好环境,学生处于被动听讲的态势中。教师讲得"苦",学生学得"累",不利于学生对知识的吸收和能力素质的培养。恰当地运用计算机多媒体辅助教学,能突破沿袭多年的"粉笔加黑板"的传统教学模式,使课堂内容由静态的灌输变为图、文、声、像并茂的动态传播,增强了感染力,有利于学生拓展知识面,从而大大激发学生积极主动的学习热情,进一步培养学生的思维能力和创新能力,提高课堂教学效率,促进素质教育的全面发展。因此,与传统教法相比,多媒体教学有着明显的优势。

1.1 利用形象逼真的多媒体动画突出教材的重点和突破教材的难点

生物学教学的特点是实验内容多、实践性强。在生物学教学内容中,有很多知识是学生日常生活中无法接触或观察到的,单凭课本上的插图和课堂中的挂图、幻灯片等手段很难讲解清楚,而中学生的抽象思维处于发展阶段,抽象性有时会成为学生学习的障碍,这样会让教学效果不佳。而多媒体动画为生物学课堂教学创设动态、逼真、生动、形象的教学情景,不仅可以形象地讲清教学内容,而且突出教材的重点、突破教材的难点,从而提高了课堂教学效率,达到理想的教学效果。

例如,ABO 血型系统中凝集原和凝集素相互之间的关系比较抽象,难于理解。通过多媒体课件的巧妙设计,形象地模拟其过程,就可以使抽象变为具体,模糊变为直观。屏幕上首先呈现血液正常情况和凝集后的两张实物照片,让学生了解红细胞凝集的事实,然后呈现 4 个大小、形状完全一样的红细胞,但细胞表面带有用不同形状表示的凝集原,凝集原 A 用小三角形表示,凝集原 B 用小圆点表示。学生很容易地理解了 ABO 血型是由于红细胞表面的凝集原不同而划分的。接着呈现人类血浆中所含有的两种凝集素的图像,每个凝集素 A 带有几个三角形缺口,正好能与凝集原 A 嵌合,每个凝集素 B 则带有几个圆形缺口,正好能与凝集原 B 嵌合,当移动鼠标使同种凝集素与凝集原以锁钥的原理结合,则出现使多个带凝集原的红细胞凝集成团的一段动画,形象地展示了相对抗的凝集原与凝集素相遇时,会发生红细胞凝集反应的现象。

1.2 多媒体教学能突破时空的限制,提高学生观察能力

生物学教学中,多媒体教学能突破时空的限制主要体现在两个方面。一方面是教育信息的共享,磁盘和光盘不再是计算机辅助教学(computer aided instruction,CAI)课件的唯一信息载体,课件可以通过连接在网络上的计算机教学系统进行相互传递。因此,网络上的 CAI 信息资源可以实现共享。通过教学信息的共享,突破了教学的时空观,学习不再受时间、地点的限制,学习不再局限于某一学

校,单位、家庭及社会都可成为"学校"。学习的时间可以根据个人情况加以选择,从而将学校教育延伸到社会教育,课堂学习扩展到课后学习。另一方面,有些自然现象,由于受到时令的限制,如在严寒的冬天,很难寻找到桃花;由于受到地域的限制,在大西北很难见到一些名贵的植物品种,运用多媒体就能克服时空的限制,有助于学生形象地掌握课本中的知识。对由于各方面条件的限制,学生很难离开课堂去参加的实践活动也可以通过多媒体辅助教学,让学生在模拟环境中实践,将生物学的理论知识形成较牢固的知识和技能,可以更好地锻炼学生的动手和动脑能力。要注意的是不要用计算机的模拟功能剥夺了学生的亲手实践。

例如蚕吐丝做茧的过程是受时间的限制的,不可能随时出现。教师可以用摄像机把这个过程记录下来,以后就可以随时通过多媒体展现给学生了。还有"光合作用"的教学,需要认识光合作用中所释放的氧是来源于水而不是来源于二氧化碳。这个实验要用氧的放射性同位素,实验设备也比较复杂,在中学生物实验室里不能做。"传统"教学利用静态挂图配合教师"生动"讲解来"讲实验",教学效果很不理想,学生印象不深刻。清华同方教育资源库提供用计算机模拟美国科学家普宾与卡门的实验,光合作用过程是动态的,对放射性同位素的检测是多媒体(既有模拟仪表,也有检测声响效果),有效地模拟了水的光解及氧的生成过程,学生易于接受,教学效果非常理想。因此多媒体的利用,能够把教学内容形象直观地展现给学生,提高了学生学习的积极性,对教学任务的完成有极大的促进作用。

1.3 多媒体教学能充分体现学生的主体地位和教师的主导作用

现代多媒体技术将声、光、色引进课堂,以其绚丽多彩、形象生动的画面,悦耳动听的音响,情感丰富、言简意赅的讲解,进行教学媒体的优化组合,使学习内容图文并茂,栩栩如生,并在最大程度上突出学生学习的主体地位,改变传统教学中学生处于被动的只当受教者的地位,促使学生积极思维,自始至终成为学习的主人。同时,作为起主导作用的教师,在利用多媒体教学时,能够对出现的画面进行详尽生动的讲解,引导学生积极思维,充分进行双边活动。例如,在讲"减数分裂的过程"时,首先提出一些问题,(1)减数分裂全过程进行了几次分裂?(2)四分体时期的染色单体是在何时复制形成的?(3)减数分裂过程中,哪一阶段实现了染色体数目的减半?(4)一个精原细胞产生四个精子细胞,为何染色体数目只减少一半?然后让学生观看减数分裂过程的录像,教师对录像内容进行讲解,引导学生进一步掌握减数分裂的实质,体现其主导作用。学生边看边听边思考,注意力比较集中,回答问题就容易得多了。最后,逐步显示出减数分裂各时期的图形,让学生自己总结各期特点,分析掌握染色体行为和数目的变化。在此过程中,教师引导学生将减数分裂与有丝分裂进行比较,便于学生理解知识体系之间的联系,进而区分开来,从而达到掌握知识的目的。

1.4　多媒体教学有助于学生构建完整的知识结构体系

应用多媒体教学,可以减少教师在课堂上的板书、画图、列表等一系列活动过程,加上生动的画面、优美的音乐、逼真的声音,从而增大了学生一节课的知识容量。特别是在上复习课时,教师利用信息技术把预先准备好的一个完整的知识网络体系投到大屏幕上或是投到学生计算机的屏幕上,可以使学生在瞬间勾起对以前所学大量知识的回忆,省时高效,而且还利于分层教学、自主复习、有的放矢、新旧结合,大大提高了复习的效率。例如,在复习"三大营养物质的代谢"时,由于教学内容多,学生水平不同,教师采用网页的形式呈现给学生知识体系以后,学生可以根据自己的掌握程度,有的重点复习脂类代谢,有的重点复习糖类代谢,有的重点复习蛋白质代谢,所有学生都可根据自己已有水平自主学习。一个较好的课件,既对基础较好的同学起到提纲挈领、高效系统复习的作用;又可照顾基础薄弱的同学,起到"新授"、重新学习的作用。

1.5　多媒体教学有利于激发学习兴趣,提高教学效率

爱因斯坦说过:"兴趣是最好的老师。"兴趣是一个人积极探究某种事物或爱好某种活动的意识倾向。鲜活的生物与其复杂的生活情境,靠传统教学中任何丰富的语言和形体动作是难以全面展现的,而多媒体是创设真实情境最有效的工具。利用多媒体创设与教材密切相关的情境,能一下子吸引学生的注意力,激发其学习兴趣和求知欲望,使学生发挥其主体作用,从而达到寓教于乐、寓获于乐的目的。

例如,讲"果实和种子的形成"时,用电脑显示① 一朵红色含苞欲放的玫瑰,② 一朵开放的花,③ 自花传粉、异花传粉三张幻灯,以作为引言导入新课,在很大程度上可提高学生的学习兴趣,产生先入为主的效果。结尾时运用电脑屏幕显示① 鲜花盛开的缤纷世界,② 五颜六色的各种水果,③ 以一束鲜花为背景,上面写着"花朵,谢谢您!"三张幻灯,充分发挥电脑的特性,为学生创设一种愉快和谐的学习气氛,极大地激发学生学习生物学的兴趣。

此外还可以利用多媒体设问,创设过程提纲。同时可以添加动画效果来激发学生的学习兴趣,并可将"想一想"、"看一看"、"猜一猜"等小问题随时穿插在画面和教学过程中,创设一个趣味性的课堂教学环境,让学生在轻松愉快的教学情景中学习,这样学生的学习积极性高,学习效果也好。例如,在学生充分理解凝集原和

凝集素相互之间的关系后,屏幕展示下列问题:红细胞凝集反应对人体有什么害处?每种血型中能否有相同的凝集原和凝集素?怎样检验自己的血型?这样既检验了学生对所学知识是否真正理解,又提高了学生的知识综合运用能力。

1.6　多媒体教学有助于全面提高学生素质

多媒体教学手段是世纪教学必备的现代化手段。在科技高速发展的今天,学生从各种媒体中大量获取知识,他们对知识传授量和教学效果提出更多、更高的要求。多媒体教学从学生角度考虑问题,集听、视、触觉等器官于一体,不仅能高度集中学生的注意力,让学生掌握生物知识,开发智力;而且能发展学生的思维个性,引导学生运用观察、联想等方法,使学生主动参与问题研究,从中得出新的理解、新的结论、新的发现,培养学生的创造力。

多媒体教学有利于提高学生文化素质。在多媒体教学中,可以更有效地利用现代通讯技术加强各学校之间、学生与学生之间、教师与教师之间的信息沟通;可以让学生更多更快地了解外部世界,扩大学生的知识面,从而达到提高学生文化素质的目的。

多媒体教学有利于提高学生的心理素质。在多媒体教学中,培养学生全身心地投入课堂。多媒体教学(包括设备的外形和银屏的内容)吸引了学生,教师适时质疑、诱导,将学生的注意力由外形引入银屏,渐渐地把全部精力集中到知识中来。这样,不仅能获得更多的知识,而且培养了学生达到忘我境界的良好心理状态。

同时,利用多媒体教学可培养学生竞争精神和克服困难的意志品质。教师在课堂教学中适当地举行生物知识抢答比赛,学生积极性高,人人想争先,从而培养了学生的竞争意识。此外还会增强学生们克服困难的自信心,培养其坚强的意志。

总之,多媒体技术为我们提供直观、形象、能刺激多重感官的教学手段,既生动、真实,激发学生的学习兴趣,又把知识传授与技能训练、能力培养有机地结合在一起,可使学生最大限度地进入学习过程,极大地提高教学效率。

2. 多媒体技术在生物学教学中的运用原则

多媒体技术作为当今较为成熟的教学手段,对实施教学目标、优化教学过程、提高教学效率、加快教改步伐、全面实施素质教育有着不可低估的作用。我们应掌握以下原则以提高多媒体技术在生物学教学中的优势。

2.1　多媒体教学的运用要注意因地制宜

在生物学教学中应该根据教学的实际情况选择使用合适的多媒体教学,我国经济发展极度不平衡,有许多不发达地区,这些地区要像发达地区一样进行多媒体教学是不现实的;教师也应该领会多媒体辅助教学的精神,不要照搬多媒体辅助教学的模式,要因地制宜,量力而行,摸索出适合自己的多媒体教学的模式。

2.2 多媒体教学的运用要遵循学生身心特点

中学生正处于一个求知欲强,接受新鲜事物快的年龄时期,多媒体具有的声、光、电的综合刺激,能够激发学生的积极性,引起学生的注意。但心理学也表明,中学生的大脑皮层长时间处于高度兴奋状态,容易使身心疲倦;经常性地使用电脑,也容易使学生视力下降。因而,多媒体在生物课堂的使用,要注意两点:一是界面制作要平和自然,切忌花、艳、乱;二是一定要适时适度,切忌频繁滥用,否则其效果必然事与愿违。

2.3 根据内容选择多媒体原则

多媒体的设计主要是为了更好地解决在传统教学中不能或难以解决的问题。这就说明并不是所有的生物课都要运用多媒体教学。多媒体作为教学的重要手段,其展示的知识内容必须与教材相适应,与学生的认知水平相适应。中学生物学中有很多内容是学生能够看得懂,或通过自学能够掌握的,或其社会实践和生活经验已经具备了的,或只需要教师作简单指导便能融会贯通的。这部分知识是根本用不着利用多媒体来进行教学的,否则就"画蛇添足"或者是"杀鸡用牛刀"。而像一些微观的现象或暂时观察不到的现象,我们可以通过多媒体来展现,为学生创设良好的学习环境,使学生能够一目了然。如"细胞的分裂"中有丝分裂、减数分裂、无丝分裂的过程,我们通过微机模拟分步展示各个时期的变化特点和整个过程,使学生有直观的感受,而且通过三者的比较,能够熟练地把握三者之间的根本区别,对其进行理解和记忆。尽管只使用了几分钟的多媒体,但比语言表达效果好得多。再如"动物的个体发育",我们可以用微机模拟一个池塘中蛙卵发育为蝌蚪的过程,再通过录像显示蝌蚪的变态发育,使学生印象深刻。所以说在教学过程中使用多媒体时应该根据教学内容的需要而设计。

2.4 根据实验性质选择多媒体原则

生物学是一门以实验为基础的学科,在实验过程中可以培养学生的动手能力和观察能力,也是培养学生创新思维和创新能力的主要阵地。因此,我们认为可以用实验展示的现象或实验本身一般是不适宜选用多媒体来替代的。但对于生物实验中的一些微观现象的理解,以及对生物演示实验中那些具有一定危险性的实验,利用常规的实验手段,或现象不明显,或产生意想不到的后果,则可以通过多媒体来实现,帮助解决问题。如光合作用、呼吸作用的过程,噬菌体侵染细菌的实验,米勒实验等,通过多媒体的展示,能收到良好的效果。

2.5 根据课型选择多媒体原则

尽管媒体的形式特点不同,传播信息的内容不同,但如果教师的演示千篇一律,也是无法适应学生好奇、求新的心理特点的,难以调动学生学习的兴趣。因此,媒体使用的方式要灵活,要根据不同的教学内容恰当地选用多媒体。

（1）新授课

新授课以传授学习新知识为主要任务,它既是学生获取新知识、改善知识结构的过程,也是学生认知能力和思维能力发展的过程。在生物学教学中,新授课的教学目的在于认识生物的形态结构和生理特点。为了达到这一目的,应在课堂教学中充分利用多媒体的直观优势,恰当选用多媒体教学方法和其他教学方法。比如传统媒体,包括标本、模型和挂图等,这些物品是上新授课必不可少的;电教媒体,包括投影、幻灯、录像、微机等,能够克服传统媒体在时间和空间上的限制,化静为动,信息量大,图像生动,音响逼真,在理论教学中,可根据内容特点合理选用。如形态部分的"细胞的形态和功能"这部分内容,因属于微观领域,学生无法观察,也难以理解,在教学中配以模型,以 CAI 软件演示其内部结构,就有利于学生掌握其内部构造,形成深刻的印象。

（2）习题课

习题是检查学生掌握知识的一个积极措施,每一道习题体现一个知识点、一个知识网络的结合点。而且,习题的类型多种多样。因此,使用多媒体技术可减少教师的板书,增大一节课的容量。

（3）复习课

复习是对各章（或全册）的分析和总结,如果仍按教材知识体系简单罗列,就可能使学生进入盲目重复、机械学习的复习怪圈,最终导致学生兴趣索然,缺乏创造性解决问题的能力。复习课应鼓励学生对章节知识体系进行聚合总结,并加以发散运用。在复习时间较短、课时较少的情况下,多媒体技术常用于复习知识点多、容量大的重点、难点内容。因此,上复习课时,教师应尽可能用多媒体技术设计出既有利于学生掌握知识,又有利于增强学生思维、创造性复习的新视角、新思维、新方法。

3. 多媒体技术与生物学教学整合过程中应注意的问题

尽管多媒体在提高课堂教学效果和培养学生素质方面有很大的优势,但是,我们还是不能迷信其功效,我们只能将其作为我们教学的一种手段,恰当地结合其他教学手段,为我们的教学起到很好的辅助作用。这就要求我们在多媒体的使用过程中必须注意以下一些问题。

3.1 多媒体的使用不宜过多,以免造成学生疲劳,分散注意力

生物课不是计算机课,多媒体教学并不是每堂课或整堂课都能进行的,忌讳过多过滥、过分依赖多媒体课件、全课堂使用多媒体课件。比如,问题的推演、分析过程,应由教师亲手在黑板上完成,使学生能在教师的推演过程中有时间学习思维方法,培养良好的解题习惯,而不是通过多媒体的快速演示,一味地加快教学进程,而忽略学生的接受能力。同时我们不能为了省事,而将一些可以通过课堂上实际动手做的实验用电脑动画展示了事。因为只有亲手做或者看老师做实验演示讲解才能深切体会到实验的方法、步骤和应该注意的问题。而且,动画演示无法让学生体会到解决问题的复杂性,容易让学生形成眼高手低的现象,不利于学生动手能力的培养。再比如,过多的利用多媒体,我们的授课就变成了课件放映,教学变成了看动画片,这也不利于教学效果的提高。

3.2 多媒体使用时要注意忌形式化,宜重实效

有的教师制作教学课件过程中一味追求所谓的"效果",过于强调"光"、"影"、"声",使课件成为小电影、卡通片,而忽视了课件的课堂教学功能,不能够紧扣课堂教学,相反却分散了学生的注意力,不能起到深化课堂教学的这一主要目的,这就与使用多媒体教学的初衷完全相悖。因此在使用多媒体教学时一定要讲究实用,切忌一味追求形式。在多媒体课件界面的创意上,要恰到好处地刺激学生感官,不能使学生只停留在对刺激信息本身的欣赏和关注,必须注重对深层次内涵的把握与理解。比如在讲授绿色开花植物双受精作用的过程和概念时,可以把花粉粒的萌发、花粉管的伸长、精子的释放以及两个精子分别与卵细胞和极核相融合的连续过程制成课件,给学生生动形象地展示出来,不仅给他们强烈的视觉刺激,更重要的是加深了他们对概念内涵的理解。

3.3 演示时要与讲解、谈话、讨论等方法配合好,使教学语言起到动员、组织、指导和总结的作用

不要把自己变成课件讲解员,更不要把学生当做是看电影的观众。生物课堂教学过程是双向情感交流的活动过程,教师授课切忌"见物不见人",只是埋头于操作台上,眼里只有鼠标和计算机桌面,而没有学生;必须正确定位教师的角色,不能仅仅充当鼠标"点击者"的角色,应成为"点拨者",应实现课件与教师两者的最优化组合。因为课件不能代替教师的体态语言,不能调控课堂,不能实现师生面对面

的交流,更不能体现教师的人格魅力,因此,在运用多媒体时必须考虑如何与师生双边活动有效地结合起来,加强双向的情感交流。

3.4 多媒体技术与生物学教学整合过程中对教师的要求

虽然多媒体技术在生物学课堂教学中发挥了其众多优势,但不可忽视的是,多媒体技术与课程整合的成功与否,教师全面素质的提高是最为关键的前提,即应加强对教师的信息技术素质培养。否则,多媒体技术与生物学课堂教学的整合只能是一纸空谈。因此,教师在日常工作之余,应多注意学习,用先进的教育思想和教育理论武装自己的头脑,让多媒体教学手段服务于现代教学理念,即应把多媒体手段定位于辅助作用,而不能喧宾夺主。另一方面教师一定要通过各种渠道参与信息技术基本技能的学习和培训,如 Office 基本组件 Word、Excel、FrontPage 及 Powerpoint,常用图像处理软件 CAD、Photoshop 等,常用动画处理软件 Macromedia 系列 Flash、Authorware 等,以及常用视频播放工具的培训和练习,这样才能在信息技术渗透到各个领域的情况下,满足学生对知识的基本需求。同时教师应能够操作先进教学设备,能及时处理课堂上可能出现的一些意外的情况。

第二节 多媒体教学课件的设计与应用

在生物学教学中,如何把运动的生命现象,尤其是微观的生命现象展现出来,这是非常重要的。现代化的信息处理技术——多媒体技术由于可以综合处理和同时传递声音、文字、图像等各种信息,同时能够展现丰富和方便快捷的人机界面,被得到推广和普及,而多媒体教学的推广和普及,少不了多媒体课件的支持。多媒体课件质量的好坏直接影响着课堂教学效果。多媒体课件的设计、制作不仅要按照软件工程的一系列规范来进行,而且多媒体课件是一种用于教学领域的特殊软件,因此,它还必须符合教学规律,符合学科特点,必须在教学理论的正确指导下准确表现学科的教学内容。

多媒体课件是一种根据教学目标设计的、表现特定的教学内容、反映一定教学策略的计算机教学程序,可以综合处理文字、图形、声音、动画以及视频等信息,并使这些信息建立连接,表达更丰富、更复杂的思想或方法,为学生提供一个良好的学习环境,使学生通过与计算机的对话来进行学习的一种新型教学形式。采用多媒体课件进行教学,以随机性、灵活性、全方位和立体化的方式把各种知识形象生动地呈现在学生面前,为学生营造一个活泼生动的学习氛围,促进学生的学习能动性。所以,在教学过程中使用多媒体课件辅助教学已势在必行,这就要求教师必须能够设计和制作出高质量的多媒体教学课件。

1. 生物学教学中多媒体课件设计平台

根据生物学自身的特点,制作多媒体课件可以采用以下五种平台。

1.1 Authorware

Authorware 是当前生物课件市场化制作的主要平台。由 Macromedia 公司开发的,主要用于集成录像、动画等 avi、mpg 文件和声音 wav 文件,并能控制 avi 文件播放;具有一定的交互作用,可以演示拖动图片、文字等,可以通过函数调用外部程序。生物学中的光合作用、呼吸作用、动物的个体发育、细胞分裂、基因控制蛋白质的合成等可以用它来集成。

1.2 PowerPoint

PowerPoint 是生物课件中最常用的平台。由 Microsoft 公司开发,主要用于演示。有统一的界面格式,也可以自创。能通过插入和超链接调选所需要的文件。技术要求相对较简单,主要用于展示影像、图片、文字。生物学中可以用它来介绍一些科学史实、简单的实验过程、生活现象等。

1.3 Flash

Flash 是生物课件中较精美且喜好者甚多的一种矢量动画平台,由 Macromedia 公司开发的 Flash 近来活跃于 Inter 网上,以它简单的背景、美观的界面、独特的矢量动画效果和其占空间小等优点拥有众多的爱好者。Flash 主要用于 gif 动画的制作,也可以直接以 swf 文件的形式成为独立的课件。但修改较为麻烦,且无集成功能。生物学中一些二维状态的渐变动画(如植物的个体发育、酸雨、有丝分裂、克隆羊、生态平衡、水循环等)可以由它来制作,特点是界面美观,渐变过程清晰;同时它的一些交互性对师生互动也能起到很好的促进作用。

1.4 FrontPage 和 Dreamweaver

FrontPage 和 Dreamweaver 主要用于网页制作。可以直接连上 Internet,通过超链接的方式进行随意跳转;可以展示 gif 动画,或下载所有需要的材料(包括文字、音乐、图片、录像、动画等),或在线直播;可以通过查询的方式找到自己所需的资料;也可以通过外调的形式在当前窗口中显示各类 exe 文件或动画、录像等。生物学中主要用它来显示文本内容较多的知识,提供一个广阔的学习环境和资源。网络的应用将是未来生物教学发展的方向。

1.5　3D MAX

3D MAX 主要用于三维动画的制作。由于它对电脑硬件要求较大且所占资源较大,目前很少用于生物学教学,但随着电脑硬件的不断进步,三维动画的制作在生物学的动画制作方面有着 Flash 不能取代的优势,其三维性、直观性比 Flash 的二维动画更强,所以在未来应该有更广阔的空间。

2. 生物学教学中多媒体素材的收集与整理

在多媒体课件的制作过程中素材收集的工作量最大。素材收集是将脚本中的文字、声音、图形、图像、动画和影视等内容分别制作成适合计算机多媒体编程的不同格式的文件,为课件后的制作作准备。生物学教学中常用的多媒体素材主要有图像和视频文件等,可以从以下几个途径去收集。

2.1　扫描

用扫描仪直接扫描现成的图片,是目前广大教师获取图像素材时采用最多的一种方法。随着印刷技术的提高,很多杂志、专著中都有大量精美的图片。还有一些国外出版的教材,大多图文并茂,能够提供大量教学所需的图片。教师平时在阅读有关书籍时,可将其中有用的图片扫描下来,以备教学之需。

2.2　摄影、摄像和录音

很多时候我们需要的素材别人那里没有,或不符合自己教学的要求,这时候就只有充分利用现有的条件自己动手。许多生物老师都是摄影爱好者,用相机拍一些照片,用于教学是不困难的。近年来,数码照相机逐渐走入千家万户,虽然它的一次性投资大一些,但不用消耗胶卷。它还有一个优点就是能当场看到拍摄效果,如不满意可马上删去重拍,对生物教师非常适用。如果要拍细胞、微生物等微观物体,可以使用显微照相机。如果上课时要用到动物的叫声,可以用录音机到动物园或野外去录制。现在很多家庭购买了摄像机,用它将一些实验操作过程、生物运动过程录下来然后在课堂上播放,在教学上可得到很好的效果。

2.3　录制电视节目

老师们在看电视的时候,常常希望将某些有用的节目录下来,在上课时放给学生看。许多家庭有录像机,可以将节目录在录像带上。但一般电脑无法播放录像带,这样一来老师在上课时要同时操作电脑和放像机,十分不便,况且许多多媒体教室里没有放像机。如果电脑上有视频采集卡,则可将电视视频信号转化为MPEG1 (VCD) 格式,存在电脑硬盘上。不过绝大多数教师的电脑没有采集卡。现在市场上有一种光盘录像机,可将电视信号转化为 MPEG1 格式,直接刻录在空白的光碟上,刻录出来的光碟可以用电脑播放。它还可以连接放像机、摄像机,将录像带上的节目转制成 VCD。

2.4　网上下载

网络资源浩如烟海,为素材的收集提供了极大的方便,广大教师一定要充分利用这一宝贵而又丰富的资源。国内有不少多媒体教学的网站,上面不仅有图像素材,而且有不少课件供参考和下载,另外还有多媒体制作的技巧、心得等等。一些摄影方面的网站上也有不少精美的图片,尤其是动物和花卉方面的。以上两类网站通过几大门户网站(百度、Google、新浪、雅虎、搜狐等)的分类搜索引擎很容易到达。当找到一个称心的网站之后,从它的友情链接(或相关站点)里又能发现更多类似网站,如此类推,就可以找到大量有价值的网站。国外生物学方面的网站更多,这些网站通过门户网站的搜索引擎当然也能到达,但最好使用生物学方面的引擎,如植物学方面的 http://www. botany. net/IDB/botany. html,动物学方面的 http://biomuseum. sysu. edu. cn/ ASP/search/animal/view_pic/guanchang. asp?page=3,真菌方面的 http://www. mykoweb. com/等。在这些专业搜索网站的 Image 分类栏中列出了含有大量图片的网站,允许免费使用这些素材。

3. 生物学教学中多媒体课件的设计

3.1　课件设计的思路和原则

运用多媒体进行教学,不仅具有直观、形象、生动的特点,而且还能实现大与小、远与近、快与慢、虚与实之间的转换,并具有信息量大、化繁为简、化难为易、化静为动等特点。因此,利用多媒体进行教学已越来越受到广大生物学教师的重视,在教学中应用多媒体进行知识的传授也越来越普及。然而,由于不少教师对多媒体在课堂教学中作用的片面理解、舍本逐末、盲目炫耀,滥用、粗用等现象时有发生。要解决这些问题,关键是在制作多媒体课件时要有一个清晰的设计思路。

就目前来讲,课件设计的思路主要是以学生的"学"为中心的课件设计,这是多媒体技术与学科整合的要求,是新形势下素质教育的要求,也是未来占主导地位的设计思路。

多媒体课件的设计,要从教学实际出发,结合学科特点,根据教学内容来确定。要把握好以下几个原则。

（1）科学性

多媒体课件是一种宜于普遍推广的成果,课件所展示的内容,是教师教学思想的具体体现。多媒体课件的设计必须符合现行教学大纲和教材,决不能另搞一套或利用别人的课件生搬硬套。课件的内容要在基于现行教材、准确反映教材内容的基础上，扩大其知识面，将最新的科学研究成果在课件中反映出来，从而把最新的信息传递给学生。这些信息一定要正确无误，一旦出现错误，则造成的损害远远不是一个教师的失误所能比拟的。因此多媒体课件设计不能违背科学性原则，不能把错误的概念和原理传授给学生。

（2）动态性

多媒体有鲜艳的色彩、逼真的声音和丰富的动画效果，对学生的感官形成多种刺激，多媒体的交互性又增强了学生的参与意识和能力，是提高学生学习兴趣的良好手段。在课件设计中应充分利用这个有利条件，尽可能把课件制作得精美一些，尽可能多地使用符合教学实际的优质画面、令人神往的背景声音、惟妙惟肖的动画，使学生在学习过程中仿佛置身于艺术的殿堂，使学生感到美，从而提高学习的兴趣，达到愿学、乐学的最高境界。

（3）可操作性

多媒体课件在制作完成之后要易于操作，主要表现在以下三个方面：一是检索方便，无论你需要哪一个课件、哪一部分内容，都可以随时随地选择并进行演示；二是能控制速度，实际过程发生在瞬间，然而，为了讲清原理，必须分解动作，多媒体能够完全受控地适宜于不同的教师与学生，可以放慢运动速度、分解动作，也可加快、连续运作；三是分步提示，学生采用多媒体课件自学或解答某些难题时，计算机能分步提示学生，按照不同学生的不同学习进度，循序渐进，引导和指导学生学习。

制作课件时要充分考虑到教学过程中可能发生的问题，要能随机地对各个画面进行调控。如有丝分裂过程课件，教师播完了第一遍后，在总结时讲到核仁的周期性变化、核膜的解体和重建、染色体的形态周期性变化时，可随机地选择需要的画面。如不能做到这一点，只能重新演示一遍，教学效果就要差得多。

（4）创新性

创新表现在多方面。例如概念和理论的创新、创作手法上的创新、技术手段的创新以及教学模式和学习模式的创新。如在噬菌体一章中，噬菌体的毒性作用及溶原周期可以由静态转为动态，这样噬菌体基因的整合、复制及如何脱离细菌的基因这一系列复杂的过程就能一目了然，形象而生动，便于学生理解和记忆。

3.2 设计的方法与步骤

（1）发挥计算机的优势，选择适合表现的内容确定一个鲜明的可以用多媒体来表现的主题,能够充分发挥多媒体的作用,是其他教学手段所不能解决或不可能达到此效果的。

(2) 根据不同的教学内容选择适当的表现方式

内容选择好以后,接下来就是有针对性地进行教学设计,这一环节必须写出对内容进行详细剖析的文字脚本,主要应处理好以下素材的加工。

① 文字的设计

● 文字内容要尽量简洁、突出重点,以提纲式为主,有些实在不能舍去的文字材料,如名词解释、数据资料、图表等,应采用热物体、热区等交互形式提供,阅读完后自行消失。

● 文字内容要逐步呈现,对于一屏的文字资料,应随着阅读者的阅读逐步显示,引入时还可以采用与内容相结合的动画效果和音响效果。

● 对于文字内容中的关键性的标题、结论等要用不同的字体、字号和颜色加以区别,突出强调。

② 颜色的设计

合理的颜色可以给课件增加感染力,但应用要适度,不要过于花哨,以至于重点不突出。

③ 声音的设计

要注意声乐的节奏与内容的风格相符,不用声乐即可达到预期效果的,完全没必要为体现多媒体的功能而用。

④ 图形、动画的设计

图形、视频、动画的设计要准确、科学、直观、恰当地表现出教学内容。

⑤ 强化练习设计

精心挑选本主题中既反映生物学基本概念、基本原理又能适应不同学生的要求的练习,以便通过强化练习纠正原有的错误理解或片面认识,最终达到符合要求的意义建构。可以采用抢答竞赛的方法进一步激发学生的积极性或通过数据库进行统计分析。

4. 生物学教学中多媒体课件教学应注意的问题

采用多媒体课件进行教学,以随机性、灵活性、全方位和立体化的方式把各种知识形象生动地呈现在学生面前,为学生营造一个活泼生动的学习氛围,促进学生的学习能动性。多媒体课件可以较好地突破教学难点,提高课堂效率,但绝对不能盲目扩大一节课的信息量,切忌不管是否需要、是否适宜,不考虑方法,不顾及效果,盲目地使用多媒体的现象。青少年学生具有富于想象、喜欢怀疑和争论的心理特点,培养其探究意识和创造性思维是素质教育的重要方面。所以在多媒体教学过程中,一定要给学生留下思维的空间和时间。教师可通过多媒体课件创设诱思情境,展示相关知识背景,引导学生独立地探索和发现、相互讨论和研究,激发学生的创造性思维,经过长期潜移默化,提高学生发现问题、解决问题的能力。学生的认知水平总是由低到高,对客观事物的认识也总是由感性到理性,由具体到抽象。因此,多媒体课件的内容设计、类型选择和使用时机都要符合这些规律,以利于提高学生的思维水平。课件的设计和选择首先要考虑教学效益,同时还要注意经济效益,力求节约。当然还要便于教师的操作,但切忌随意地用多媒体课件代替实验。

第三节   Internet 上的生命科学资源

现代教育技术是教育技术在信息社会发展的新特征,标志是多媒体技术和网络技术在教育、教学的广泛应用。网络资源具有信息量大、链接丰富、实时性和互动性等特点,互联网传递着越来越多的生物学教育信息,如动植物的图片、课件、动植物的趣闻、最新生物科学进展等。教育工作者均应该充分利用这些网络资源,更新教学内容,改进教学方法,提高教学质量。在网络技术和网络资源不断发展和丰富的情况下,如何将网络资源在生物学教学和实践中得到合理应用,是一个很有价值的问题。

1. 网络在生物学教学中的运用

计算机网络是当代科技发展的产物。网络的信息传播容量大、范围广、双向交互作用性强。它在时间、地域、师生的交流方式、学习的内容、方法和途径上都是开放性的。计算机网络有机地渗透到生物学教学中去。有水到渠成之功效,能将问题变得生动形象,教学过程得心应手,起到事半功倍的教学效果。在课堂上充分利用网络资源,可以增进课堂教学的新颖性、启发性和直观性,取得良好的成效,提高学生的兴趣和学习积极性。近年来,在生物学教学过程中,我们积极探索使用计算机网络教学,积累了一定的教学经验,取得了一定的教学效果。

1.1 导入新课

运用计算机网络烘托课堂气氛,容易激发学生的学习兴趣,使教学内容更充实,形式更多样,更有利于拓宽学生的知识面,培养学生热爱大自然、热爱生活的美好情操。例如"动物学"部分,我们用网络播放事先录制好的许多动物的叫声,如马、牛、羊、鸵鸟、东北虎、长颈鹿等动物的叫声;播放《动物世界》录像片段,使学生有身临其境之感;同时还在区域网上播放《鸟类——我们的朋友》,使学生随时可以通过电子阅览室或教室的终端进行浏览。对这一切,学生无不表现出浓厚的兴趣,还培养了他们的生态道德,激起学生的求知欲望,急于寻找问题的答案。此时教师便可适时因势利导,达到导入新课的目的。

1.2　讲解概念

有许多生物学概念比较抽象,运用计算机网络可以化抽象为形象。例如"生态系统"这一概念是一个难点。在校园电视网上播放,说明大到整个地球,小到一片森林、一块草地、一个池塘、一条河流等,每一区域内的生物群落与周围环境结合在一起,都可以成为一个生态系统。关于"克隆"一词,这是当今生物界议论不休的问题,可在校园电视网上播放关于"克隆"的系列纪录片、科幻片,然后开展电子问卷调查。学生通过鼠标的点击进行选择,提出后,计算机就会立即对数据进行统计、分析,教师可以迅速、全面地获得充实而详尽的第一手资料。我们可以在完成了关于"克隆"系列片的播出和关于"克隆"的调查后,在校园 BBS 上设立一个专门讨论,讨论的主题是"'克隆人'将带来什么?",让学生在网上自由发表言论。在讨论进行一段时间后,又可以组织专题讲座"克隆与社会"。这样,不但激发了学生探索新知识的欲望,而且节约了教师讲解概念的时间,还可使枯燥乏味的术语变得生动形象,使学生很容易理解和掌握抽象的概念。

2. 利用网络开展生物学课外活动

网络的信息传播容量大、速度快、范围广,双向交互作用性强,它在时间、地域、学习的内容、师生的交流方式、学习的方法和途径上都是开放性的。利用网络来开展生物课外活动,更有利于拓展学生的思维,发展学生的能力,提高学生的综合素质。

2.1　宣传生物学科普知识

利用校园电视网和校园局域网来进行生物学科普知识宣传,相比传统的宣传工具黑板报和宣传栏,承载的信息量更大、内容更充实、形式更多样,更有利于拓宽学生的知识面,培养学生热爱大自然、热爱生活的美好情操。

2.2　开展电子问卷调查

利用校园局域网开展电子问卷调查,在调查的广泛性和统计的及时性上,取得的效果大大优于传统的问卷调查。学生通过鼠标的点击对调查问卷的答案进行选择,提交后计算机就会立即对数据进行统计、分析,教师可以迅速、全面地获得充实而详尽的第一手资料。

2.3　组织专题知识讨论

网络在时间、地域和交流方式上具有开放性。在网上进行专题知识的讨论,能更好地扩大参与面和调动学生的积极性,培养学生的批判精神和鉴别能力。

2.4　展示学生科技成果

组织生物学科技活动,可以加强学生的智力开发和能力培养,促进课堂教学,提高生物教学质量。而科技成果的展示,将使学生获得一种荣誉感,从而得到极大的鼓励,也将吸引更多的同学参与到生物科技活动中来。在网上展示学生的科技成果,不但能很好地解决展示场地、作品保管等问题,而且有利于更多的同学来参观和研讨。这样,既培养了学生的思辨能力,又使学生对生物与环境的课堂知识有了进一步的认识,还扩大了学校的社会影响。

2.5　设立青春心理信箱

身高、体重的迅速增长,第二性征的出现,给正处在青春期的中学生带来了烦恼和困惑,对他们心理问题的解答,也是生物教师工作的一部分。为了让更多的学生能得到老师的帮助,可在校园网上设立"青春心理信箱"。凡是需要帮助的同学都可以把自己的要求写到信箱,专门的心理辅导老师用密码打开信箱,了解学生需要后,根据不同要求,采取合适方式进行心理指导,或面谈,或回信……让所有的学生都能健康成长。

利用网络开展生物学课外活动要注意充分发挥学生的主动性,让大部分学生在浏览我们的生物网页的同时,也要让对生物、对计算机感兴趣的同学参与到我们的网页制作中来;让他们去查找资料、制作软件、维护网站,让学生感到这是自己的网站。在制作过程中,培养学生的探索品质、协作精神和独立工作能力。同时,生物学是一门重视实践和创造的学科,生物课外活动更应重视实践。在实际活动中,无论是采集标本或栽培、养殖生物,都需要仔细观察、分析各种生物现象,并参阅大量资料,说明和解决一些问题,从而促进学生的观察能力、自学能力、思维能力及独立工作能力的发展。

3. 网络上的生命科学资源

随着网络技术的日趋成熟及生命科学的迅猛发展,网络上的生物学信息无疑成了从事生命科学研究人员的强有力工具。但要在网上迅速有效地查找所需的信息却并不容易。下面探讨一下如何充分利用网络资源进行生物学课堂课件教学。

3.1 生物学网络资源存在形式

（1）文本资料

网络上关于中学生物学教学的文本资料主要体现在最新生物科技发展、生物学教学论文、教材补充材料、生物学试题等形式。这些材料对于扩大教学资源、增强教学能力都具有重要的辅助作用，可以让我们及时把握最新的研究进展，更新教学内容。

（2）图片资料

网络上可以提供大量的生物学相关图片资料，而且可以轻松找到。

（3）视频资料

生物学本身研究的是生命的活动过程，传统的生物学教学往往只能用静态讲解动态的生命活动，利用网络下载相应的视频资料，就可以实现动态演示生命活动过程，可以增强学生的理解力，活跃课堂气氛，提高教学质量和效果。

（4）积件资料

积件具有很强的灵活性，在制作课件过程中，灵活应用积件往往能起到事半功倍的效果。通过网络，将下载的积件插入到自己设计的课件的适当位置上，不仅能节省大量的制作时间，同时也加强了资源的共享，有利于课件制作水平的共同提高。

3.2 网络资源的获取办法

（1）使用搜索引擎获取资源

为了有效查询和利用网络上巨量但分散的资源，人们开发了搜索引擎（search engine）。使用这类检索工具，能从众多的生物学网站中快速找到所需的生物学信息。由于各种检索工具的搜索范围及组织方式有差异，若对其使用不恰当，就有可能费时费力却达不到预期目的。有效使用搜索引擎是提高网络信息利用效率的关键之一。国内搜索引擎如百度、搜狐、新浪等，国外的搜索引擎如 Google，Yahoo 等，使用方便、功能强大，为网上信息资源的查找提供了方便。

查找确切资料，可用搜索引擎提供的关键词查询功能。以 Google 为例，就既能查找中文网站，又能查找英文网站。Google 搜索资料时，先根据众多网页间的相互链接判断网页的重要性，根据关键词分析网页的接近度，然后按照重要性和接近度对搜索结果排出优先次序，可逐项打开浏览。其搜索能力极强，如输入基因克隆、细胞工程、蛋白质组学等关键词后，搜到的信息达万条左右，还需进行第 2 次乃至第 3 次搜索来缩小范围，直至找到目标资源为止。也可在对话框中直接输入两个或多个关键词进行组合搜索,关键词的选择及输入方式根据实际情况而定。

(2) 直接输入网址获取资源

生物学信息资源是以网页的形式存储在服务器中的,用户只要输入自己所要查找的教学信息的网址,就可以在 IE 浏览器中查找。另外,各种电子期刊、出版社、文献情报中心等也是获取生物学信息的重要来源,如中国期刊全文数据库(http://www. cnki. net/),中国生物化学与分子生物学报(http//cjbmb. bjmu. edu. cn/)等。国外生物学相关的网上期刊也很多,如世界著名医学、生命科学数据库 BioMedNet (http://www. bmn. com),世界上第二大免费数据库 Highwire(http://highwire. stanford. edu)则提供部分文献的免费检索和所用文献的超级链接,免费文献在左边标有 Free。

(3) 通过 E-mail 获取信息

借助于 E-mail 可以提高获取期刊信息的效率与同步性。国外的著名出版社以及一些专门提供文献检索的网站都有 E-mail Alert 服务,用户可以订阅一些自己所需要的生物学教学信息的电子期刊。如在网上订阅 *Science*(http://www. sciencemag. org)、*Nature*(http://www. nature. corn/nature/) 和 *Cell* (http://www. cell. com)等著名刊物,可以及时了解生物学领域的最新进展,收集到许多与课堂教学内容相关的文献用于及时更新,并把科研新动态展示给学生。

3.3 生物学教学中利用网络资源时需要注意的问题

尽管网络资源在生物学教学中具有许多优势,但不能盲目地滥用,只有把网络资源信息与传统的教学方式有机地结合在一起,才能取得最佳的教学效果。所以,在运用过程中,需要注意以下问题。

(1) 资源的整合与合理利用

网上的生物学资源多而繁杂,切忌在课堂教学中将材料进行简单堆积,这会使学生目不暇接、无所适从。要在使用前对网络资源进行整理归档,然后精选一到几个质量较高且具有代表性的材料在教学中应用,才能起到好的教学效果。

(2) 版权

在利用网络资源时,也要注意版权问题。网上的资源有些是共享的,但许多均声明了版权所有。应注意尊重他人的劳动,保护知识产权。运用于教学时应注明资料来源,且仅限于教学使用,不能用于商业目的开发。

现代社会是信息化的社会,网络资源正日益广泛地应用于生物学的课堂教学,为学生提供了直观形象、生动活泼、丰富多彩的学习内容,有效地促进了生物学课堂的大容量、多信息和高效率,有利于拓宽知识面,丰富知识积累,培养学生的信息处理能力和自学能力。生物学教师应该丰富自己的专业知识,提高网络操作技能和处理信息的能力,充分利用网络资源的教学实践,主动充当协助者、引导者与管理者等多种角色,将网络资源与教材内容相结合,使其成为教学的重要参考源和信息源,有效地引导学生学习。

【思考题】

1. 如何更好地体现多媒体辅助教学的优势?

2. 多媒体课件开发设计中要考虑哪些因素?

3. 结合实际情况谈谈你对在网络环境下的生物学教学的体会或思考。

4. 如何利用网络开展生物学课外活动?

【参考文献】

1. 王雪松,李铁,王艳. 多媒体技术在生物教学中的运用[J]. 高师理科学刊,2002,22(1):79—80

2. 孙钠. 关于生物教学中应用多媒体技术的思考[J]. 成都大学学报(教育科学版),2008,22(2):66—67

3. 林和. 多媒体电化教学在生物学教学实验中的作用[J]. 实验技术与管理,2002,19(2):43—44

4. 裴纯礼. Internet 网络应用教程[M]. 北京:北京师范大学出版社,1999

5. 陈海东,汤忠杰等. 多媒体技术及应用系统制作[M]. 北京:北京师范大学出版社,1994

第七章 生物学教师的专业素质与发展

第一节 教师专业化

在人类漫长的历史上,很早就存在着教的活动。在原始社会早期,由原始部落的首领或有经验的人承担教师的职责;奴隶社会早期,教师则由官吏兼任。在学校产生后一个相当长的历史阶段里,教师并不是专职的,教师职业也没有成为一种独立的社会职业,教师更没有经过专业教育机构的专门训练。真正作为专门培养学校教师的专业性教育只有 300 多年的历史。伴随着教育普及化、教育理论与实践的丰富与发展,教师职业才逐渐成为一种专门的、科学的职业,并逐步形成专业化的特征。教师专业化是当今世界教师教育发展的重要趋势,是教师教育发展到一定阶段的必然归宿和核心体现。

1. 教师专业化的内涵

教师专业化(teachers specialization)就是指教师在整个专业生涯中,通过终身专业训练,习得教育专业知识技能,实施专业自主,表现专业道德,并逐步提高自身从教素质,成为一个良好的教育专业工作者的专业成长过程。其专业性表现在,国家规定的学历标准,必要的教育知识和教育能力,职业道德,教师资格的管理制度等。

一般说来,教师专业化的目标有两个。一是把教师视为社会职业分层中的一个阶层,专业化的目标是争取专业的地位与权利及力求集体向上流动。二是把教师视为提供教育教学服务的专业工作者,专业化的目标是发展教师教育教学的知识和技能,提高教育教学的水平。两者相辅相成、相互制约,即当教师群体的社会地位与权力达到社会平均水平以上,能够获得社会其他阶层的承认与尊重时,其源头质量将得到根本保证,使之能够稳定提供给社会优异的服务质量,从而形成良性循环;反过来,当整体教师教育水平达到专业化的要求,所提供的教育教学的知识与技能足以满足社会发展的需求时,其"集体向上流动"的趋势会日益增强,作为一个社会阶层的专业地位会日趋巩固。这就要求我们各师范大学担负起教师教育的责任,使师范大学生在在校期间,尽最大可能获得应该获得的和所能获得的从教知识与从教技能,为教师专业化目标的尽快和最终实现做出自己不懈的努力。

2. 教师专业化的历史进程

教师专业化是随着师范教育的逐步发展而逐渐得到人们的认可和重视的,它的发展变化经历了非专门化—专门化—专业化三个大的发展阶段。

2.1 教师非专门化阶段

制度化教育形成以前,社会教育还没有普及,教育是少数统治阶级的特权,学生数量少,教师需求量小,教师对教育内容的把握无须借助附加的外在力量,教学内容非常简单,现实生活中的模仿与实践基本能够满足需要。在这一时期,学校主办者多样化,办学条件不同,教师的来源也不同,如受教会控制的学校其教师来源于教会雇用的平民,有的学校则由地方政府聘请教师,甚至一些无力借它途谋生的人也往往投奔这一职业,靠教学维持生活,但很少有人以教师为专职。教什么、何时教、怎么教都由教师说了算,从整个社会来讲,教育还处于十分散漫的状态。学校和教师的工作都没有什么统一的标准,人们对教育的需求并不强烈,也很少有人把教学作为自己的专门职业和终身职业,更谈不上对这个行业的人进行专门培训。因此,当时教师职业的专业化程度十分有限。

2.2 教师职业的专门化阶段

教师职业由兼职到独立的发展,一方面是社会发展推动的结果,另一方面是由于社会发展所带来的独立师范教育的诞生。随着义务教育的普及和班级授课制的实施,人们对原来的教育表现了越来越强的不满。人们已经认识到,一个有知识的人可以做教师,但如果没有或缺乏职业训练,就会直接影响教育的质量和效果,这样的人也难以成为好的教师。于是,设立专门的教师培训机构以培养专职的教师提上社会议事日程。

在这一背景下,1681年法国天主教神甫拉萨尔创立了第一所师资训练学校,这成为世界独立师范教育的开始。此后,许多西方国家就逐步建立起规范化的教师职业训练体系。到18世纪中下叶,欧美各国相继出现了师范学校并颁布了师范教育法规,使教学开始作为一门专业从其他行业中分化出来,教师的培训从职业训练转为专业训练。特别是师范教育机构成立以后,教师行业开始形成自己独立的特征。这些专门的师范教育机构不仅注重教师的教育内容,同时也重视教师教学方法的培训,除了对教师进行文化知识教育外,还开设教育学、心理学等方面的课程,开展教育实习,对教师进行专门的教育训练,并把专门的教育训练看成是提高教育质量的重要手段。

师范教育是培养师资的专业教育,它是现代社会的产物,它的诞生与变革标志着教师职业经验化、随意化的"解冻"以及教师职业专门化的开始。

2.3 教师职业专业化阶段

1966 年,联合国教科文组织与国际劳工组织在《关于教师地位的建议》中提出:应把教师职业作为专门职业来看待。人们也日益认识到,教学也是一门专业化的工作,对教师资格要求有了进一步的提高。于是,中小学师资训练逐步归入高师统一体中,中等师范学校或者被撤销、兼并,或者升格为高等师范学校,高师教育迅速发展起来。

20 世纪 80 年代以后,教师专业发展日趋成为人们关注的焦点和当代教育改革的中心问题之一。1986 年美国的卡内基工作小组、霍姆斯小组相继发表的《国家为培养 21 世纪的教师作准备》和《明天的教师》两个重要报告,同时提出以教师的专业性作为教师教育改革和教师职业发展的目标。霍姆斯小组于 1990 年和 1995 年所发表的《明日之学校》和《明日之教育学院》等系列报告,使得教师专业化在美国形成为一场声势浩大的改革运动,以至于许多研究和改革都是围绕如何促使教师获得最大程度的专业发展而展开,在世界范围内引起极大反响。1996 年,联合国教科文组织召开的第 45 届国际教育大会以"加强教师在变化着的世界中的作用之教育"为主题,再次强调了教师在社会变革中的作用,并强调指出"在提高教师地位的整体政策中,专业化是最有前途的中长期策略"。从此,教师的专业发展成为教师专业化的方向和主题。

3. 我国教师专业化现状

目前我国的教师专业化程度还很低,在传统的师范教育模式中,教师的职业发展属于非专业化或半专业化的历程,在教育科学专业、专业道德、专业发展、专业自主权等方面存在很大的欠缺。在很长一段时间里,人们对教师职业的特性和专业素质、对教师职业的不可替代性还缺乏全面而深刻的认识,存在很多误区。如社会上不少人,包括教育系统内部的一些人也认为中、小学教师所教的知识较浅,没有很高的学术性,谈不上专业性,似乎谁都可以做中、小学教师。

尽管教师专业化还存在很大的欠缺,但教师专业化的理念已经较为明晰,教师专业化的实践也已起步。可以认为,在我国推行教师专业化有着良好的教育理念与实践基础,主要表现在以下三个方面。

3.1 教师队伍整体素质不断提高

2009 年,全国普通中、小学专任教师 1 064 万人,从高学历教师的比例来说,专科以上小学教师已经达到了 74.83%,比去年提高了 3.9 个百分点;本科以上初中教师已经占到 59%,比去年提高了 6.2 个百分点。研究生学历高中教师也在增加,超过了 2%。

3.2 教师队伍建设初步实现法制化、规范化管理

近 20 年来,我国的法制建设大大加强,教师队伍建设的一系列重大举措,为教师队伍法制建设奠定了良好的基础,促进了教师队伍的法制化、规范化管理。1993 年,我国颁布了《教师法》;1995 年颁布了《教育法》、《教师资格条例》、《教师资格认定的过渡办法》;1996 年,颁布了《职业教育法》。与《教师法》配套实施的《教师聘任办法》、《教师职务条例》等法律法规即将颁布。这些法律法规的颁布与实施,对加强教师队伍建设的法制化、规范化管理具有极为重要的意义。把教师资格、教师职务评聘、教师职业聘任、教师地位、待遇等用法律的形式固定下来的意义还在于以法律形式加以保障,使教师队伍建设这个重要问题,不会因人事变动、机构变化而受影响,为教师教育、教师专业化及其发展奠定了良好的法律基础。

3.3 教师职业的社会地位不断巩固,专业属性愈益明显

1985 年 1 月 21 日,六届全国人大常委会九次会议决定,每年的 9 月 10 日为教师节。1994 年 1 月 1 日在我国开始实施的《教师法》明确规定:教师是履行教育教学职责的专业人员。这是我国教育史上第一次从法律上确定了教师的专业地位。《教师法》还规定了"教师的平均工资水平应当不低于国家公务员的平均工资水平,并逐渐提高"。教师工资的提高并用法律的形式固定下来,对提高教师其他方面的待遇也是一个有力的推动。1995 年,党中央国务院颁发《中共中央关于加速科学技术进步的决定》,正式提出了"科教兴国"战略,确立了"百年大计,教育为本;教育大计,教师为本"的指导思想。

随着教师社会地位的不断提高,教师职业的专业属性正在日益显现,人们对教师职业专业性的认识也随之提高。这主要表现在以下几个方面:① 我国中、小学教师除必须具备相应的学历外,还必须获得教师资格证书、普通话等级证书、计算机等级证书、继续教育证书等,这从学历制度、资格证书制度、试用证书制度和考核制度等方面,提高教师从业人员的数量与质量;② 严格的教师学术进修制度,不论是高校教师,还是中、小学教师,都要定期脱产进修,参加继续教育与培训,以更新

知识和技能;③ 合理的教师聘用制度,允许教师在规定的服务期限后,可以自由流动。

4. 促进我国教师专业化

教师是教师专业化发展的主体,也是教师专业成长的内因,发挥着内因的能动作用,会使教师专业化发展更具有生命力。而教师专业化发展,除了教师本人的努力,还有赖于外部条件的促进与支持。我国《教师法》、《教育法》等一系列法规的实行,为提高我国教师专业化程度提供了条件和机遇。然而,"罗马非一日建成",如何促进教师专业化教育自身内涵不断丰富和完善,最终达到教师专业化水平的不断提高,我们还有很长一段路要走。

4.1　加强教师专业精神的培养,树立教师专业化发展的理念

教师的专业精神,是教师在教育教学活动中正确处理各种利益关系所遵循的最根本的行为准则。它贯穿于教师专业活动始终,对教师的专业行为起着根本指导作用。只有加强教师专业精神的培养,教师才会在各种环境和条件下把自己所从事的工作与社会发展的未来联系起来,把自己的工作看成每个个体的生命价值,和每个家庭的希望与幸福联系在一起,从而把终身奉献给教育事业。

随着电视、网络、报纸等媒体的介入和知识更新速度的加快,教师原来具有的知识已不能满足学生发展的需要。教师只有树立教师专业化发展的理念,在教学中不断学习专业知识,广泛涉猎相关知识,掌握信息技术,多读书,多创新,做终身学习的身体力行者,才能无愧于"学高为师、身正为范"的要求。

4.2　加强教师专业继续教育,提高教师专业化水准

教师即使取得和持有教师许可证,也不能说已具备专职性所必需的素质。所以,教师在取得教师许可证、通过任用考试及成为正式教师之后,应该考虑在职进修的必要性。教师的在职教育和培训是在职前教师教育和教师入职辅导基础上的教师专业继续教育。"教师专业继续教育"是教师更新、补充知识和提高技巧、能力的有效途径,帮助教师增强专业决策和解决专业实践问题的能力,拓宽从事专业活动的知识来源,培养教师的教育教学能力,提高教师专业化水准。在职学习与培训,尤其是近年来兴起的"校本培训模式",是一种效率高、操作性强的在职培训方式。它基于教师个体发展和学校整体发展的需要,由专家协作指导,教师主动参与,以问题为导向,以反思为中介,把培训与教育教学实践和教师研究活动紧密结合起来,以学校实际问题的解决来直接推动教师专业的自主发展。

4.3 教师在行动研究中实现教师专业发展

教师研究具有实践性特征。与理论研究者相比,教师是面向教育教学实践的,教师的理论素养与研究范围、工作特点等并不具备成为纯理论研究的优势。因此,教师要成为研究者,应以行动研究作为自己研究的主要方式和手段。行动研究倡导教师是研究者,持续发展中的教师个体可以通过持续的学习和研究来提升自身素质。行动研究是教育科研的一种重要方式,也是教师专业成长的重要途径。

第二节　现代生物学教师的专业素质

教师的专业素质(teachers' professional quality)就是教师在系统的教师教育和教学实践过程中获得并逐渐发展的,在教育教学活动中表现出来的,决定其教学效果,对学生身心发展具有直接和间接影响的综合的心理品质,其具有专门性、指向性和不可替代性。21世纪被称为"生物世纪",新世纪的到来,对所有的教师提出了更高的要求。要适应新世纪的需要,生物学教师究竟应具备怎样的专业素质?

有关生物教师专业素质的内容众多,但是概括起来,可归纳为如下几个方面。

1. 专业的教学态度

没有爱的教育是死亡的教育,没有良好专业态度的教师永远当不了好教师。专业的教学态度(teaching attitude)是体现教师专业本身的重要内在指标,他要比一般心理学意义上的愿意、喜欢、向往的态度有更深的含义和更高的境界,这是基于对所从事专业的价值、意义深刻理解的基础上,形成奋斗不息、追求不止的精神。

2. 适应时代的教育理念

教育理念是指教师在理解教育工作本质的基础上所形成的关于教育的观念和理性信念,反映了教师对于教育活动的目的、原则、价值和方法的基本看法。有没有对自己所从事的职业的理念,是专业人员和非专业人员的重要差别。教育理念直接或间接地决定、指引或调节着教师的教育教学活动,不同的教育理念可以反映教师不同的层次和水平。教师的教育理念最终通过培养出的人所具有的素质来体现,因此现代教师首先必须深刻了解社会的变革,明确未来社会需要什么素质的人才。

现代社会,对人才素质的要求侧重的首先是高度的社会责任感,其次是创新意识,再次是继续发展的能力、学习的能力、对不断变化的世界的最即时反映能力、新知识的实时吸收能力、知识的迅速更新和创新能力。根据社会对人才的需求,2001

年颁布并试行的《生物课程标准》提出教师应该具有以下的教育理念：教育要面向全体学生，教育要关注学生全面和谐的发展，教育要注意学生的可持续发展，教育要尊重学生的个体差异和自主发展，教育要培养和促进学生的创新精神。

《生物课程标准》既是课程和教材改革的理念，也是指导教学实施的基本教育理念，因而现代生物学教师应该深入理解课程标准的理念，规范自己的教育教学行为。教学面向全体学生，反对精英教育、选拔教育；力求教学课程的内容呈现多样性，满足不同层次学生的需求；在教学过程中因材施教，适应不同智力水平、性格、兴趣和思维方式的学生的需要；公正地评价、对待每一个学生。在教育教学中，全程实施面向全体学生全面和终身发展的目标，让每一朵花都灿烂地绽放在阳光下。

3. 精深的生物学专业知识

专业知识是构成专业素质的关键，这是作为生物学教师应当具备的最基本的知识，是帮助学生对生物学知识进行思维构建的前提条件。生物学专业知识大致包括理论知识和实验知识两个方面。

生物学理论知识是生物学教学的基石，只有具备深厚的生物学理论知识，才能使本专业的知识结构化，才能充分考虑知识点之间的联系，为学生的学习创设相应的情境、寻找相对的捷径。

实验知识包括实验认知和实验技能。实验认知包括实验设计的知识、实验统计与分析的知识以及实验态度与价值观等。由于生物科学是一门实验科学，因而实验技能就显得特别重要。陆建身教授将中学生物学教师的专业技能具体归类如下。

（1）生物实验仪器的操作、调试技能

（2）生物标本的采集、培养和制作技能

（3）动物标本的解剖、观察技能

（4）显微标本的制作和观察技能

（5）生物实验的操作和指导技能

（6）生物的养殖、栽培技能

（7）生物图的绘制技能

（8）生物学教学的教具制作和电教手段运用技能

加强生物学专业知识，一方面，我们认为理论知识与实验知识密不可分，或互动促进，或恶性循环；另一方面，无论是加强理论知识还是实验知识，都是一个长期的、反复提高的过程，二者不可能一蹴而就。

4. 广博的综合文化知识

21 世纪的生命科学,在分子生物学、分子遗传学、细胞生物学、脑科学、生态学等多个研究领域取得了深入的进展,同时也与其他自然科学和社会科学的研究领域发生越来越多的交叉,科学发展出现了高度综合的趋势。知识渊博的教师更易赢得学生的信任和爱戴,教师丰富的文化知识不仅能扩展学生的精神世界,而且能激发学生的求知欲。事实上,随着现代科学技术、文化出版事业的发展,电视的普及,互联网的兴盛,当代青少年通过多种渠道接受了大量的生物科学信息,他们常常在课堂上提出大量的问题,因此没有广博的综合文化知识的生物学教师是不能胜任教学工作的。可以说,学生的全面发展在很大程度上取决于教师的文化背景知识。为培养全面发展的人才,教师需要吸收更多的学科专业知识之外的其他文、理知识,以形成当代教育所需要的科学人文主义观念,提高自身的科学与人文素养。

具体说,教师的文化知识包括:基本哲学理论知识,包括辩证唯物主义和历史唯物主义的知识;现代科学和技术一般常识,包括现代学科的一般原理和现代技术的本质内涵;社会科学的理论和观点,例如法律的知识、民主的思想、经济学的观点和社会学的方法。

当然,教师的文化知识修养具有很大的差异性,教师不可能掌握所有的文化知识。为此,我们主张每一位老师都要发挥自己的一技之长,以获得最佳教学效果。可以说,教师广博的文化知识和其精深的生物学专业知识具有同等重要的地位。

5. 多方面的教育教学能力

生物学教育教学是一个复杂的过程,因而,教师教育教学的实际能力应该是多方面的。美国的教育家通过电脑对教师的教学行为进行微观分析后指出:一名合格的教师成为教育和教学的"临床专家",应该具有多方面的能力,包括教学能力、实验指导能力、科研能力、革新能力、与学生交往能力、学生升学就业指导能力、组织学生社会活动的能力、教科书的处理能力、书面和口头表达能力、示范能力、自我评价和控制能力以及推理、判断和决策能力等。

针对我国目前生物学教师教育能力的现状,结合生物学教育教学改革的最新要求,我们认为一个优秀的生物学教师应该具有以下几个方面的教育教学能力。

5.1 教学设计能力

教学设计能力指老师在基本的专业知识与教学技能的基础上,能够综合运用这些知识和技能,根据课程标准的要求设计出适当的年度和单元教学计划的能力。具体来说,教学设计的能力包括:理解和运用课程标准的能力,把握和运用教材的能力,制订教学计划的能力,编写教案的能力等。

5.2 教学实施能力

教学实施能力是教师在一般教学情况下有效地实施所设计的教学计划,并能根据实际情况控制教学情境的能力。教学实施能力也是多种具体能力的综合,在教学实施过程中,教师要做到控制课堂气氛与学生的注意力,使教学活动顺利实施,需要一定的教学技巧,具体来说包括以下几个方面。

① 导入技巧:唤起学生的注意力,刺激学生的学习兴趣。

② 强化技巧:适时对学生正确的学习行为给予奖赏。

③ 变化刺激的技巧:变换感觉的途径,变换交流的模式,变换语言的声调。

④ 发问的技巧:训练、改善学生的反应,增强学生的参与程度。

⑤ 分组活动的技巧:组织小型的学习小组,指导咨询,鼓励协作。

⑥ 教学媒体运用的技巧:板书的设计,教具的使用,现代化教学手段的掌握。

⑦ 沟通与表达的技巧:书面语言的使用,口头语言的表达,体态语言的运用。

⑧ 结束的技巧:总结学习的表现,提出问题的要点,复述学习的重点。

⑨ 补救教学的技巧:学生的个别辅导,学生作业的指导。

5.3 教学评价能力

教学评价能力是指教师在教学过程中收集资料,运用各种评价方法了解学生的学习状况,以判定教师是否完成了预定的教学目标、学生是否达到了预定的学习目标,从而根据反馈的信息来补救或改进教学工作的能力。如设定评价目标和评价标准的能力,收集评价资料的能力,选择和运用评价方法和评价工具的能力,分析或解释评价资料与结果的能力以及反馈矫正的能力。

第二节　生物学教师的专业发展

新中国成立以来我国进行了八次基础教育课程改革,每次教育改革都关系到我国的科技文化水平的提高,对国家的政治、经济、综合国力和国际竞争力等产生了巨大的影响。联合国教科文组织近年来的有关研究报告在总结教育改革成功经验时就明确指出,教师是教育改革成功与否的三个关键因素之一,"无论怎样强调教学质量亦即教师质量的重要性都不会过分","各国政府应努力重新确认基础教育师资的重要性",并且还指出,"违背教师意愿"或"没有教师的协助及积极参与",任何改革都不能成功。因此,世界各国的教育改革,都把教师素质的提高作为教育改革的核心问题,教师的专业发展也就成了人们关注的热点。推进教师专业发展是国际教师教育改革发展的潮流。

1. 教师专业发展的含义

教师的专业发展(teachers' professional development)是指教师在整个专业生涯中,依托专业组织,通过终身专业训练,习得教育专业知识技能,实施专业自主,表现专业道德,并逐步提高自身从教素质,成为一个良好的教育专业工作者的专业成长过程。它与"教师专业化"的区别在于:教师专业化是指教师职业专业化的过程,它从社会学角度强调教师群体的、外在的专业性提升;而教师专业发展是指教师个体由新手逐渐成长为专家型教师的过程,从教育学角度强调教师个体的、内在的专业化提高。

教师专业发展贯穿教师的整个职业生涯过程,是职前培训、新任教师入职培训和在职培训,直至结束教职为止的整个过程。教师的专业发展强调教师的终身学习和终身成长,但它不仅仅是时间上的延续,更是教师心理素质的形成与发展过程,即教师的职业追求、信仰、需要、职业能力的发展变化过程。我国著名的教育家吕型伟同志说:"教育是事业,事业的意义在于献身;教育是科学,科学的价值在于求真;教育是艺术,艺术的生命在于创新。"他的这番话道出了教师的专业终身发展过程。而教师自主专业发展的方式有"五部曲":① 学习——学习教育理论,在理性认识中丰富自己;② 反思——反思教学实践,在总结经验中提升自己;③ 交流——尊重同行教师,在借鉴他人经验中完善自己;④ 研究——投身教育研究,在把握规律中超越自己;⑤ 实践——坚持教学相长,在师生交往中发展自己。

2. 教师专业发展的内容

从教师专业发展的内容来看,教师的专业发展具有全面性。教师不仅要充实、更新学科专业知识,提高教育教学技能,还要重视专业道德修养和健康的身心素质的养成。教师专业发展的全面性还体现在,由于教师的发展是教师作为普通人的发展与教师作为专业人的发展的有机整合,教师一般文化素养的提高,教师对于学校、家庭和社会所面临的最紧迫问题的研究与探讨等,也是教师专业学习与发展的内容。下文将结合生物学教师的现状与生物学教育改革的要求,简单阐述教师在专业道德、专业知识和专业能力等方面的发展要求。

2.1 专业道德的发展

教师不仅要教育学生"学会学习",还要教育学生"学会做人"。教师的一言一行对学生的成长有重大的影响。因此,教师必须重视高尚的专业道德即师德的修养。

在专业道德的发展方面,生物学教师应该形成专业道德的自我教育与提升的意识与能力,以高度的责任感促进教育教学工作质量的提高。在由应试教育向素质教育转轨的今天,生物学教师不应该停留在"生物学科不是主要科目,领导不重视,学生也不重视,自己应付了事"的认识上,应该看到教育发展的趋势和生物学教育发展的前景,重新认识生物学教育的价值和地位,本着培养全面的、和谐发展的、具有一定生物学科学素养的跨世纪人才的高度责任感,搞好教学工作。

2.2 专业知识的发展

当今科学正以惊人的速度向前发展,教材中增添了许多新知识,教育科学也在发展,新的教学理论和方法层出不穷,不同时代的学生也各具特色,教师在教学中会碰到很多在职前阶段从未接触过的问题。新时代的教师适应时代的要求,必须不断地自我更新知识,在专业上发展自我。不前进就会后退,那种一旦成为教师就可以一劳永逸的思想与时代的发展越来越不相吻合,教师职业将处于不断变化和发展之中,将成为终身发展的过程。

2001 年 6 月,教育部颁布的《基础教育课程改革纲要(试行)》特别对教师专业知识发展提出了两个方面的要求。一是方向性的知识要求,主要包括通过批判性地继承,弘扬中华民族优秀传统文化,吸收世界一切民族的优秀传统文化;提高科学与人文素养,形成当代教育所需要的"科学人文主义"观念;确立环境意识,以天人合一的博大胸怀来寻求人类与环境的和谐,保持人类的可持续发展。二是具体性的专业知识要求,主要包括对新的课程理论(如课程种类、课程层次等知识)和新的教学方法(如体验式教学、探究式教学、研究性学习、自主学习、合作学习等)的重新学习。

作为生物学教师,应该在实践中不断调整、改善自己的知识结构,学习生物学科的前沿知识,了解生物学知识的进展和最新动态,做到与时俱进。

2.3 专业能力的发展

与教师的专业知识一样,教师的能力也是教师专业素质结构中的一个重要组成部分。教师的专业能力是教师专业素质的外在体现,直接决定了教师教育教学工作的实效性,同时,教师专业能力的提高又会进一步增强教师的专业素质。

鉴于教育教学过程的复杂性,对教师专业能力的要求是多方面的。从与专业自主发展关系的角度,我们可以把所有这些能力归纳为基础性能力和发展性能力两大类。所谓基础性能力是指任何教师在教育教学实践中都必须具备的基本能力,例如教学设计能力、教学组织和管理能力、与学生交往能力、教学评价能力等等。发展性能力是指对教师的专业自我完善和发展有着重要意义的能力,是作为

"专家型"的教师所应该具备的能力,例如教育科研能力、终身学习能力等。

无论基础性能力还是发展性能力,都是教师专业能力发展的内容。即使是基础性能力,其要求也随着教育的改革在不断变化,教师仍然有必要继续发展这方面的能力。发展性能力是对教师能力的更高要求,是许多教师仍然欠缺的。但发展性能力要求的提出,适应了时代发展和教育改革的要求,对教师的专业持续发展具有重要的意义,因而应该成为现代教师专业能力发展的重要内容。

3. 教师专业发展的阶段

20世纪60年代末,美国得克萨斯大学的富勒(Fuller)是最早的教师专业发展阶段的研究者,他以教师关注事物在其成长中的更迭为研究对象,采用问卷调查研究形式,提出了职前教师专业发展阶段理论。他认为职前教师的专业发展要经历教学前关注、早期生存关注、教学情境关注、关注学生四个发展阶段。之后,许多学者采用不同方法、从不同角度研究教师发展,提出了多种教师发展阶段理论。其中,较有影响的有卡茨的四阶段理论、伯顿的教师生涯循环发展理论和费斯勒的教师生涯循环理论(见表7-1)。

表7-1 教师专业发展的几种理论

研究者	发 展 阶 段
卡茨	求生存时期、巩固时期、更新时期和成熟时期
伯顿	求生存阶段、调整阶段和成熟阶段
费斯勒	职前教育阶段、引导阶段、能力建立阶段、热心和成长阶段、生涯挫折阶段、稳定和停滞阶段、生涯低落阶段、生涯退出阶段
斯德菲	预备生涯阶段、专家生涯阶段、退缩生涯阶段、更新生涯阶段和退出生涯阶段

教师专业发展是一个专业心理发展、知能发展和职业周期发展的多维度发展过程,三个维度既相互独立,又相互依赖,专业知能是教师专业发展的核心。伯利纳着重从教师的专业知能发展方面,将教师的发展划分为新手(novice)教师、熟练(advanced beginner)教师、胜任型(competent)教师、业务精干型(proficient)教师和专家型(expert)教师五个阶段。

3.1 新手教师(2—3年)

刚进入教学领域的教师,主要特征:① 理性化,在分析和思考的基础上处理问题;② 处理问题时刻板地依赖原则、规范和计划,缺乏灵活性。在这个阶段,经验积累比学习书本知识更为重要。

3.2 高级新手教师(3—4年)

具有2年和3年教龄的教师,主要特征:① 实践知识与书本知识逐渐整合,教学方法和策略方面的知识与经验有所提高;② 经验对教学行为的指导作用提高,但不能确定教学事件的重要性,对教学行为还缺乏一定的责任感。

3.3 胜任型教师(5年左右)

胜任型教师并不是每个教师都能达到的。主要特征:① 教学行为有明确的目的性,能区分出教学情境中的重要信息,能有意识地选择要做的事;② 对教学目标的完成有较强的信心,但教学行为还没有达到快捷性、流畅性、灵活性的程度。

3.4 业务精干型教师(5—20年)

这是相当一部分胜任型教师成长起来的。主要特征:① 具有较强的直觉判断能力,能够准确地控制课堂教学活动与预测学生的学习反应;② 教学行为已经达到快捷性、流畅性、灵活性的程度,教学技能方面接近了认知自动化水平,但未达到完全认知自动化水平 。

3.5 专家型教师(20年以上)

只有业务精干型教师中的一部分发展成为专家型教师。主要特征:① 对教学情景的观察与判断是直觉的,对教学情景中的问题的解决不仅达到了快捷性、流畅性和灵活性,而且已经达到完全自动化水平;② 在一般情况下,他们很少表现出反省思维,当不熟悉的教学事件发生时,他们才进行有意义的思考。

教师发展是一个漫长的、动态的、纵贯整个职业生涯的历程,要严格划分出一个阶段并切实准确地概括每一阶段的特征是困难的,而且教师专业发展又是一个动态的过程,在现实中教师很可能会"跳过"其中一个甚至几个阶段。通过对教师发展阶段的了解,作为教师自身,应对自己的教师生涯预作规划,积极地回应其间的变化与需求。

4. 教师专业发展的实现

教师的专业必须持续发展,这不仅是时代发展与教育教学改革的要求,更源于教师自身内在的发展需求。那么,教师如何实现专业持续发展呢? 这个问题涉及教师专业发展的动力和途径。

教师专业发展的动力包括内在动力和外部驱力。构建教师专业发展的动力是保障教师专业持续发展的前提。根据辩证唯物主义内因是事物发展的根本原因的观点,教师专业的持续发展首先必须激发其自身持续发展的内在动机。过去很长一段时间,生物学不作为高中和大学入学考试的科目,受应试教育大环境的影响,生物学科成了可有可无的课程。生物学教师作为教学专业人员,看不到自己教育教学工作的意义,没有机会体会工作的成功与快乐。再加上中学生物课程体系与教材教学内容的严重滞后,学生学习兴趣不高。生物学教师的教学积极性不高,专业水平停步不前,甚至出现衰退。近年来,我国大力推行素质教育、开展面向 21 世纪的基础教育课程改革,教育模式由应试教育向素质教育转变,教育的大变革为生物学教师提供了施展才华的机会。那么追求专业的发展不再只是外部职业压力下的选择,更是当代生物学教师个人自我完善与潜力发挥的内在需求。我们生物学教师需要审时度势,对自己进行重新规划和设计,抓住教育改革所带来的机遇,自觉地通过不断的专业学习与实践谋求专业的持续发展。

教师专业的发展还需要运用外部的驱动力来推动,这就是教师专业发展的教育与考评机制。建立专业发展的教育与考评机制,是从制度层面来推进、保障教师专业的发展。然而,在我国,这方面的机制显然还不完善。2000 年 3 月,教育部颁发了《中小学继续教育工程方案》。文件指出,教师继续教育的主要目标是从教育教学改革的现实需要出发,全面提高在职教师素质,造就教育教学的行家里手;要通过培训,使每个教师都能在原有的基础上得到提高,培训出一定数量的教育教学骨干和学科带头人,并使其中一部分人逐步成为教育教学专家。这个文件对我国的教师在职培训工作具有指导和推动作用。培训学科骨干和学科带头人的省级、国家级培训工作已经启动,发挥了良好的作用。针对普通教师所进行的培训也在各级教育学院展开,然而强制性的教师培训存在着培训内容不完善、培训形式和手段单一、教师专业发展评审制度不完善等问题。这些问题的存在使得继续教育流于形式,实践效果不佳,不能适应素质教育改革的需要,因此教师专业发展的教育与考评机制从内容、形式到体制都亟待完善。特别是教师教育部门在选择培训内容、安排培训程序时,首先要依据教师专业发展阶段的相关指标确定其所处的专业发展阶段。针对处于不同专业发展阶段,具有不同专业发展需求的教师,提供不同的培训内容和方式,设计不同的培训项目,提供不同的专业支持,使教师培训能够更好地指导教师的教育教学实际,促进教师专业发展。只有这样,才能真正使师资培训卓有成效,使处于不同专业发展阶段的教师都能在原有水平基础上提升专业品质。

教师实现专业发展的途径主要有培训和自主发展两种。培训是参加教育行政部门和学校组织的教师培训,培训者是专家,将具体的、看得见的技能转移给被培训者,培训带有一定的强迫性,规定教师必须参加;自主发展是教师在没有专家指导的情况下通过系统的自学和教学实践研究提升专业技能。自主发展充分发挥了教师的主观能动性,被视为有效的途径而受到推崇。

第四节　中学生物教育教学研究

作为生物学教师,我们常常运用新的教学策略进行课堂教学,可是对新的教学策略效果的判断常常是我们头疼的问题。我们也常常写若干篇教育科研论文,但是我们很少提出自己的观点。而我们之所以会这样,那是因为我们没有在日常的教学工作中竖立教育科学研究意识,没有系统地去思考用科学的方法改善我们的教学,进行创新性教育。

生物学教育教学研究不仅有助于教育教学实践的改善,而且对提高教师的理论素养和实践能力有着重要的作用。作为一个生物学专业的教育工作者,对教育教学研究应保持持久的兴趣,用理论指导实践,促使教育教学研究成果与教学效果相得益彰,以适应新的教育改革形势。本节以生物学教育科学研究的目的和意义的相关理论为先导,对中学生物学教师怎样深入教育科研领域、教育科学研究的方法、教育科学研究的一般步骤等问题进行讨论与分析。

1.　生物学教育科学研究的意义

生物学教育科学研究(biological education scientific research)是一种运用科学的理论与方法,有意识、有目的、有计划地对教育教学领域中的现象与问题进行研究的活动,旨在探索和认识教育教学规律,推动教育教学的发展。

教师工作的对象是世上最宝贵、也是最复杂的"人",教师的劳动是最需要智慧、热情、探索和创造的劳动,这就要求我们生物学教师要提升自觉教育科研意识。当你成为一名生物学教师后,不管你是否意识到,你已经置身于教育科研领域里了,各种生物学教学特有的事件、现象、情况、冲突不断刺激着你,激发着你,感召着你甚至困惑着你。对生物学教育教学实践中遇到的许多实际问题所进行的科学研究,可以促使广大的工作在第一线的生物学教师结合自己的本职工作学习教育理论,总结教学经验、教训,改进教学方法,提高教学技能,促进教育教学质量的提高。

生物学教育科学研究在提高教师教育教学质量的同时,其本身作为一种创造性的精神文明活动,能丰富生物学教师的精神生活。对一个生物学教师而言,当他结合生物学教育教学实践开展研究活动以后,就不再把日常平凡、紧张的教育教学工作仅仅当做一种义务和输出,而是看成一种乐趣和教学相长,并分享由于研究的进展或创造性劳动在精神上获得的满足所带来的喜悦;教学、科研相互促进,不仅能提高教学效果、教学质量,而且在培养学生的同时也提高了教师本身的学识和能力。教师只像"蜡烛"忘我地去照亮学生是不够的,而应该通过教育科学研究转"蜡烛型"为"电灯型",既能像"电灯"发出光照亮学生,又能不断从电源得到电,使电能转变为光能。可以说,参与教育科学研究是生物学教师成长至关重要的途径之一。

2. 中学生物学教师怎样深入教育科研领域

教育研究早已不是教育研究人员的专利,越来越多的一线生物学教师正在以研究者的心态置身于教育情景,以研究者的眼光审视已有的理论和实际问题,以研究者的敏感预见教育的变化和发展,从而使教育科研能力内化为自我完善、积极适应新角色规范的内在需求。然而,深入教育科学研究并不是件容易的事,需要积蓄思想、理论、专业、方法等文化底蕴。

首先,树立现代教育观念,学习现代教育理论是生物学教师深入教育科学研究领域的前提和基础。与传统的教育观念相比,现代教育观更能适应学生和社会发展需求。传统的教育价值观认为教育的本质是社会的上层建筑或生产力,教育的价值是为社会政治经济服务;新的教育价值观认为,教育的本质是培养人的社会过程,教育的价值在于促进人的发展与促进社会的发展的统一。传统的教学过程观认为,教学过程的本质是教师引导学生进行对知识的特殊认识过程;新的教学过程观认为,教学过程不仅仅是一个对知识的特殊认识过程,还是一个师生共同交流、共同创造、共同分享经验、共同探求新知、共享认识成果的全面活动的过程,是师生生命价值不断得到升华的过程。传统的教师观认为教师就是文化的传播者;新的教师观认为教师应该从传递者、灌输者、塑造者转向组织者、帮助者、挖潜者,从尊贵者、训导者、强制者转向服务者、促进者、合作者,从知识的拥有者、授予者转向学习者、探索者,从教育工作的实践者转向研究者、创造者。传统的学生观认为听话的学生、服从的学生、依附于教师的学生、卷面成绩好的学生、老实的学生就是好学生;新的学生观认为,每一个学生都是一个崭新的、独特的、不可代替的、无法重复的个体。传统的教学评价观往往过分地强调甄别功能,人为地将学生分为三六九等,制造出许多所谓的差生,评价也成为制约、打击学生的武器;新的教学评价将更好地了解、诊断学生的学习情况,更好地调整教学目标和教学策略。

其次,把握生命科学的学科特征,掌握科学的研究方法是深入教育科学研究领域的条件和凭借。生命世界是一个复杂的、多层次性的网络。自然界的生物存在着病毒界、原核生物界、真菌界、植物界、动物界等多个层次,每一界又分门、纲、目、科、属、种。每一种生物的生存和发展都以其他种类生物的生存和发展为前提,一种或几种生物的消亡很可能对其他生物造成灾难性的后果。因此,我们在研究中不能脱离生命有机体而孤立地、单纯地去研究生命活动的反应。奥地利物理学家薛定谔 1944 年在《生命是什么》中指出:"用经典物理学和化学去描述生命现象是不可能的,但渗透到生命科学中有助于解开生命之谜、开辟生命科学研究的崭新领域。"这启示我们,生命科学的研究方法具有独特性,在实际研究中我们应兼容物理学、化学的方法,有机地、系统地去研究生命世界。

再次,利用信息是深入教育科学研究领域的手段。美国预测学家奈斯比特在《大趋势——改变我们生活的十个新方向》一书中说:"信息社会已经不是什么新概念,而是目前存在的现实。"处于信息时代的教师如果没有良好的信息意识,认识信息、吸收信息、利用信息的能力就会很差,这势必将会造成教育科学研究的困难。良好的信息意识能够促使生物学教师信息需求和获取利用信息能力的高度结合,产生良好的利用信息效应。比如,生物学教师可以利用多种信息资源,迅速准确地发现和掌握所从事学科专业新的研究成果、新的论点、新的发明创造,掌握有价值的第一手信息资料,然后对其进行整理加工、分析研究,使自己的教育科研工作建立在学科前沿阵地上。同时,生物学教师凭借敏感的信息意识,广泛收集和充分利用国外有关新项目、新课题等信息资料,防止相同的课题重复研究,避免浪费人力、物力、财力。

最后,排除科研障碍是深入教育科学研究领域的保障。一说到科研障碍,很多人首先想到的是从事科研的辛苦、挫折和失败等。而事实上,科研障碍还包括心理障碍、思维定势的障碍和经典意识的障碍等。心理障碍表现为部分教师认为搞教育科研需要具有扎实功底、丰富经验、高深理论,而自己只是一名普通老师,水平一般,搞不了科研。思维定势的障碍则表现为部分教师认为从事的科研得到大部分人认同的就是好的,任何理论和现象都是非对即错等定势思维。经典意识的障碍反映在教师对经典理论、经验、事实等深信不疑,盲目膜拜,殊不知科学既有稳定性,也有发展性,伟人、名人的言论都有针对性和历史局限性。作为新时代的教师,应该积极地参与教育科研,通过科研改进实际工作,解决实际问题。

3. 生物学教育科学研究的内容

生物学教育科学研究的内容从总体而论不外乎是生物学教育教学领域与生物学教育教学有关的现象和问题。但根据研究目的、研究范围、研究方法等的不同,又可分为理论研究与应用研究、宏观研究与微观研究、定性研究与定量研究、历史研究与发展研究。

3.1 理论研究与应用研究

理论研究的主要目的是扩展理论领域的知识体系,补充、修改或发展某些存在的原理、定义等。例如关于生物学科的体系、基本理论及科学方法论的研究,关于生物学教育本质、人的全面发展与个性发展的研究,关于生物学教育与民族素质、生物学教育与科学技术的研究,关于教与学的关系、生物学知识与能力关系、生物学课堂教学与课外活动关系的研究,关于生物学教育评价的理论研究,等等。

应用研究的主要目的是为了解决某个具体的生物学教育教学实际问题。例如培养学生自主学习和培养学生学习生物学兴趣的研究,培养学生科学思维与生命科学教学的研究,生物学教材和教法改革的研究,等等。

理论研究和应用研究两者均有研究价值和现实意义。基础理论研究的成果可以用来指导实践,应用研究的成果也能进一步发展理论,它们互相补充、相得益彰。对于中学生物学教师来说,主要进行的大多是紧密结合教育和教学工作实践的微观领域的应用性研究,因为他们在这方面具有较大的优势。

3.2 宏观研究与微观研究

宏观研究包括两个方面:一是指把教育作为社会大系统中的一个子系统,依据系统论思想和整体观念,对教育的外部关系进行的研究,如生物学教育与经济、政治、科技、文化、人口等之间的相互关系的研究;二是指对生物学教育内部带有全局性的问题进行的研究,如生物学教育目标、生物学教育结构、生物学教育教学评价、督导等的研究。

微观研究是指对生物学教育教学过程中某一具体问题的研究。如对生物学教材、教法、教学模式以及各种生物学教育教学活动的具体目标、内容、途径、特点,生物学教育者与被教育者的生理、心理活动及相互关系等的研究。

宏观研究与微观研究的区分是相对而言的,两者相辅相成。宏观研究制约、指导微观研究,微观研究则是宏观研究的基础。脱离宏观研究的微观研究难以取得重大突破,而脱离微观研究的宏观研究则会难以付诸教育教学实践。宏观研究和微观研究只是研究范围的大小不同而已,并不存在研究层次、研究价值的高低之分。

3.3 历史研究与发展研究

历史研究是指通过对生物学教育历史的回顾、总结和反思,为今天的教育提供借鉴。如生物学教育思想发展的历史轨迹,生物学教育理论发展的历史进程,生物学教育方法的历史沿革等的研究。

发展研究根据研究对象和任务不同又可分为横向研究和纵向研究。例如,同时对经过均等处理的两个班级进行两种生物学教材或教法的教学效果对比研究属于横向研究。苏联著名教育家赞可夫关于教学与发展问题的 30 年实践研究,瑞士著名心理学家、教育家让·皮亚杰对自己孩子进行的长达数年的追踪研究等都属于纵向研究。发展研究的特点是范围大、周期长,比其他研究要花费更多的人力、物力和财力,但研究成果往往具有较大的学术价值和应用价值。

历史研究和发展研究是根据研究内容的时间顺序划分的,也就是说,两者缺一不可。历史研究是通过历史的反思、继承来为今天的教育服务;发展研究则是从今天的教育实际出发,研究未来教育的发展。在具体的研究中,每个生物学教师可根据自己的实践需要和特长,以某一方面为重点开展研究活动。

3.4 定性研究与定量研究

定性研究是用文字来描述现象,本质上是一个归纳性的过程,即从一般的特殊情境中归纳出一般性结论,从一般的原理推广到特殊的情境中去。定性研究从属于自然主义范例,研究应在自然情境中进行,研究所获得的意义也只适应于特定的情境和条件。定性研究者强调整体作用,认为事实和价值无法分离。例如,经验总结法、观察法属于定性研究。

定量研究是用数字和量度来描述现象,它根源于实证主义,主要是通过数据的展现说明统计结果。定量研究者对结果和产品予以极大的重视,研究者的最大特色是将事实和价值分离。定量研究从开始便倾向于以理论为基础。事实上,当进行一项理论-检验研究工作时,它很可能是定量的研究。例如,教育实验法、教育调查法属于定量研究。

在生物学教育教学实践中,定性、定量研究经常是混杂的、相辅相成的。在许多生物学教师研究的课题中,既有实验法、调查法的具体数据所作的统计结果,又有教学实践的经验总结、分析,是典型的定性、定量相结合的研究。

4. 教育科学研究的方法

教育科学研究的方法有多种,而且目前对它们的分类也很不统一。常见的教育科学研究方法有:文献法、观察法、调查法、实验法、比较法、经验总结法、预测法、统计法、测量法、图表法、内容分析法等。教育规律的复杂性要求研究方法的多样性,在研究某一课题时,往往不是单独使用一种方法,而是几种方法同时使用,教育研究需要建立一个多元而开放的方法论体系。下面介绍生物学教育科学研究中两种常见的具体方法。

4.1　调查法

教育调查法是研究者有目的、有计划、有系统地对已有教育事实的现实状况和历史状况进行收集,整理,分析,从而了解教育现状,发现教育现象之间的联系,认识并探索教育发展规律的方法。调查法一般由研究者通过访问、座谈、问卷等方式,向熟悉被研究对象的第三者或当事人了解情况,或者通过测验、收集书面材料来了解情况。

(1)调查法的特点

① 间接性特点

调查法一般不受时间和空间的限制,是一种间接的研究某一教育问题的方法。如学生的思想活动、兴趣爱好、理想志向,家长对学生学习态度的影响等都不能观察到,必须用调查法去了解情况。

② 经验性特点

调查法是在获取经验材料的基础上进行研究,是为了形成经验,而不是以严密的理论体系和论证方法去阐述教育现象与过程的理论性研究。

③ 非干预性特点

调查法是在自然状态下搜集材料,对研究对象不施加任何干预影响,从而区别于有目的、有计划地对研究对象施加干预的实验研究和行动研究。

(2)调查法的种类

① 从调查对象的取样范围分类

● 全面调查

全面调查是对某一范围内,所有被研究的对象,无一遗漏地都作调查。全面调查可以是一个单位,也可以是一个地区,甚至也可以是全国性的,如全国性的教育普查。

● 抽样调查

抽样调查是指从对象总体中抽出部分作为样本进行研究,并由样本情况推断总体情况的调查方法。

● 个案调查

个案调查是指有意识地选择某个教育现象或对象进行调查与描述。

② 从调查目的分类

● 现状调查

现状调查是针对调查对象的当前状况、特征及规律展开的综合性的专门调查研究。

● 区别调查

区别调查是根据一定目的对不同对象间的差异特点及规律进行的对比调查，借以弄清楚不同类型的教育对象，不同性质教育现象之间的差异性、相似性及其内在的联系。如优、差生学习习惯的对比调查。

● 相关调查

相关调查是通过对一组对象两种或两种以上的特征的调查与测定，来确定它们之间是否存在着系统的关联，其相关的性质和程度如何。如进行学习成绩与智力水平的相关调查。

● 发展调查

发展调查是根据一定目的，研究一定对象随时间变化而表现出的特征和规律。一是研究对象在不同时间阶段的特征和规律，如"学生思维模式随年龄增长而变化的调查研究"。二是研究同一时间内不同对象的特征和规律，如"不同年龄阶段学生道德判断能力的差异性研究"。

③ 从收集资料的具体方式和工具的不同分类

● 问卷调查法

问卷调查法是用书面形式进行调查的一种方法。把调查的内容设计成标准统一的问卷，通过被调查者回答问卷，来收集研究对象有关数据资料。问卷法的优点是省力、省钱、省时；其调查样本可大可小，不受人数限制；采用不记名答卷时，可以消除被调查者的顾虑，从而保证材料的真实性；便于计算机进行统计分析。它的局限性在于，只能在一定范围内取得资料，且不适于作深度追问；调查受问卷设计的质量影响较大，它的信度和效度难以保证和检验。

● 访问调查法

访问调查法又称访谈法，是调查者与被调查者面对面地、有目的的谈话，直接收集材料的方法。访问调查法的优点在于调查者与被调查者之间保持面对面的关系，可以设法消除调查对象的顾虑，随机引导，相互启发，达到调查的目的。它的局限性在于调查者需要花费较多的时间和精力，要求调查者有较好的技巧、经验和机智，才能保证有良好的效果。

● 测验法

测验法是从心理和教育的角度，编制一组标准化测试题，按规定程序去测定某研究对象的实际情况的一种调查方法。个性测验、智力测验、能力倾向测验都属于此类。与问卷法相比，它们都是通过事先设计的问题来研究被调查者，所不同的是,测验法是一种更加标准化的问卷形式,而且测验形式又多种多样,可采用文字形式、口头形式和操作形式来进行。

（3）调查法的实施

遵循目的性原则、价值性原则、新颖性原则和可行性原则确定调查课题—根据调查课题和调查目的选取调查对象—拟订调查提纲,即调查的项目—设计必要的调查表、问卷或测试题—编制调查方案,包括课题、目的、对象、范围、地点、时间、方式、分工、经费、步骤、日程、预计完成日期等—搜集调查资料—整理、统计、处理、分析资料—撰写调查报告。

4.2　实验法

实验法是首先在自然科学领域内被广泛采用的一种方法,然后逐步推广到社会科学中,这种方法在生物学教学研究中具有重要作用。实验法是人们根据研究目的,适当控制或模拟客观现象,排除一些无关因素的干扰,突出所要研究的实验因子,有计划地逐步改变条件,探讨其条件与现象之间因果关系的研究方法。可预见性和可干预性是实验法最显著的两个特点。

（1）实验法的类型

① 对照实验

对照实验是运用实验手段进行相对比较,找出两种事物和现象的异同,以揭示研究对象的某种性质或某种原因的有关实验。它的主要特点是设置实验组和对照组,两组间除了实验因子不同以外,其他无关因子都应相同。

② 析因实验

析因实验是由已知结果和现象去探索产生这种结果或现象的原因的实验。进行析因实验,要做好周密的调查研究和详尽、细致、全面、系统、辩证的实验观察,尽可能全面系统地掌握影响结果的诸因素。在教学研究中,对有两个影响因素的析因实验,可采用对照比较的方法来确定主要影响因素;对有多个影响因素的析因实验,可采用逐步排除的方法。

③ 定量实验

定量实验是用来测定研究对象的某些方面或因素的数值,确定某些因素之间的数量关系的实验。

④ 定性实验

主要用来判明研究对象是否具有某种性质、某种因素是否存在、各种因素之间的关系、某种措施是否有效等。

⑤ 预测性实验

预测性实验即在进行大规模实验之前进行抽样实验,用于预测研究课题的价值,以便进行大规模的实验和推广。

（2）实验法研究的一般步骤

教育实验的全程
- 准备阶段
  - ① 明确实验的研究课题和研究目的。
  - ② 明确实验的理论基础,制定实验研究的理论假设。
  - ③ 选择实验被试,分解实验变量;对变量的操纵、控制,以及变量呈现的顺序、实验的辅助手段、条件等实验过程进行合理的实验设计。
  - ④ 选择和编辑合适的统计工具和手段,如编制调查问卷、确定观测指标、命制考试试题等。
- 实施阶段
  - ① 按照试验设计操纵自变量。
  - ② 控制非实验因子。
  - ③ 随时观察、检测因变量,搜集实验数据和其他重要的实验资料。
- 评价阶段
  - ① 对实验数据和有关资料进行统计分析,在此基础上对变量作相关分析、因果分析,得出实验结论。
  - ② 评价实验的结论,通过检验实验误差,分析实验的效度。
  - ③ 撰写实验报告。

5. 教育科学研究的一般步骤

对于一个教育科研工作人员来说,虽然了解科学研究思维过程是十分必要的,但是到开始具体的科研工作时,就会感觉到光了解这些是不够的。为了使教育科研工作能比较顺利而有效地进行,还必须根据科学研究思维过程规定出进行教育科学研究的步骤来。一般说来教育科研工作要经过以下这些步骤。

5.1 选定研究课题

研究课题的选择是教育教学研究的第一步,也是关键的一步。选择好研究课题,对于能否取得教育教学研究成果也是至关重要的。教育教学研究实践证明,课题选择得好,可以事半功倍,较迅速地取得成果;反之课题选得不好,往往会使研究工作受到影响,甚至半途而废,造成人力、物力、财力和时间上的浪费。所以课题选择是直接关系到科研成果的大小和科研工作成败的关键。从这个意义上来说,选好一个课题,等于成功了一半。一个研究者的科研能力如何,首先表现在他的选题水平上。那么如何选择一个好的课题呢?这需要考虑以下几个因素。

（1）课题选择要遵循需要性原则、新颖性原则

需要性原则是指研究课题应该根据教育教学实践和教育科学发展的需要来选

择,首先应选教育教学实践中迫切需要解决的或理论上有较大意义的课题来研究。需要与价值是一对孪生儿,根据需要性原则选定的课题就应具备一定的应用价值和学术价值。价值是选择研究课题"需要"的出发点,又应是"需要"的归宿。

新颖性原则是指选择的课题应该是别人没有提出过的,或者虽有人提出,但还没有解决或没有完全解决的。通过研究,可以提出新的理论与思想,增加新的知识。

（2）选择课题时要扬长避短,紧密结合本职工作

生物学教育教学研究中,无论是基础理论研究还是应用研究,宏观研究还是微观研究,都是必要的。而对于工作在生物学教育教学第一线的生物学教师来说,一方面是实践经验丰富并能保持与教育教学对象的直接联系,这是优势;但另一方面也存在着不利之处,即教育教学任务繁重,难以有大量的时间与精力从事科研。这就需要扬长避短,选择那些与教学实践联系密切的应用性课题、微观课题进行研究,使教学与科研相辅相成,这样既可以提高本职工作的质量,又较容易获得课题研究成功。

（3）课题的大小要适度,开始应以小课题为主

对于刚开始从事教育教学研究的人,易犯的一个通病是往往把课题选得过大,认为大课题才有研究价值。实际结果往往事与愿违,这些问题或者在规定的时间内根本无法解决,或者无法获得可信的科学结论。如"中国青少年非智力因素研究"这个课题就太大了,使人难以入手。一者它的研究对象是中国青少年,个人根本无法研究。二者"非智力因素"是一个外延很大的概念,要从哪一方面着手,"研究"并没有加以限定,很难操作。但若进行较小课题的研究,如"多媒体技术在生物学教学中的效果研究"、"中学生物学实验教学中实施素质教育之研究"、"中小学生学习动机与学习习惯调查"、"学生考试'怯场'心理研究"等,就容易获得成果。因此,在选择研究课题时,一定要从实际出发,选择范围大小与实际研究条件相适合的课题,课题研究都要力求使所研究问题清晰、具体与可操作化,提高研究成功的可能性。

（4）课题实施具有可行性

课题实施具有可行性是指选择课题应有开发研究的可能性。以往,有些老师由于缺乏经验,对困难估计不足,选题不切实际,结果屡报屡不中。因此,要格外注意选题的可行性,保证研究按时完成。要做到这一点,就要求我们在选题时,不仅要考虑该课题在理论上是否合理,技术上是否可行,物质材料是否有保证;同时,还要考虑到本人的专业基础、智力水平、实验技能、健康状况等。要根据自身特点,优先选择那些客观条件具备的课题;对于那种"没有条件,创造条件也要上"的研究题目,不宜作为我们的研究课题。

5.2　查阅有关文献

研究工作是从所期待或所预料的假说开始的,需要通过查阅资料澄清认识并进行检验。查阅文献的意义在于:

(1) 区分已做过的和需要做的研究;

(2) 为课题的论证提供理论和事实依据;

(3) 为课题提供可供选择的研究方法;

(4) 发现重要的研究变量。

注意,从课题的选题开始,一直到研究的结束,都离不开查阅文献。从某种意义上说,教育科学研究的过程,就是文献资料的寻觅、搜集、分析、使用和再创造的过程。

5.3　制定研究方案

课题研究方案就是课题确定之后,研究人员在正式开展研究之前制定的课题研究工作计划。它初步规定了课题研究各方面的具体内容和步骤,是研究人员为了完成研究任务而进行的总体谋划。制定研究方案是合理组织课题研究活动的必要条件,是为了完成课题研究任务而详细编制的"施工蓝图"。课题研究方案一般必须回答:为什么要研究这个课题? 课题研究的预期目标与任务是什么? 怎样才能完成任务? 课题的成果形式是什么? 有什么保障措施? 具体情况可参照下面的格式:

课题研究方案

题目

研究单位　　　　课题负责人

课题组成员

一、课题的研究背景及意义

二、课题的研究目的和内容

三、课题的研究方法、途径

四、课题实施步骤(研究过程)

五、课题具体分工

六、预期课题的研究成果

七、课题进度安排

八、课题保障措施

九、经费预算与设备条件要求

制定日期　　　　制定人

值得注意的是,课题研究方案不是研究的终结,而仅是开始的谋划,不可能做到尽善尽美,要随着研究的进展而不断更改、进行调整、逐步完善,既要反对无计划的盲目行为,也要反对消极地、僵化地执行方案。

4. 收集整理资料

资料是人类思想、科学文化知识和各种实践活动赖以记录、保存、交流和传播的音像、方案、材料的总称,在教育科研中占有重要的地位。搜集、整理和分析资料是研究的主体阶段,也是研究的起点,并贯穿研究的全过程。搜集整理的事实资料是否真实、可靠、准确、充足,直接影响到结论是否正确。在资料的搜集和整理时应该注意以下几点。

(1) 资料质量的核查

原始资料的来源、收集时间、收集范围等客观条件是否合理;资料的数量是否达到预定要求;资料中哪些可靠性较低;哪些残缺需要补充;哪些资料间存在着矛盾;哪些是错误的必须淘汰的资料。

(2) 资料分类

搜集起来的杂乱无章的材料经过分类处理才能系统化,包括:研究课题需要哪些主题的材料,材料的逻辑顺序、使用顺序、出处、使用价值,哪些为纲、哪些为目等。之后在积累材料的过程中,应分门别类,依次排列,并将分类和系统化了的材料科学地保管起来,以备应用。

(3) 资料汇总

不仅对数量资料进行汇总,而且要对非数量的定性描述资料进行汇总。经过这样的加工整理,大量庞杂散乱的原始资料就成为条理分明、简要清晰、一目了然的系统资料了。

(4) 资料的分析和结论

指研究中的分析、比较、判断、推理、综合等一系列思维和认识过程,目的就是寻找出数据变化的原因和规律,以便做出具有证明性和概括性的研究结论。

6. 教育研究成果表述

教育科学研究成果是在进行教育科学研究的基础上,采用科学的方法,经过智力加工而产生的具有一定学术价值、社会价值或经济价值,并被同行专家认可的知识体系、方案或产品。教育科学研究成果水平的高低,不仅取决于研究项目的理论或实践价值、研究工作本身的广度和深度、研究过程的科学性和规范性,而且还取决于研究者的专业基础、理论功底、分析综合能力以及语言表达能力。成果的表述对于教育科学研究最终成果的形成和升华,起着重要的作用。

6.1　教育研究成果的表现形式

（1）文本类研究成果

文本类的研究成果主要有报告、论文、著作等几种形式。

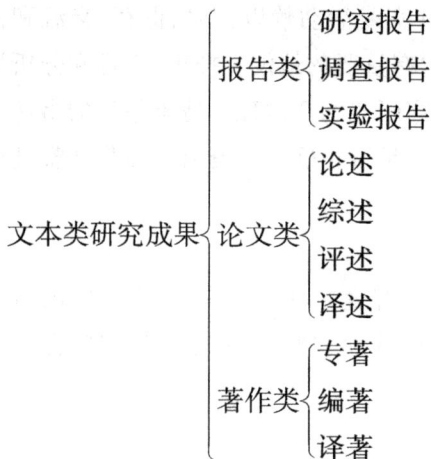

```
                        ┌ 研究报告
                报告类 ┤ 调查报告
                        └ 实验报告
                        ┌ 论述
                        │ 综述
文本类研究成果 ┤ 论文类 ┤
                        │ 评述
                        └ 译述
                        ┌ 专著
                著作类 ┤ 编著
                        └ 译著
```

（2）方案类研究成果

方案类研究成果包括改革方案、政策法规、咨询报告以及发展规划和实施建议等。

（3）产品类研究成果

产品类研究成果包括改善教育教学环境的硬件类产品、软件类产品以及教学资源产品。如教学网络环境、学习平台、网络课程,多媒体课件、素材,仿真教学系统,教学管理软件等。

6.2　教育研究报告的基本框架

调查报告	实验报告	学术论文
题目	题目	题目
作者署名	作者署名	作者署名
引言	前言	摘要
调查对象与方法	实验方法	关键词
调查结果与分析	实验结果	序言
调查结论与建议	分析与讨论	正文
附录及参考资料	结论	结论
	附录及参考文献	参考文献

6.3 撰写教育研究报告的步骤

（1）确定报告类型并拟定题目

首先根据研究工作的性质和方法来确定撰写哪种类型的研究报告，以便设定基本框架。然后拟定直接反映主题的标题。标题是文章的眼睛，必须准确、简明、醒目，揭示自己的研究主题。

（2）总体规划、拟定编写提纲

在总体规划时要考虑文章的主线是什么，怎样突出重点，文章结构层次如何划分，如何使文章前后呼应、逻辑缜密、浑然一体。层次的顺序十分关键，其排列有三种——按时间顺序、按逻辑顺序、按重要性顺序，这三种顺序可以综合运用。

总体规划做好以后，接下来就是编写提纲了。常用的编写提纲有三种形式：① 标题式提纲，即用一级、二级、三级标题引出每一层次所要表述的主要内容；② 句子式提纲，即用能够表达一个完整意思的句子表示文章中某一段落的大致意思；③ 段意式提纲，即写出每一段落的内容提要。无论哪种形式的提纲，作者都应在相应的部位注明所要使用的具体材料、参考材料和所想到的关键点，以备写作时采用。

（3）撰写初稿

研究论文一般的结构形式是由导言、正文、结论这三个主要部分及其题目、摘要、参考文献等次要部分组成的。初稿要紧紧围绕提纲尽快写完。这样，研究报告读起来才有一气呵成之感，而不像是由一些不连贯的段落拼凑起来的。这是由科技写作思维的连贯性所决定的。因为在写作提纲中已经有了主要标题，所以在写初稿过程中，可以自由地加入次级标题和更次级标题，作为人们的阅读路标。

（4）修改定稿

修改教育科研报告应内容、结构、文字三方面考虑。首先，作全文检查，主要检查结构是否完整、材料和主题是否统一、发掘是否深刻、整个文章在格式上是否符合刊登标准。其次，以添、删、换的手法作部分检查，主要检查段落之间的逻辑关系是否清晰、侧重点是否表达充分、举例是否贴切。再次，作语句检查，主要检查语法是否正确、用词是否恰当、句子是否通顺。最后，作细节检查，主要检查文字是否有误，标点、符号、数据、表格、插图等是否得当。

【思考题】

1. 如何理解教师的专业化？从现实意义上来讲，如何促进我国教师专业化？

2. 什么是教师的专业素质？现代生物学教师应该具备什么样的专业素质？

3. 什么是教师专业发展？

4. 生物学教育科学研究有何意义？假如你是一个中学生物学教师，你该怎样深入教育科研领域？

【参考文献】

1. 郑晓蕙. 生物课程与教学论[M]. 杭州：浙江教育出版社，2003

2. 刘恩山. 中学生物教学论[M]. 北京：高等教育出版社，2003

3. 崔鸿. 新概念生物教学论[M]. 北京：北京大学出版社，2009

4. 杨华. 生物课程教育学[M]. 武汉：华中师范大学出版社，2003

5. 汪忠. 新编生物教学论[M]. 上海：华东师范大学出版社，2006

6. 张海珠. 生物学教学设计论[M]. 北京：科学出版社，2004

7. 鲁亚平. 生物教学论[M]. 合肥：安徽人民出版社，2007

8. 郭天炜. 论教师职业专业化及其发展对策[J]. 科教文汇，2009，4：8

第八章　中学生物学教师职业素养

第一节　生物学教师职业素养

什么是职业素养？职业素养是人类在社会活动中需要遵守的行为规范，是一个人在职业过程中表现出来的综合品质。职业素养从表现形式上可分为外化素养和内化素养。外化素养主要指职业技能，这是支撑职业人生的表象内容，是通过学习、培训而获得的。例如我们通过对本书前几章的学习，再经过教学实习，师范生即能掌握中学生物学教学的基本技能。内化素养包括职业道德、职业意识和职业行为习惯等，它属于世界观、价值观和人生观的范畴，贯穿于人的全部生活，并要在成长中逐步形成和完善。

教师职业素养（teachers' vocational accomplishment）是指教师在从事教育教学活动中必须遵守的职业道德规范和行为准则。生物学教师职业素养即教师在生物学教育教学活动中必须遵守的职业道德规范和行为准则。但它又有着自己的特殊性。第一，生物学是研究包括人在内的生命现象和生命活动规律的学科，教师在教学中更有义务和条件对学生进行生理和心理卫生的指导和人文关怀。第二，生物学是一门实验学科，教师不仅要有实验技能，还要有生命伦理学意识。如在对待实验动物的态度上，我们要关怀动物使之既为人类作出贡献而又不至于痛苦死亡。第三，生物学涉及人与自然的关系，生态学理念不仅要求教师要保护生态环境，而且要处理好人与人之间的关系。爱护自然，关心师生，无一不是生物学教师职业素养的表现。21 世纪是生物学的世纪，生命科学正在突飞猛进地发展，中学生物学教育既是这种发展的基础，又必须跟上这种发展，全面提高教师的综合素养已成为生物学教师的职业要求。新世纪的生物学教师职业素养的内容和要求主要体现在知识素养、能力素养、身心素养和道德素养四个方面。鉴于道德素养的特殊性，我们将其放在本节第二部分讨论。

1. 知识素养（knowledge accomplishment）

作为一名合格的生物学教师，其首要条件就是具备广博深厚的知识体系。该体系由三部分组成：系统的生命科学专业知识、恰当的教育科学理论知识和广泛的科学文化基础知识。

1.1 生命科学专业知识

具有扎实、系统、精深的生命科学知识，是生物学教师专业化的标志。生命科学知识领域非常广阔，当前各个知识领域的更新在加速。自 20 世纪 50 年代以来，新的成就层出不穷。中学所设的生物学课程虽然都是基础知识，但却包罗万象，几乎涉及现代生命科学各个分支学科的全部内容。具体说来，生物学教师应掌握的专业基础知识包括：植物学、动物学、人体解剖生理学、微生物学、生物化学、植物生理学、遗传学、进化论、生态学、细胞生物学、分子生物学和发育生物学等专业基础知识。此外，还要掌握一定的生命科学前沿知识，这就需要生物学教师常教常学，掌握新信息和新成果，跟上生命科学的发展步伐。

1.2 教育科学理论知识

教育实践需要教育科学的理论指导。教师的教学理论水平越高，就越有可能找到最佳的教学途径。一个合格的生物学教师必须懂得教育规律，掌握科学的教书育人方法。他应该具有教育学的理论知识，从宏观上把握教育的过程、本质、规律和方法；应该具有心理学的一般知识，了解教育对象的心理发展特点，以及这些特点在生物学学习过程中的表现；尤其是应该具备生物学教学论与教学法的理论知识，掌握生物学教学的规律和方法，并能在教学实践中创造性地运用这些规律寻求生物学教学的科学化。除此之外，还应了解教育管理的一般知识，做好班级管理工作以及后勤服务工作。

1.3 文化科学基础知识

生命科学的迅速发展与物理学、化学、数学、地理学、计算机等学科的发展密切相关，尤其化学对生物学至为重要。这就要求生物学教师在生命科学知识的基础之上，对其他相关学科有一定的了解和掌握，才能深刻理解本专业的知识特点，才能利用其他学科为生命科学服务。生物学教师还应拥有一些人文知识和人文精神，崇尚自然、崇尚自由、崇尚人道。当今人们在享受生物技术带来的成果的同时，也发现了它的另一面：生物武器给人类带来的恐惧感、"克隆"技术所引发的伦理道德冲突、基因改良作物可能对人类和环境造成的潜在危险……这一切迫使人们必须正视生命科学的负面影响和消极作用，自然科学与人文科学的有机整合正好为此提供了方向。因此,在生物学教育中还要加强科学教育、人文教育和民族文化传统教育,这无论对教师自己还是学生都是大有裨益的。

2. 能力素养(ability accomplishment)

许多学历相同、教龄相近、责任心和工作态度相似的教师,其教育教学效果可能大相径庭,原因就在于教师的教学能力不同。要从根本上改善和提高教师的教学业务水平,必须加强对教师能力的培养,并把锻炼和提高其教育教学能力当做提高教学质量的中心环节。生物学教师的能力结构是由多种单项能力组成的和谐统一的整体,主要包括教学能力和发展能力两大方面。

2.1 教学能力

生物学以科学实验为主要研究方法,具有生命性、复杂性、发展的快速性、研究领域的广泛性等特点。生物学教师除了具有基本的教学能力外,还要具有以下六项方面的特殊能力。

(1)教学动手能力

A. 生物材料的采集、培养和宏观标本制作能力

此外,还要了解生命科学实验用品的收集和供应渠道,并有筹划、装备、完善实验室的能力。

B. 野外实习和参观访问的组织能力

要具备组织学生进行野外动、植物实习,市内工厂、公园、养殖园和种植园的参观访问活动所需要的在路线、日期、经费、人员等方面所涉及的策划和组织能力。

C. 动、植物解剖和观察能力

D. 显微标本的制作和观察能力

E. 实验操作和指导的能力

要全面了解常用生命科学仪器的性能,熟知它们的用法。要具有较强的动手能力,操作姿势和操作程序正确,实验步骤符合规范。在演示实验过程中,能引导学生从不同角度、不同层面进行观察和积极思考。还应具有组织学生实验的能力,对学生严格要求、细心辅导,及时指出实验成败的关键和应注意的事项,以保证学生实验正常有序地进行。

F. 调试、保养和维修常用实验仪器、教具和模型的能力

G. 养殖、栽培动、植物的能力

H. 生物学简图和黑板画的绘制能力

I. 教具制作和多媒体等电教手段运用的能力

J. 面对意外事故的应急能力

教师具有处理突发情况下的某些应急常识,如利用灭火器等灭火工具扑灭实验室火灾,具有处理眼伤、烧伤、烫伤、动物咬伤等应急处理常识。

（2）教材驾驭能力

即教师依据教学大纲要求和学生实际,通过钻研和处理教材,确定教学要求、安排教学内容的能力,包括把握新课程标准的能力、钻研和处理教材的能力、获取和利用参考资料的能力等。在生物学教学的能力结构中,驾驭教材的能力处于基础和关键地位。能否熟练地驾驭教材,是一个生物学教师教学能力强弱的重要标志。生物学教师必须练就对教学大纲的把握功、对生物学教材的钻研功和处理功,对教材的预习、讲练、实验、复习等都要统筹安排,才能备好课,上好课。

（3）教法运用能力

即教师贯彻教学原则,适应教学情境,灵活运用教学方式、方法和手段的能力。包括把握教学方法本质特点的能力、运用教学方法的能力、使用教具的能力、指导学生自学的能力等。这是生物学教师赖以实现教学目标、取得最佳教学效果所必须具备的能力。在生物学教育领域做出过突出贡献的特级教师无不重视教学方法,并在长期的教学实践中形成了自身独特的教学风格。比如特级教师马德纯多年来在生物学教学中摸索总结出了"生物网络式结构教学法"。这种教学法有利于在学生头脑中形成完整、系统、清晰、科学的知识体系,有利于培养学生良好的思维能力和严谨的科学态度。特级教师顾巧英数十年来始终坚持在生物学教学第一线,她的教法也始终体现了一个"活"字。顾巧英讲这里的"活"渗透着三层意思:一是生物学教学不能统得过死、教得过死,把"生物"教成"死物";二是指师生双方应教"活"学"活",体现生动活泼、主动积极;三是针对学科本身的特殊性,生物学教学要体现生命自然界的勃勃生机。

（4）教学设计能力

即教师基于教学科学化的要求,对课堂教学的方方面面通盘规划、预作筹谋的能力。教学设计具有不同的层次,如单元教学设计、节段教学设计和单一教学事项的教学设计(如导语设计能力、提问设计能力)。教学设计具有不同的类型,如课堂教学设计、实验课的教学设计、活动课的教学设计、研究课的教学设计等等。因此,教学设计是一个多要素、多层次、多序列的系统工程。在这个系统中,从不同的角度观察可以有不同的要素和不同的结构,其中每一个要素又都各自构成一个子系统。因而,在进行教学设计过程中,应预作筹谋,通盘考虑。教师应在正确理解教学大纲和教材的基础上拟定教学计划,构思教学过程以及编写教案;要根据教学总时数、教学内容、学生基础、学校设备以及自身素质等条件作长时间安排,有条不紊、灵活变通地完成教学计划。

(5) 教学组织能力

即教师将教学目的、内容、方法、环节和进度统一于教学过程并进行有效组织的能力。它主要表现在教师对课程标准和教育目标能充分理解,能制定出切合学生实际的教学计划,确定适量的教学内容,在内容结构上做到合理、丰富、充实和可接受性。运用灵活的教学方法,组织和实施合理的教学过程,统一和协调教师"教"和学生"学"的双边活动,充分发挥双方积极性。知识点源于学生实际又高于学生实际,长期目标与近期目标相结合,以期取得最佳的教学效果。同时,还要善于利用和调动物质和技术手段,如电化教具、多媒体等,以便提高教育效能。教学组织能力也包括完成正常的教学程序和维持课堂纪律。

(6) 教学评价能力

即教师根据课程标准和不同的考试目的,科学地测定学生成绩和检查自身教学效果的能力。包括各类考核的命题能力、设计考核方式的能力、掌握成绩评定标准的能力等。教师对学生进行定期考核是教学过程必不可少的一个环节,一方面它是对学生学习效果的检验,另一方面教师可以总结教学的得失,调整教学思路和方法。因此,生物学教师必须认真研究考核的学问,掌握命题的原则、内容和题型,提高解题技巧,并能对考卷作出正确的分析。

以上列举的基本能力除了教学动手能力以外,大致是按备课、上课和教学评价三个阶段提出的。教师先把握教材,后考虑教法,然后规划如何将教材与教法统一于教程,这便是设计与组织教学。教材驾驭、教法运用、教学设计与教学组织四项均计划于课前,实施于课中,贯穿于备课、上课两个阶段的始终。经过教学实践之后,最后进入对教学效果的检查与评定,这便是成绩考核,标志着一个相对独立的教学过程的终结。因此,驾驭教材、教法运用、设计教学、组织教学和考核成绩五项是不可分割的,而教学动手能力又应用于教学过程的全过程,各项基本能力结合在一起,才能形成一个完整的生物学教学能力结构。

2.2 发展能力

发展能力是指现代生物学教师应当具备的能促使自己的思想、业务及人格不断趋于完善、不断有所发展的能力。这是充分发挥教师潜能、充分展示教师才华和充分实现教师价值的能力,是对教师更高层次的要求。发展能力主要包括三个方面的能力。

（1）自学能力

即教师为增强教学实力,在知识和智能上不断充实自己的独立进修能力。它包括扩充、更新生物知识的能力、获取生物学教学信息的能力、磨炼生物学教学技能的能力、熟练使用工具书的能力和科学利用时间的能力等。这些能力可以及时提高教师的学业修养和增强教师的适应能力。面对不断的知识生成和更新,在继续教育、终身学习和学习社会化的时代潮流下,生物学教师必须自己首先学会学习,具有丰富的学习经验和较强的学习能力,不断充实自己,才能跟上学科发展和各种教学手段的更新。

A. 为选修课的开设做好准备

学生的认知水平和兴趣不是整齐划一的,为了对学生进行因材施教,这就要求课程内容和课程目标应当体现弹性和选择性,有基本要求和较高要求之分。中学生物学除了开设必修课以外,还要有目的、有计划地开设选修课。但目前选修课在实践中遭遇了不少困难,比如与升学考试关系密切的学术性选修课普遍受到重视,而为学生就业作准备和满足学生兴趣爱好的选修课则大多被冷落,甚至许多地方将选修课的课时用来为学生补习考试科目。相信随着教育改革和人们教育观念的转变,选修课将会受到重视,新时期的生物学教师要为选修课的开设做好准备。

B. 为综合实践活动课的开设做好准备

开设生物学活动课的目的是通过学生自主的生物学活动,培养学生的兴趣和特长,扩大学生的知识面,发展学生的实践能力和创造能力;培养学生热爱大自然、热爱生命的情操和科学探究的精神,加强理论与实际的联系;促进学生知、情、意、行的协调发展;辅助生物学必修课程,共同实现学生的全面发展。开设活动课是我国教育现实的客观要求,新时期生物学教师要为之做好准备。

C. 为研究课的开设做好准备

研究性课程设置的目的是要通过学生的亲身实践获取直接经验,养成科学精神和科学态度,掌握基本的科学方法,全面培养学生综合运用所学知识的能力、收集和处理信息的能力、分析和解决问题的能力、语言文字表达能力及团队合作能力等。随着研究性课程在全国范围内的推广,如何设计和实施研究性课程无疑又给生物学教师留下了一个新的课题,新时期的生物学教师要为怎样开好研究性课程进行实践和准备。

D. 为综合理科课的设置做好准备

综合课程是把同性质的学科或不同性质的学科有机地结合成为一种具有新质结构的课程。综合课程能使学生从整体上把握人、自然、社会的相互联系和相互制约,更有利于学生按世界的本来面目去认识世界。综合课程可以避免分科课程所带来的知识重复和割裂,从而减轻学生的负担。我国目前的生物学综合课程基本上有两种类型,一种是生物学科范围内的综合,即所谓的"小综合";一种是将初中或高中的物理、化学、生物学和地理 4 门分科课程的内容,有机地组成一门初中综合理科课程或高中综合理科课程,即所谓的"大综合"。综合理科课程对教师的知识、能力水平要求更高,教师必须提高素养才能胜任教学改革。

E. 为生物学课程内容的更新做好知识储备

从转基因技术到"克隆"技术、从基因治疗到人类基因组计划、从生物纳米技术到能够破解生命现象的生物芯片、从干细胞培养到器官移植、从生物保鲜技术到粮情测控系统、从有机农业到三色农业的兴起、从离子束育种到太空育种……总之,基因工程、细胞工程、酶工程和微生物工程等现代生物技术迅速向纵深方向发展,现代生命科学展示了广阔的发展前景。作为基础教育中的生命科学教育,也应该跟上生命科学的现代步伐。我国目前正在进行新一轮的课程改革,在新的教材中增加了很多新的东西,生物学教师要为此做好知识储备。

（2）教学创新能力

指生物学教师在具备一般的教学能力的基础上,能更新教学内容、创造优质高效的新方法、建立符合教学规律的新理论的能力等。教师工作本身就是一种创造性的活动,这是由教育对象的多变性与差异性所决定的。但现实生活中,相当数量的教师,常常是按照某种常规或程式周而复始地从事自己的教育教学工作,并不带有明显的创造性特征,因而工作平平,无所建树。我国现阶段教育的根本任务是培养具有创新精神和实践能力的一代新人,而学生的创造品格、创新才能需要教师的创新性教学来培养。因此,教学创新能力是生物学教师诸能力中最具有根本意义的能力,是新型生物学教师必须具备的能力。

（3）教育研究能力

指教师从事与教育教学有关的各种课题的实验、研究与发明创造的能力。这是一种高级的、来源于教育实践而又有所超越和升华的创新能力。它要求教师具有扎实的教育学、心理学的理论知识和方法论知识,具有收集利用文献资料、开发和处理信息的能力,具有较好的文字表达能力,以及良好的开拓精神、理论勇气、治学作风和奉献精神。

教师的教育教学研究能力提高了,对待教育教学问题就能以科学的态度去审视,能用科学的方法去解决,事半功倍,能有效提高工作效率和教育教学质量。相反,教师只埋头教书,不善于总结,不作研究,就不能把教学实践经验提升到理性的高度来认识,就会阻碍各方面能力的提高。在我国教育界,"向教育科研要质量"的呼声越来越高,生物学教师开展教学研究,总结新鲜经验,探索新的规律,就能不断充实、丰富以至革新教学内容和方法,就能不断提高教学质量,促进生物学教学改革的发展。由工艺型、经验型教师向科研型、创新型教师转变,已成为时代对广大生物学教师的迫切要求。生物学教师应该自觉地在教育教学理论的指导下,在教学实践和经验总结的基础上,发现和明确存在于当前生物学教学中普遍性的问题,选择研究课题,制定科研计划,有目的有步骤地进行研究,撰写出具有充分事实依据和一定理论水平的论文论著或研究报告。这样不仅提升了自我素养,也能让别人共享自己的研究成果,共同促进教学水平的提高。

3. 身心素养(physical and mental accomplishment)

3.1 机体素养

(1)教师的身体素质

健康的体质是教师能有效承担繁重的教学任务和科研任务的前提。生物学教师除了承担常规的教书育人的任务外,还要承担繁重的装备和完善实验室的任务,还要带领学生采集和制作各种动、植物标本,还要进行实验操作。所以生物学教师的劳动既是一项复杂的脑力劳动,又是一项艰苦繁重的体力劳动。这就要求生物学教师要懂得自我保护,保持健康的体魄和充沛的精力,才能更好地搞好生物学的教学工作。

(2)教师的仪表风度

教师的仪表和风度是教师的思想、气质、性格、文化素养以及审美观念等的外在表现。教师是学生的一面镜子,教师良好的仪表风度有利于对学生的潜移默化,有利于良好学风的形成。但是,教师的仪表风度经常受到忽视,教育部门和教育理论也很少向教师提出这方面的要求。教师的仪表风度不是要奇装异服,而是自然纯真,朴素大方,适合时宜,表现个性,举止优雅,情态谦和。为此,教师应学习一定的礼仪时尚,加强美学修养,以最佳地表现自己。

3.2 心理素养

合格的教师,应对教育事业具有较强的使命感和责任感,应对教学工作中的各种矛盾冲突具有较强的自我控制能力和自我调控能力,应对学生的成才抱有强烈的期望并善于建立和谐的师生关系。这种特殊的职业要求教师要乐观开朗、情绪稳定、充满自信;要求教师富有移情能力、真正关心学生;要求教师热爱本职工作、对工作充满热情。优秀的生物学教师要以身作则、言传身教,要为人谦逊、不固执己见,要心胸开阔,有足够的自信去面对自己的不足,勇于在学生面前承认自己的错误,而不是以权威自居。

教师生活在复杂的社会中,目前的地位和收入尚不高,来自生活、工作、感情、社会等诸方面的问题或多或少地困扰着每一位教师,给不少生物学教师的心理造成了较大的伤害,影响了他们的身心健康。生物学教师必须体察时代的脉络与变化,及早做好调适的准备,增进心理适应能力,以宽容、乐观、淡定的良好心态面对工作中可能遇到的困境。

第二节　生物学教师职业道德素养

职业道德(professional ethics)是指一般社会道德在职业生活中的具体体现,它是从事一定职业的人们在其特定的职业生活中必须遵循的行为规范的总和。不同职业具有不同的职业道德,教师的职业道德有别于社会一般行业的职业道德,它与教育劳动的特殊性有关。作为以"传道,授业,解惑"为基本任务的教师,职业劳动的特殊性表现在教师职业劳动的目的是培养符合社会要求的德才兼备的人,其劳动的对象是有思想、有感情、有个性、正在成长中的学生,其劳动的手段是运用教材、教具、第二课堂以及教师丰富的知识、才能、情感和品质,其劳动的过程是运用自己的智力创造性地实现知识、能力和品德向学生的传递与转换,教师劳动的效果是通过学生的知识、能力和品德体现出来的社会效益。因此教师职业道德比一般社会道德的要求更高,因为师德决定教师素质,教师素质决定教育质量,进而影响学生和社会的发展。生物学教师职业道德是生物学教师在从事教育劳动时所应遵循的行为规范和必备的品德的总和,它包括教学过程中形成的职业心理、职业规范、职业范畴和职业道德品质等相关内容。

1. 教师职业道德的特点和作用

1.1　教师职业道德的特点

教师职业道德(teachers' professional ethics)的特点主要表现在以下几个方面。

（1）境界的高层次性

道德境界即道德观念，是人们对一定的职业道德规范及实践的状况、程度以及对自己道德行为意义的认识等诸方面的复合反映，是衡量一个人道德水平高低的重要标尺。教师职业劳动的特殊性决定了教师的道德境界比一般人要高，历代教师道德水平总是处在当时社会道德的水准之上，师德是社会品德的最高标准。当今，为人民服务是社会主义职业道德的核心，人民教师热爱教育事业，关心学生，无私奉献，既是学生的榜样，又是全社会道德的楷模。

（2）意识的自觉性

教师道德意识是指教师对本职业的观念、想法及态度，这是其职业行为的基础。师德意识在师德认识上，表现为强烈的社会责任心，对教育事业的理解和认可；在师德情感上，表现为对学生充满感情的爱，关心和帮助学生；在师德信念上，表现为坚定的从教信念和意志，自我命令、自我监督、自我激励和自我检查，不断提高道德觉悟和道德境界。一个教师如果没有师德自觉，就会成为社会上的一般职业人，甚至成为教师行业中的落后典型，失去教师的道德标杆作用。

（3）行为的典范性

一般职业劳动的对象是物，物没有感情和意志，而教师的劳动对象则是有思想、有情感、有个性的人。教师是学生获得知识的导师和引路人，在学生的心中占有特殊的地位。学生具有模仿性和向师性，教师既生活在学生尊敬之中，也生活在学生的监督之下。教师只有为人师表，以身立教，才能教育学生。俄国教育家乌申斯基（Ushinski）说："在教育工作中，一切都应以教育者的人格为根据，任何章程、任何纲领和任何管理机构，不论它们的方法设想得多么精巧，都不能代替人格在教育事业中的作用。"没有教师给学生的个人典范影响，深入到学生性格中的真正教育是不可能实现的。

（4）影响的深远性

教师道德比其他任何职业道德的影响都更大、更深、更远。"百年大计，教育为本"，学校是培养人才的基地，教师职业道德水平的高低，不仅广泛作用于学生身上，还可通过学生来影响其家长和家庭，进而影响社会风气。师德不仅影响学生的文明习惯、个性、人生观、道德观和世界观，还会影响其一生的思想和行为，影响社会和未来。毛泽东对他的老师徐特立说："你是我 20 年前的先生，你现在仍然是我的先生，你将来必定还是我的先生。"可见，那些有成就的名师也是品德高尚的老师。

1.2 教师职业道德的作用

教师职业道德的作用表现在四个方面。

（1）教育作用

学校的一切工作,归根结底就是塑造人和教育人,其中教师的品德对学生的健康成长起着示范作用。徐特立为人诚实正直,从不看风使舵,在 1927 年中国共产主义革命处于危难时机,他毅然加入了中国共产党。他的高尚品德教育了成千上万的学生,使他们坚定地跟着中国共产党干革命。无数事实都证明,师德是一种巨大的教育力量,对学生起着潜移默化的作用。同时,教师的品德对学生智能的发展也起着重大作用。我们都有这样的经验,教师知识水平越高,越关心学生,学生就越喜欢听他的课,成绩就越好。

（2）调节作用

教师职业道德最基本的作用是调节教师的行为,进而调节教育过程。在教育劳动过程中存在着多方面的关系,如教师与学生的关系,教师与教师的关系,教师与家长的关系,教师与社会的关系等,在这些关系的互动和处理中,必然存在着轻重不同的矛盾。系列的规章制度可以调节这些关系,但师德的调节作用仍是非常重要的。良好的道德和信念的内在力量指导着教师什么是"真善美",什么是"假恶丑"。当一种行为符合职业道德要求时,教师就会得到精神上的满足,否则就会内疚自责。同时,社会评论是师德调节的外在力量,社会舆论(当前尤其是网络)的赞扬和谴责,对师德表现发挥着重要的调节功能。

（3）导向作用

师德的导向作用表现在它对学生具有激励作用,一句鼓励、一句表扬、一声问候就可能扬起学生奋发向上的理想风帆。师德具有控制作用,青少年年轻气盛,分辨力差,教师只有用良好的道德榜样和耐心细致的说服教育,才可能使学生以理智控制自己的情绪和行为。师德的调整作用表现在当学生违犯学校的规章制度时,师德榜样可以促使学生对不符合道德要求的情感、欲望或冲动予以克制,调整自己的行为,保持自己正直的人格。师德还有矫正作用,因为教师是一面镜子,不少学生都以老师为榜样,对照自己,检查自己,克服缺点,纠正错误。

（4）促进作用

师德影响着学生和社会,毕业后的学生是带着教师的道德烙印走上社会的。教师在职业信心和职业良心的驱使下,把学生培养成了具有优秀品德、知识和能力的劳动者,他们走向社会后,就能为社会创造更多的物质财富和精神财富。同时教师通过自身的品德也对社会的发展起着直接的促进作用,教师的优雅素质促进人们礼貌待人,和睦相处,遵纪守法,助人为乐。综上所述,我们可以说教师职业道德的本质就是一般社会道德在教师职业生活中的具体体现。它是由教师职业劳动的特殊性所决定的,是以其独特的方式反映教师特殊职业劳动所形成的社会关系、调节教师职业生活中各种利益关系的特殊的社会意识形态。教师职业素养教育,其本质就是一种做人做事的原则教育。

2. 教师职业道德规范

教师职业道德规范(moral norm)是教师职业道德体系中最重要、最基础的内容,它是指在教育职业活动中,调整各种利益关系、判断教师教育行为是非善恶的具体标准,它揭示了教师与社会、教师与学生、教师与教师、教师自身"应当"鼓励什么和禁忌什么,它是从事教师职业活动的道德准绳,从根本上调节着教育劳动中的各种关系。

2.1 献身教育、甘为人梯是师德的基本规范和核心

教师是太阳底下最光辉的职业。"献身教育、甘为人梯"是指教师将教育事业作为职业选择的理想目标,立志在教育岗位上全身心地投入,以自己的全部精力,通过踏实、辛勤的劳动,搭成人才成长的云梯,让学生踏着它去攀登科学文化的高峰。这是一切从人民的利益出发、全心全意为人民服务这一共产主义道德原则的体现,是"无私利他"精神境界的体现,是整个教师职业道德规范体系的核心。教育的功能是通过教师的职业劳动表现出来的,教师用知识才能和思想品德向下一代传播科技和生产、生活知识,为社会培养和造就人才,是连接过去与未来的纽带,是人类逐步走向文明的桥梁。"振兴民族的希望在教育,振兴教育的希望在教师",教师只有把自己的精力投入到教书育人的实践中去,把自己的思想品德和知识才能对象化,才能培养出符合社会需要的人才。教师只有热爱本行,乐于贡献,视苦为甜,任劳任怨,勇于钻研,开拓进取,才能自得其乐,耐得住寂寞和清贫,才能抵住外面浮华的世界的诱惑,才能养成坚强的职业道德意志和品格,有效地促成学生的成长。

实践"献身教育、甘为人梯"的基本要求。首先,要充分认识教育工作和教师角色的价值特点。"天下不可一日无政教,人类不可一日无教师"。教师的价值是重大的,但是教师的职业又是平凡的,它不见壮丽,不见辉煌,与权势无涉。但是教育事业又是崇高的,三尺讲坛,流淌千年智慧小溪;晨昏暮读,延续自古人类文明。其次,要树立为教育献身的信念。教师是忘我笃行、埋头苦干的老黄牛,没有教师的

奉献精神和创造性艺术,是不可能培养出优秀的人才的。教师被比作春蚕和红烛,艄公和犁铧。当学生们成了官员、科学家、艺术家、企业家,老师们还在不计得失地备课、上课、批解作业,默默无闻地奉献心血。再次,教师必须爱岗敬业。爱岗敬业要做到"四三二",即乐业、敬业、勤业、精业的四个状态;情感上爱校、爱教、爱生,理念上教书育人,态度上认真负责的三个层面;从师德的优秀水平(衣带渐宽终不悔,为伊消得人憔悴)升华到师德的楷模水平(春蚕到死丝方尽,蜡炬成灰泪始干)的两种水平。

2.2 热爱学生、诲人不倦是教师正确处理师生关系的行为规范

"热爱学生,诲人不倦"的师德规范是由师生关系的特殊性和教育工作的本质特点所决定的。首先,虽然师生关系可简要地分为友好型、冷漠型、紧张型和庸俗型,但在本质上,师生关系是根本利益一致基础上的同志式的新型关系,是教师的"指导"和学生的"主体"的关系。教师要对学生负责,须做到循循善诱,诲人不倦。其次,教师只有热爱学生,赢得学生的信任和尊重,师生之间才能进行心灵的沟通。没有情感和爱的空洞说教,不可能让学生产生共鸣,不可能"亲其师,信其道"。再次,师爱对每一个学生来说都是一种鞭策和激励,都会给学生带来希望和信心,学生才会快乐学习,热情向上,而不是消极怨世,不求进步,这样的师生关系才能推进教育过程的发展。"热爱学生,诲人不倦"的师德规范是建立友好型师生关系的前提,热爱学生是诲人不倦的基础和前提,诲人不倦是热爱学生的表现和结果。

要做到热爱学生、诲人不倦这一要求,教师首先要树立正确的教育观念,具有强烈的责任心和科学的学生观,一切为了学生的发展和前途。其次,不要吝啬对学生的赞美,不要掩饰对学生的热爱,爱无差等。热爱学生、信任学生、理解和尊重学生是当代教师职业道德的重要规范。同时,教师又要爱而不溺,严而有格,严而有方,严而有恒,严而有爱。再次,要重视课堂沟通,更要重视课下交流。有的教师能在很短的时间内叫出全班每个学生的名字,学生就会觉得老师重视自己,就会更多地尊重和敬畏老师。老师经常下学生宿舍、吃学生食堂、参与学生活动,个别谈心、进行家访等都是师生交流的重要渠道。

2.3 尊重同事、团结协作是正确处理同事关系的行为规范

"尊重同事、团结协作、互勉共进"是指在教育实践活动过程中,教师之间相互尊重、帮助、协作,优势互补,形成教育合力,以共同完成教书育人的任务。虽然教师之间的根本利益是一致的,但教师群体中也会产生各种各样的矛盾。比如,教育劳动的分工不同,主科与副科的存在,毕业班及低年级的区别;教师的年龄、性别、

职称、学历、经历、个性和学术观点的区别;学生对教师的评价和文人相轻的传统观念;职称的评定,荣誉的获得,职务的提升,福利的分配,家属安排的区别;甚至信息保守、嫉贤妒能、损人利己等现象的发生,都会造成教师间的矛盾,影响教师的劳动积极性,妨碍学校教育功能的正常发挥。"尊重同事、团结协作"的师德规范是解决上述矛盾的道德力量,因为教育工作是一项庞大的系统工程,学校需要各智育学科的教师、德育政治理论课教师、体育教师、行政管理人员的通力协作,才能形成由集体智慧和力量组成的教育职业活动的凝聚力。教师之间的关系是平等合作的关系,每位教师的劳动只是教学的一部分,它必然与其他教师的劳动联系在一起。教师团结协作则大家心情愉快,教师如果离心离德,教育必无善果。教师的人格是社会理想人格的体现,教师间不能虚情假意,而要相互尊重,相互信任,团结协作,凭借自身良好的道德素质去完成教书育人的任务。

如何才能做到"尊重同事、团结协作"呢? 第一,要有知人知己之明。教师通常重科学,重荣誉,懂礼节,讲文明,守纪律,具有较强的自尊心,而另一方面又好虚荣,多愁思,假清高。因此,我们随时要记住"满招损、谦受益"的格言,知己知彼,扬长避短。第二,尊重同事,以诚待人。诚信、忠厚是待人的本分,"信人者,人恒信之",教师要坚持诚心待人,以诚立身,开诚布公。第三,心胸宽广,增强对挫折的容忍力。一生不如意十之八九,"宰相肚里能撑船,大人不记小人过",学会宽容和豁达,保持情绪稳定和乐观,既能建立和睦的同事关系,又有利于自己的心理健康。第四,正确对待和开展竞争。我们鼓励教育教学中的有益竞争,坚持"公平、公正、公开"的竞争原则,以选拔真正的人才。

2.4 以身作则、为人师表是教师自我修养的基本规范

"师者,人之模范也","言传身教,身教重于言教"。"以身作则、为人师表"是指用自己的模范行动作出表率,成为可资学习、效法的榜样。它是社会向从事教育劳动的人民教师提出的要求,也是教师进行自我修养的目标和职业活动规范,这也是中国传统师德的传承。教师的言行举止对学生起着耳濡目染、潜移默化的教育和影响作用,青少年学生具有明显的"向师性"和"模仿性",他们尊敬老师,以听老师的话,得到教师的注意、重视、关怀、表扬和鼓励为荣。教师的工作态度、方法、作风和精神极大地影响着学生,对学生起着示范作用。这条规范也是教师工作取得良好效果的可靠保证,使教师在教育教学中以品格立威性。一个言行不一、道德败坏的教师只会引起学生的反感和厌弃。教师要以身作则,还因为其行为接受着最严格的监督:在校内,学生密切地注视着教师的一举一动,严格地评议老师;在校外,

教师的行为要受到家长、社会的监督和评价。因此，教师应时刻检点自己的行为，反省自己的道德言语、道德行为和道德习惯是否堪当表率。

当前一些败坏师德的现象屡次出现在教师身上，大学里的学术造假和剽窃，中小学里的教育乱收费都是最突出的问题。要杜绝这类现象，首先要加强对教师职业的正确认识，端正职业思想，讲究奉献精神，时刻注意自己的身份，有所为有所不为。教师职业通常是收获少而付出多，如果耐不住清贫而对学生乱收费，得不到待遇而怨天尤人，甚至把不如意发泄到学生身上，教师还怎么去为人师表呢？其次，教师要努力养成高尚的道德品质，具备爱人民、爱劳动、爱科学、遵纪守法、团结友爱、公正廉洁、公而忘私、诚实善良、正直乐观等优秀素养。再次，教师要养成严谨的治学态度，在学术上不造假、不抄袭，自觉遵守学术规范。

以上重点论证了教师职业道德的四条规范。事实上，教师职业道德规范远不止这几点，注重礼仪、遵守公德、尊重家长、依法执教、廉洁从教等都是师德规范的不可或缺的内涵。我们在教育教学中要认真理解和努力实践这些规范，把自己塑造成为一名合格的教师。

3. 教师职业道德范畴

道德范畴（moral category）是指概括了师德主要特征并体现社会对师德的根本要求，被转化成为教师的普遍内心信念、对教师行为发生影响的基本道德概念。教师道德范畴是师德行为动机的内在根据，体现着教师对道德问题的自觉认识和情绪态度。如果说师德规范是"要我做"，那么师德范畴就是"我要做"。

3.1 教师义务

教师义务（teachers' obligation）有两个含义：一是指社会向教师提出的在从事职业活动时所必须遵守的道德要求的总和；二是指教师自觉意识到社会对教师提出的各种道德要求的合理性，把遵循教师职业道德的规范和要求看作是个人的内在道德需要，是对教育事业应尽的使命和责任。教师义务构成了教育伦理规范的基本内容，师德义务的核心内容是要落实或践行教育公正与教育仁慈。教师义务是教师的一种职责、使命或任务，具有不依人的主观意志为转移的客观约束力，因而就存在着道德意识强制的因素，具有"道德命令"的性质，它能使每个教师遵循教师职业生活纪律，去做"应该做"的事情。但教师履行义务又是自由和愉快的，义务已成为其生活的需要和习惯，成为其本性和良心，成为其评价自己的规范和忘我工作的精神动力。

履行教师义务，首先有益于指导教师正确处理各种利益关系，减少和协调教育工作中的"冲突情势"。如果没有教师义务,教师在工作中就有可能尽量少地投入精力,这就会影响本职工作,也会使教师处于紧张的人际关系和内心压力之中。只有从主观上严格承担起道德义务才能根本解决这一问题。其次,它使教师自觉地进行道德的综合判断,选择正确的教育行为。比如教师可能遇到家庭道德义务与教育义务之间的矛盾,遇到保守学生"秘密"与及时同家长和同事沟通的矛盾。又比如在重大意外事故前面,教师会处于挺身而出与畏缩不前的矛盾。教师只有通过道德的"综合判断",才能正确地处理这些矛盾。再次,教师道德义务的确立有利于培养学生的义务意识。教师是学生的榜样,教师履行好自己的义务也可让学生确立道德上的信心,自觉履行自身的道德义务,做一个道德上负责的人。最后,它有益于教师自觉培养高尚的师德品质。苏霍姆林斯基(В·А·Сухомлнский)说过:"恪守义务可以使人变得更高尚。教育者的任务,就在于使义务感成为自觉纪律这个极其重要品质的核心。"

3.2 教师良心

教师良心(teachers' conscience)是教师在教育实践中对社会向教师提出的一系列道德要求的自觉意识,是教师个人对学生、教师集体、学校和社会自觉履行其职责的特殊道德责任感,以及对自己教育行为进行道德控制和道德评价的能力。教师良心首先体现为教师对学生、教师和整个教育事业具有一种高度自觉的道德责任感,对自己应当履行的道德职责有着深刻的认识和理解,从而把自己的责任看做是自己的义务,并去履行这一义务。教师良心还表现为教师对自己教育教学行为的自我控制和自我评价。在实际生活中,教师常常会遇到各种不公正的对待和矛盾。教师良心一方面抚慰自己,对自己的职业生活作出公正的评判,另一方面则以事业为重,宁肯做出自我牺牲,也不愿违背良心。所以职业良心是教师精神人格的保护神,是其鞠躬尽瘁、积极耕耘的重要精神支柱之一。如果教师确认自己的行为符合了师德规范,履行了教师义务,他就会产生肯定、欣慰、自豪的情感体验,而当其行为有错时,就会受到良心的谴责。

教师良心是教师行为内在的制约力和"隐蔽的调节器"。在行为前,它起着对行为动机的选择作用。教师选择某种行为是受到良心支配的,良心肯定符合道德的动机,否定不道德的动机。有良心的教师在履行道德义务时,心中充满了强烈的责任感,其行为是完全出于内心的要求,即使没有社会舆论的监督,也能自觉地承担对他人和对社会的义务,即使牺牲个人利益或遭到他人的非议,也能感到问心无愧。在行为中,它起到对行为的监督、调整和控制作用。有良心的教师能自觉地纠正和克服不符合师德的意识和行为,激励和强化符合师德的行为和情感,以确保自己行为的正确性。在行为后,它具有审判和评价作用。教师的行为常受到社会舆论的评价和自己良心的评价,有良心的教师会为自己行为的正确而欣慰和满足,否则就会内心不安和痛苦。

3.3 教师公正

教师公正(teachers' justice)是指教师在教育职业活动中,公平合理地对待和评价全体合作者。作为教师职业道德素养水平的标志,教师公正的实质是对教师角色的自我评价问题。比如,国家提出"提高教师地位",但这并不意味着教师就高人一等。教师要得到尊重,还得看教师有没有全面履行教师义务,值不值得尊重。教师与领导的关系是一种人格上平等、工作中隶属的关系,教师应该尊重领导,服从指挥,以自己出色的工作业绩得到应得到的利益和荣誉,既不刻意逢迎巴结,也不随意冷落疏远。教师之间要做到思想上互勉,业务上互学,生活上互助,感情上互谅,人格上互敬。公正合理地对待每一位学生是教师公正的最基本的内容。教师公正是促进学生生命健康成长的最重要和最基本的德行,教师要平等地对待不同性别、年龄、出身、相貌、智力、个性、亲疏关系的学生,爱无差等,一视同仁;实事求是,赏罚分明;长善救失,因材施教。教师公正的确立取决于教师的觉悟,一个教师的道德境界不高,私心很重,他就不可避免地有偏私、不公正的行为。

教师公正首先有利于形成良好的教育教学环境。教师人际关系和睦,学校团结向上的氛围浓,教书育人的工作就易于展开。其次,有利于调动每个学生的学习积极性,给学生的道德心灵以良好影响。在学生心目中,教师是公正、无私、善良、正直等美好品行的化身。教师的公正使学生能体验到公正对自己、对他人、对社会的存在与发展的益处,因而有益于学生公正品格的形成,并能激发其为公正而奋斗,努力追求真善美。反之,教师不公正就会在其纯洁无瑕的道德心灵上投下阴影,挫伤其情感,甚至怀疑公正、正义这些美好的东西是否在生活中真实存在,对社会不信任和反感。再次,有利于威信的形成。几乎所有的学生都期望教师能公正办事,主持公道。有资料表明,有84%的学生把"公正"看做是"教师工作最重要的职业品质",92%的学生把"偏私、不公正"看成是"最不能原谅的教师品质缺陷"。

3.4 教师荣誉

教师荣誉(teachers' honor)即社会对教师的道德行为的价值所作出的公认的客观评价和教师对自己行为的价值的自我意识。教师荣誉是以社会的赞扬和褒奖这一客观评价为基础的。教师内心的欣慰、尊严意向是社会评价的主观感受,是通过社会舆论把客观评价转化为主观意向的。社会舆论对教师道德行为评价越高,说明教师荣誉越大,社会价值就越高,由此可以增强教师的自尊心和自爱心,使之进一步自觉地履行教师义务。反之,荣誉感淡化就是社会责任感和职业操守的淡化,当一个人不再为自己从事的职业感到光荣和自豪时,那么其对社会的责任、义务和对工作的热情也会随之淡漠,无私奉献、服务意识也将被严重弱化。教师荣誉的内容体现在它是光荣的角色称号,它具有无私的职业特性,它体现着崇高的人格形象,它还具有丰厚的劳动回报。教师在荣誉面前,既要处理好集体荣誉和个人荣誉的关系,也要处理好自尊和谦逊的关系。

教师荣誉是激励和推动教师道德高尚、人格完善的助推器。教师要获得荣誉,就必须加强自身的道德修养,陶冶道德情操,自觉自愿和尽职尽责地按照师德的指导和要求,履行教师义务,为学生和社会教育事业的利益服务并作出突出贡献。教师荣誉又是教师道德行为的调节器,教师一旦发现有违背教师的义务和良心、背离社会对师德要求的地方,荣誉感就会督促他纠正或改变自己的行为,使之沿着符合教师道德要求的方向发展。教师荣誉还是促进教师自身道德发展和完善、形成良好师德风尚的重要精神条件,当一名教师树立起荣辱观,珍惜所获得的荣誉时,他就会把教师义务、良心和公正内化为坚定的信心和道德品质,他就会更自觉、积极地投身于教育事业中,为社会作出最大的贡献。

4. 生物学教师职业道德的体现

教师职业道德渗透在教师生活的各个领域和教师观念行为的各个方面,决定了师德素质内容的丰富性、深刻性和多层面性。根据以上关于师德的论述,我们总结生物学教师职业道德素养应包括以下四个方面。

4.1 远大的职业理想

这主要体现在献身教育、热爱专业上,这是生物学教师职业道德的基本准则。生命科学是学习农、林、医等科学的基础学科,这不仅与人们的生活息息相关,也与当今社会存在的一些重大社会问题紧密相连,如全球性的人口、粮食、健康、能源、资源和环境等问题。热爱教育事业,为提高全民生命科学素质尽自己的一份责任,无私奉献,为祖国培养更多的人才,这是每一个有志于生物学教育事业的人们必须树立的职业理想。

4.2 可贵的职业觉悟

教师的职业觉悟主要体现在思想先进、方法正确上,这是教师职业道德的重要因素。中学生正处在道德、信仰、意志、情感和行为习惯的形成期,可塑性很大。教师的教育和影响,对学生的健康成长产生强烈的作用。因此教师只有自己树立正确的世界观和方法论,才能正确地认识自己的工作对象,掌握教育的规律,保证教书育人的成功,才能以自身的榜样去塑造学生的灵魂。为此,要求生物学教师必须自觉地学习教育理论和专业知识,不断提高自己的思想觉悟。

4.3 优良的职业品格

教师优良的职业品格主要体现在以身作则、为人师表上。教师不仅要用自己的学识教人,还要用自己的品德育人;教师不仅要"言教",更重要的是"身教"。孔子是千百年来"为人师表"和"以身立教"的典范,他认为"自身不正,焉能正人",做教师的要处处为学生作出表率,凡是要求学生做到的,自己首先做到;凡是要求学生不要做的,自己坚决不做。在工作上,教师要忠于职守,勤勉有加,尽心尽力;在学习上,要刻苦钻研,孜孜不倦,锐意进取;在思想品德上,要处处身体力行,严格要求自己,堪为学生的榜样。只有这样,才能树立起教师的威信,教师对学生的教育才有说服力。同时,教师优良的职业品格还体现在和同事之间互勉共进、团结协作上,只有加强同其他学科教师的协作,学生的综合素质才能良好地发展。

4.4 神圣的职业感情

教师神圣的职业感情主要体现在热爱学生、诲人不倦上。"感人心者,莫先乎情",在教育过程中,教育者只有以满腔的热情和真诚的爱去对待自己的学生,才能得到学生的良好配合,才能在和谐的气氛中实现师生间畅通的感情交流,才能在"润物细无声"中使学生受到启迪。"热爱学生、诲人不倦"是教师的天性,就是要把自己的心血倾注在学生身上,对学生的思想、学习、身体、生活全面关心;教师要热爱所有学生,心目中装有一切教育对象,对于他们负有同样的责任和义务;教师要有教无类,不受时间和空间的限制,没有优生和差生的区别。电影《烛光里的微笑》中的王双玲老师就是这样一个充满师爱、燃烧自己的师德典范。当然,教师对学生的爱并不意味着对他们放松要求,姑息迁就,而应该是严而有情,爱而不溺,这样才能"严师出高徒"。

第三节 生物学教师职业道德素养的养成和实践

1. 生物学教师职业素养的养成和实践

教师职业素养是事关教育事业成败的关键因素之一,现代生物学教师职业素养的养成和实践可按以下三个过程来完成。

1.1 从业前的职业素养准备——夯实知识文化基础

（1）树立正确的教育理念

师范生在就业前,应树立三个教育理念。一是"为国育才"的教育理念。只有把学生的学习质量与国家的发展前途联系起来,把学生的持续和谐发展放在首位,教师才能把握自己的工作目标,才能在教书育人的过程中不断发展和完善自己,使自身价值得到提升。二是"素质教育"的理念。素质教育的决定因素在于教师的教育观念和师德水平,生物学教师要对素质教育的价值深信不疑,要有深沉的职业情感,愿意为培养高素质的学生付出劳动和汗水。三是学生是"学习主人"的理念。教师要懂得学生是学习的主人,师生是平等民主的关系,教师要热爱学生,因材施教,才能激活学生的学习主动性和积极性,使每个学生都得到符合其个性的和谐发展与提高,最终成为受社会欢迎的人才。

（2）加强文化知识的修养

教师是人类知识、优秀文化、社会生活经验和智慧的传播者,在人类发展中起着"承上启下"的作用。俗话说:厚积而薄发;要给学生一杯水,自己得有一桶水。教师的知识不是备课备出来的,它有赖于平时的知识积累。有理想的生物学教师,不仅专业知识好,他也会广泛涉猎其他理科知识和人文知识,主动从人类文化的汪洋中选择吸取养料以充实自己。比如其哲学修养水平高,他看问题的高度和深度就高,这将有助于更好地传授知识和做学生的思想工作。又比如科学和艺术本是相通的,生物学教师懂得文艺,拥有教育家、科学家和艺术家的素质,其提高自身素质的空间就会拓展,他的教育教学工作就会做得更好。

（3）加强生物学专业知识的修养

生物学专业理论知识修养包含的内容十分丰富,师范生的主要任务就是学习这些知识,对此不须多言。此外,生物学专业素养也是一种世界观。比如进化论不仅是生物学的一部分,现在对于预测学科的发展趋势、解决人类面临的难题,甚至追溯人类情绪、智力的发生与发展等,均有重要的启迪。又如生态学不但早已超越了原来的生物学,它将全球环境与资源联系在一起,成为了一种思维方式:既然生物群落内的物种多样性越高,越有利用于生态系统的稳定,那么经济成分的多元化就比单一的所有制更有助于经济的稳定和发展,文化的多元化就更有助于社会的和谐和稳定。生物学教师必须以一个辩证的、联系的、发展的生命科学体系观念来看待世界。生物学实验修养主要包括实验认知和实验技能。前者包括实验设计知识、实验统计与分析知识以及实验态度与价值观等,而后者对生物科学来说显得更重要。关于生物学实验技能的类型,可参看本章第一节的相关内容。要掌握这些技能,只有反复操作,才能熟能生巧。

（4）加强教育修养

教育修养(educational cultivation)包括教育知识修养和教育能力修养两个方面。教育理论知识主要有普通教育学、教育史、教育哲学、课程理论、教育心理学、学习心理学、人格心理学等。心理学是教育活动的基础,教育改革的领袖人物多出身于心理学家,如布鲁纳(Bruner)、布卢姆(Bloom)、赞可夫(Л·В·Ванков)等。教育能力修养是教师素质构成的基础性内容,语言表达能力是教师职业的前提;组织教学能力即教师发挥"教"与"学"双方积极性、完成教学任务的能力,是教师的主要职业能力;教育科研能力则是教师挖掘教育内涵的必要条件;开拓创造能力是现代教师的必备条件,只有创造型的教师才能培养出创造型的学生,也只有自学能力强的教师才能培养出具有自学能力的学生;人际合作能力有助于生物学教师处理师生关系及其他社会关系。

1.2　从业中的职业素养落实——培养敬业精神

（1）坚持上好每一节生物课

教师首先必须具备"讲课"的基本能力,即能够准确有序而流畅地把知识传递给学生,并为学生所消化、吸收和巩固。课堂表现是展现教师教育教学水平的中心环节,教师在平时应认真地对待每一节课,课堂表现始终如一。教学用具的合理使用会将教学内容化繁为简,形象直观,易于学生理解和记牢。

（2）认真完成实验教学

生物学教材常将实验列于理论之先,这体现着理论来自于实践的基本原理。教师要认真对待每一次实验,并全面培养学生的生物学实验意识和技能。教师要注重实验的设计过程,注意操作的规范化,培养学生的科研思维和观察能力,教会学生总结和分析实验数据和结果,引导学生建立理论模型和假说,增加其实验成功后的成就感。

（3）认真完成教学的其他环节

教师要认真完成课堂教学外的其他环节,如备课、作业批改、课外指导、复习、考试等等。好的教案是上好课的前提,教师应该不断提高备课质量。从某种角度讲,教育就是由众多烦锁的小事组成的,不鞠躬尽瘁行吗?

（4）积极进行教学交流

生物学教师要积极参与各类公开课、优质课等学术交流竞赛活动。只有在高手比试中,教师才能锻炼自己的教学能力,提高教学水平,因为别人的评课是对自己教学得失的极好指点,而观摩别人的讲课同样能启发自己的教学思路和创新改革。同行间的教研活动可以取长补短,有利于团体教学力量的增加。

（5）坚持建立教学档案

生物学教师平时要注意收集教学资料,建立教学档案。很好地运用备课、教辅、考试、教改等教学资料,不但能丰富教学内容、扩展学生视野、激发学生的兴趣,而且能帮助教师总结自己的成功教学经验和不足教训,探索教学规律,不断提高教学和研究的层次。

（6）加强现代化教育技术的培训

生物学教师必须了解现代教育技术(诸如投影、幻灯、录像片、多媒体、网络教学、网上数据库等)在教育领域中的地位与作用,增加运用现代教育技术手段教与学的能力。教师应熟悉本校相关技术设备的使用方法,掌握软、硬件的正确操作使用规程,并在教学中加以巧妙地使用。

（7）摸索和掌握教学艺术

教师运用灵活多变的教育技巧,激发学生的积极性,这是提高教学质量的重要保证。因此,教师要摸索并掌握教学策略,发展创造性思维,讲究教学艺术。教学艺术的"土壤"就是教师较高的教育理论修养、渊博的专业知识和过硬的基本素质(如语言表达、动作表情、板书等)的统一。优秀教师的教学过程就是集知识、技能和激情相融合的艺术展示,听这样的讲课对学生是一种艺术享受,他们会忘了下课时间。

（8）认真做好班主任工作

班主任是教师权威的代表,他最了解学生,他也最能体验当教师的苦与乐,同时班主任工作更有助于教师体验领导者角色和心理,有助于人际交往能力的提高。当前生物学科被当做"副科",受重视程度不如工具性学科,教师只有作为班主任,才会更好地关怀学生,更有机会激发他们学习生物学的热情。

1.3 从业后的职业素养持续——坚持探索兴趣

为了提高自身的教学水平和教学艺术,教师应该是教育教学工作的研究者,教育职业规律的总结者、探索者和运用者。教师不能满足于已取得的教学成绩,而应坚持可持续发展的理念,活到老,学到老。

（1）探索研究有助于提高生物学教育教学水平

学然后知不足,教然后知所困。当前的素质教育与创新教育给教师提出了全新且全面的素质要求,教师以不断探索的态度对待教学工作,就会发现自己在专业知识、教育方法、教育思想、行为规范等方面的不足,就容易发现新的教改课题。教研探索使人产生新鲜感、心理活力和追求完善的良好动机。而当通过努力获得一定成果后,就会得到喜悦和满足,它反过来又促使自己去争取更大的成就。如此以往,教师的专业知识、教育知识就会不断更新,职业水平就会不断提高。

（2）探索研究是教师快乐的源泉和巩固职业性的重要条件

得天下英才而教之是人生一大快事。心理学家孟昭兰指出:"最纯粹、最典型的快乐,是在从事建设性的、有意义的活动中产生的;是在完成任务、实现诺言、达到自己的愿望和理想的时候产生的;也是在得到他人的承认、被他人所接受、从客观上证实自我肯定的时候出现的"。生物学教师只要以探究的态度对待教学,教师就不再是"教书匠"、"录音机",教学过程就变成了活生生的、动态的、具有巨大的显在和潜在价值与设计色彩的、令人愉快的建设性的活动了。教师有了快乐,才愿意、也才能够坚守职业阵地,而不是被困难所吓退或被学校所辞退。

（3）探索研究有助于养成教师的创新个性

教师职业的性质、特点以及特殊性决定了教师应创造性地理解教学过程中的各种关系,善于在学生、教材、教师、教育目标和社会需求之间寻找最佳的切入点,找到适合自己和特殊学生群体之间的沟通方式,针对不同的学生因材施教,达到让每个学生学有所得,学有所用,使每一个学生都形成各自的知识结构和职业技能,养成各自的思维模式和解决实际问题的独特智慧,培养他们持续发展的能力。教师要创造性地认识和解决教学过程中的各种矛盾,把各种工作原则、方法和要求变成自己的教学艺术和风格。教师要形成自己独特的教育能力、沟通能力、示范能力以及组织监督管理教学的能力,使自己的言行起到示范作用,进而影响学生的精神世界。

2. 生物学教师职业道德的养成和实践

2.1 加强生物学教师职业道德教育

（1）认识教师职业道德教育的过程

教师职业道德教育是按照一定社会对教师职业道德的要求,有目的、有组织、有计划地对教师施加系统的道德影响的实践活动。进行师德教育,首先,要提高对教师职业道德的认识,即对教师职业道德理论和规范的了解和掌握。美德出于有知,败德出于无知,只有对职业道德体系具有充分的认识,教师才会将其有效地转化为内心信念,增强履行道德义务的自觉性。其二,要陶冶职业道德情感,即当教师评价自己与他人的职业道德行为时,产生的内心体验和主观态度。情感教育要求晓之以理,动之以情,以使教师形成与应有的职业道德认识相一致的职业道德情感。其三,要锻炼职业道德意志。教师的生活中存在着许多苦恼、抱怨和无奈,教师对此如何作出道德判断并付诸实践,以自觉克服困难、履行师德行为,就需要道德意志的力量。只有努力培养教师的自我控制能力和克服困难的能力,培养教师的进取心,教师才能战胜和超越自我。其四,要确立教师职业道德信念。教师认可师德义务及其道德行为要求,并达到认识、情感和意志的有机统一,便能形成坚定的师德信念。信念是教师的精神支柱,它用于评价师德行为的善恶,激励教师排除困难,不为名利所诱惑,不怕讥笑和打击。缺乏信念的教师则胸无大志、无所作为。其五,要培养教师职业道德行为,即教师在道德认识、情感、意志和信念支配下的道德实践。师德行为是师德教育的目的和衡量师德水平的根本标志。良好的师德行为包括"言教",如多鼓励学生而不是打击学生;包括"身教",如教师要为人师表,用意志力战胜自己。此外还要养成良好的行为习惯,如在面临危急情况时,教师会不假思索地挺身而出保护学生。

(2)实施教师职业道德教育的方法

① 说理疏导法

说理疏导法是指广开言路,循循善诱,引导受教育者不断提高自己的道德觉悟,以求得道德进步的方法。它包括讲授、报告、谈话、讨论、辩论、网聊、阅读书籍报刊等形式。运用说理疏导法时,要以理服人,讲究针对性,尊重教师的人格,还要注意说理疏导的艺术,深入浅出,富有感染力和说服力。

② 榜样教育法

用模范人物和先进典型的事迹对教师进行道德品质教育,是一种实际、生动、形象的教育方法。"榜样的力量是无穷的",榜样可包括古今中外教育界的典范人物及职业道德实践中的典型事例。榜样应有可接受性,地区性和年龄层次性。展开违背师德行为的反面典型教育,则可以起到引以为戒的作用。

③ 对比教育法

就是把各种不同事物的特点、属性进行比较,以分清是非、把握事物本质的方法。对比教育可有两种方式,"纵比"是把过去与当前的师德加以比较,如把中国古代的"师道尊严"与"文化大革命"时期的"臭老九"以及现代的"全社会尊重人民教师"加以比较;"横比"是把同类的两个事物加以比较,如把西方的师德状况与我国的师德状况加以比较。对比的目的是取其精华,端正对师德的认识。

④ 个别教育法

个别教育法是针对师德品质的差异性,用交心谈心的方式,去解决教师道德问题的一种方法。个别教育一要正视教师的个性差异和特殊性,因人施教,尊重人格,用不同的钥匙去打开教师心扉的大门;二要注意艺术性,讲究教育的方式、环境、时机和用语;三要注意经常化,不要等出问题后才实行。

⑤ 实践锻炼法

即通过有目的、有计划、有组织的实践活动,培养教师的优良品德和行为习惯的方法。实践锻炼的途径之一是理论实践,教师通过参观访问、社会调查、对各种错误思想和观点的批评等活动,形成坚守师德的内心信念。其二是活动实践,通过参与社会工作、义务劳动、共创精神文明等活动,使教师了解社会道德风尚、检验自己处理道德矛盾的能力。其三是教师进行道德行为的锻炼,以逐步养成良好的道德习惯。

2.2 加强生物学教师职业道德修养

(1)加强教师职业道德修养的意义

古中文中,"修"是指整治、提高,"养"是指培养、陶冶。修养是指个人在思想、政治、道德品质和知识技能等方面长期自觉地学习、锻炼和陶冶的过程,以及经过努力所达到的水平。教师职业道德修养是指教师对自身道德品质所进行的自我诊断、自我教育、自我改造、自我陶冶、自我锤炼的过程及其所达到的水平,它既包括自我批评与自我解剖,也包括所形成的道德情操以及达到的境界。师德修养的意义表现在:

① 它是提高教师职业素质的关键

教师如果有德无才,他就是一个无所作为的庸人;如果有才无德,他就是一个误人子弟的歪才。教师要提高师德修养,除了学校教育外,关键在于自身要不断提高对师德的认识,陶冶职业道德情操,锤炼职业道德意志,努力把外在的道德要求内化为自己的道德信念,进而形成持久一贯的道德品质。

② 它是形成良好教风的内在动力

教风就是教师在工作中的态度或风格,是教师思想、工作和生活作风在教书育人过程中的综合反映。如果每个教师都能"恭德慎行,为世师范",履行好教师义务,表现出高尚的道德情操和思想品德,就一定能形成良好的教风。学校有了好的教风,才会有好的学风,才会有好的校风。

③ 它是培养和造就"四有"新人的重要保证

教育人者必先受教育;教育有修养之人者,必更有修养。一个注重师德修养、德才兼备的教师,他本身就是学生最亲近的榜样,最形象的教材,最崇高的表率,其自我修养功夫越深,他在学生中的威望就越高,其教育教学效果也就越好。教师只有在自己身上体现出高尚的道德,才有可能为社会培养出"有理想、有道德、有文化、有纪律"的好学生。

④ 它对社会主义精神文明建设具有重要的促进作用

教师职业道德修养本身就是社会主义精神文明建设的重要内容,教师自身也是社会主义精神文明的传播者与建设者。广大教师高尚的师德修养及其为人师表的形象,不仅积极影响着广大学生和社会群众,而且还会通过学生和群众对整个社会精神风貌产生积极的辐射作用。

(2)提高教师职业道德修养的方法

① 以科学理论作指导是提高师德修养的必要途径

教师职业道德修养是一种理智的、自觉的活动,教师只有学习职业道德等相关理论,才能分清师德上的善恶、正邪和美丑;只有学习教育科学理论,才能掌握科学的教育方法,把师德修养落实到教育教学实践中;只有学习科学文化知识,才能"学高为师",教育别人。那些道德境界高尚的人,也是拥有相应科学文化知识和技能的人,不学无术者是不可能达到道德修养的致高点的。

② 与教育教学实践相结合是提高师德修养的根本途径

教师的道德品质不是先天形成的,也不是闭门思过就能造就的。"玉不琢,不成器",教师的道德品质是在教育教学实践中经过长期锻炼和自我改造而形成的。只有将师德理论、原则和规范运用到教育教学的实践中,它们才能变为自己的思想和行为。实践得越多,掌握得就越多,良好的道德品质就越巩固。"不经风雨,长不成大树;不受百炼,难以成钢"。因此,不断实践才是师德修养的根本途径。

③ 严格自我解剖是提高师德修养的重要途径

自我解剖是对古人道德修养"内省"方法的借鉴,它指教师严格按照师德的要求,经常对自己在教书育人过程中的思想和行为进行自省,并对不符合要求的思想和行为进行自责和自纠。严格的"格",就是指教师职业道德原则、规范,也包括教师典范。严格自我解剖的实质就是要求教师经常反思自己的行为,检点自己的作风,坚持正确的,改正错误的,使自己的言行符合教师职业道德的高标准和高要求。

④ 自觉坚持"慎独"是提高师德修养的有效途径

"慎独"源于《礼记·中庸》,"君子戒慎乎其所不睹,恐惧乎其所不闻。莫见乎隐,莫显乎微。故君子慎其独也"。意思是说君子在不被看见和不被听见的情况下,也是谨慎敬戒、恐慌畏惧的,没有比幽暗和细微中更为显著的事物,因此君子在独处时要谨慎啊。"慎独"要求在无人监督的时候,也能坚持自己的道德信念,不做违反道德原则和规范的行为。"慎独"靠的是一个人的内心信念,它是衡量教师觉悟和品质的试金石,是师德修养的有效途径和最高境界。它贵在自觉,难在坚持。教师首先要有坚定的职业道德信念,才能在独处时仍然自觉地做到"非礼勿视,非礼勿听,非礼勿言,非礼勿动"。其次,教师要从小事做起,防微杜渐,做到"视思明、听思聪、色思温、貌思恭、言思忠、事思敬、疑思问、忿思难、见得思义",努力使自己成为一个道德上的完人。

【思考题】

1. 生物学教师的知识素养包含哪些主要内容?各有什么要求?如何在实践中提高自己的知识素养?

2. 生物学教师的能力素养包含哪些主要内容?各有什么要求?如何在实践中提高自己的能力素养?

3. 21世纪生物学的发展和教育教学的改革都在加快,生物学教师怎样才能未雨绸缪,赶上时代的步伐?

4. 怎样从"要我做"和"我要做"去理解教师职业道德规范与教师职业道德范畴的区别与联系?

5. 如何在实践中切实提高教师自身的职业道德修养?

6. 在当代的社会环境下,如何认识教师"无私奉献"与"争取应该的福利待遇"的关系?

【参考文献】

1. 曹道平,陈继贞. 生物教育学(第二版)[M]. 青岛:青岛海洋大学出版社,2005

2. 陈继贞,张祥沛,曹道平. 生物学教学论[M]. 北京:科学出版社,2003

3. 杨燕均,教师伦理学[M]. 上海:华东师范大学出版社,1997

4. 王兰英,黄蓉生. 教师职业道德[M]. 北京:高等教育出版社,2000

5. 张海山. 素质教育与教师的素质[J]. 中国科教创新导刊,2008,32:32

6. 李作为. 浅述新课程下生物学教师的职业素养[J]. 生物学教学,2008,33(3):12—13

7. 卢建筠,任彩棉. 现代生物教师的基本素质之研究. 湛江师范学院学报[J]. 2001,22(6):113—116

附录 1 微格教学式教学技能训练

微格教学(microteaching)是通过缩减的教学实践,培训师范生和在职教师教学技能的一种方法。1963 年产生在美国斯坦福大学,20 世纪 80 年代中期传入我国,又称为"微型教学"、"微观教学"、"小型教学"。微格教学是一个有控制的实践系统,可使师范生和教师有可能集中解决某一特定的教学行为,或在有控制的条件下进行学习。它是建立在教育教学理论、视听理论和技术基础上,系统训练教师教学技能的方法。

微格教学分解与简化体现为:① 训练目标单一(只针对某一种技能);② 教学内容单一(只教一个概念或一项内容);③ 授课时间短(5—10 分钟,减少了试讲学生的压力和负担);④ 学生人数少(10 人左右便于控制);⑤ 反馈及时(试讲完即可反馈,每人一盘录像带,自己放录像,易于评价和纠正自己的不足)。

微格教学具有以下特点:① 理论联系实际;② 目的明确;③ 重点突出;④ 反馈及时;⑤ 自己"教育"自己;⑥ 利于创新;⑦ 心理压力小;⑧ 施教真实。

1. 微格教学的过程

微格教学一般包括以下几个步骤:

(1) 事前的学习

学习内容包括教学设计、教学目标分类、教材分析、教学技能分类、课堂教学观察方法、教学评价、学习者的特点等。

(2) 确定培训技能和编写教案

把课堂教学分为不同的单项教学技能分别进行训练,每次只训练一两个技能(导入、语言、提问、讲解、变化、强化、演示、板书、结束、课堂组织 10 个技能),以便容易掌握。教案根据确定的教学技能选择恰当的教学内容,根据所设定的教学目标进行教学设计并写出教案。微格教学教案不同于一般教案,要详细说明教师的教学行为(所应用的技能)和学生的学习行为(包括预想的反应)。

(3) 提供示范

利用录像或实际角色扮演对所要训练的技能进行示范。示范可以是正面,也可以是反面典型,也可对照使用,一般以正面为主。

（4）微格教学实践

① 组成微格课堂：教师角色,由师范生扮演;学生角色,由被培训者的同学或真实学生来扮演;教学评价人员,被培训者的同学或指导教师;技术人员,专业人员或被培训者的同学。

② 角色扮演：被培训者上一节课的一部分,练习一两种技能,时间一般 10—15 分钟,要先做一简短说明以便明确训练技能、教学内容和教学设计思想。

③ 准确记录：一般用录像的方法记录,也可以用录音或文字记录,录像更及时、真实、有效。

（5）反馈评价

① 重放录像：为及时获得反馈信息,角色扮演结束后要及时重放录像,教师角色、学生角色、评价人员和指导教师一起观看,以进一步观察被培训者达到培训目标的程度。

② 自我分析：看过录像后,教师角色要进行自我分析、检查教学过程中是否达到了自己所设定的目标,所培训的教学技能是否掌握。

③ 讨论评价：作为学生角色、评价人员、指导教师要从各自的角度来评价实践过程,讨论存在的问题,指出努力的方向。

（6）修改教案

根据自我分析和讨论评价中指出的问题,修改教案进入再循环,或者进入教学实习阶段。

2. 微格教学的教学设计

微格教学实践系统包括执教者、学生、教材、教学媒体及教学环境等要素。该系统启动后的主要功能是通过各要素间相互作用而进行学科知识技能的信息传递。要使系统功能得到有效发挥,优化教学方案,微格教学设计是至关重要的。现代课堂教学设计更多地强调师生间的相互作用,注重调动教学系统的各要素的能动作用,即执教老师要有效运用各项课堂教学技能,激发、促进学生的学习,培养学生的能力并发展学生智力。

微格教学教案设计的具体项目有以下 5 个方面。

（1）教学目标

目标要符合课程要求,切合学生实际,订得具体细致,以便随时检查这些教学目标的完成情况。

（2）教学过程

教师的"教"就是教师根据一定的教学任务和学生的身心发展状况，通过导入、讲解、提问、板书、演示等技能方式去教导学生进行学习；学生的"学"就是通过听讲、观察、讨论、实验、阅读、练习等学习活动，掌握知识和技能，并发展认知能力、思维能力和创造能力。教师应根据不同的教学情景和教学内容，同时考虑到学生的知识基础和智力发展水平，选择适当的教学方法，并加以灵活运用。

（3）时间分配

微格教学的教案通常限 10 分钟左右，在设计时要仔细估算每一教学行为所用的时间，这对于师范生尤为重要，有利于他们今后掌握好课堂教学时间。

（4）板书设计

理清问题线索，摘出内容提要，提示教材的重点和难点，是微型课的提纲要领。

（5）检验设计内容

当教案初步设计完成，学员先自我检验，再交给指导教师批阅。指导教师从中了解学员前一阶段的学习情况，了解对课堂教学技能的理解程度。在接受了这些信息反馈的前提下，在尊重学员本人意见的基础上，师生共同进行科学的讨论分析，提出改进意见和建议，使微格教学的教案设计更趋完善，更符合微格教学的特点。

3. 微格教学教案编写

微格教学是一种模拟教学，其教案与一般教案类似，都是在深入钻研教材、全面了解学生的基础上对教学活动进行精心设计的具体实施方案。但是，微格教学毕竟是一种训练体系，其教案的编写有其特殊的形式和内容。

（1）微格教学教案的格式与结构

微格教学的教案，是微格教学设计的蓝图，其格式有多种，附表 1－1 是一种常见的编写格式。其结构内容主要有：

附表 1－1　微格教学教案编写格式

培训技能		课题		
主讲教师		时　间	年　月　日	
教学目标				
时间分配	教学行为	教学技能	学习行为	备注

① 教学目标：即学习目标，指学生在教学后的最终学习行为，因此，目标的陈

述要符合行为目标编写的要求,简明、具体、便于观察和监测。

② 时间分配:指预计授课行为和学习行为所持续的时间。

③ 教学行为:要求将讲授、演示、提问的具体内容和教师的活动等,依次按教学进程的顺序进行陈述,以利受训者有计划地按程序进行微格课堂教学。

④ 教学技能:指在相应的教学进程中标明所使用的教学技巧,以便受训者能有计划地、规范地应用和体现在教案中。增设这一栏,通常被认为是微格教学特点的体现。

⑤ 学习行为:是指教学设计中预计学生在教学进程中将产生的学习行为,如观察、表演、复述、回答、练习等。

⑥备注:一般提示教学过程中应注意的事项。如果使用教学媒体,应在此栏中标明,以便于使用。

(2) 微格教学教案的编制应体现以下要求

① 遵循一般教案编写的要求。微格教学作为一种训练系统,其教案的格式和结构有其特殊之处,但是作为教学方案的设计蓝图,则与一般教案具有共性,即科学性、规范性、适用性、简明性等。

② 体现微格教学的特点(如前所述)。

③ 便于课堂操作,便于检查。教案的编写要展现预计的教学过程,安排怎样教和怎样学,就怎样写。这样做,既便于受训者对课堂运行的操作,也易于检查其不足之处。

【参考文献】

孟宪恺. 微格教学基本教程[M]. 北京:北京师范大学出版社,1992

附录 2　中学生物学教育教学实习指导

中学生物学教育教学实习简称生物教育实习,是生物学科学专业师范类本科生在修读完《心理学》、《教育学》、《现代教育技术》和《生物学教学法》等课程之后,必须进行的集中实践教学环节,是一门重要的综合实践课程,在提高教育教学质量、培养合格的中学生物学教师方面具有特殊重要的作用。

1. 实习目的及意义

通过生物学教育实习,引导学生运用所学的基础理论和基本技能进行教育教学实践,在教育实践中探索教育规律,使其树立献身教育事业的志向;初步具备人民教师应有的品德、素质,以适应中学教育事业发展的需要;初步培养他们独立从事中学教育工作的能力;使他们初步了解中学教育教学管理的基本原则、方法和规律;引导学生接触社会、了解社会,增加对国情、民情的了解,初步培养他们一定的社会调查能力;并可让学生进一步得到实际工作能力、适应社会能力以及吃苦耐劳精神的锻炼,丰富其实际经验与感性知识,提高其实践能力、创新能力及综合素质。

2. 实习内容及要求

生物学教育实习采取在集中的时间段(6 周)内,下到教育实习基地(中学)进行实习的方式,实习内容一般包括中学生物学教学实习、班主任工作实习和社会调查等三项。

(1) 教学工作实习

包括备课、编写教案、试讲、上课、指导实验、课后辅导、作业批改与讲评、考试与成绩评定、组织课外活动、进行教学专题总结等。

要求实习生:① 认真备课,写出教案初稿后,送交指导教师查阅,并按照指导教师提出的意见进行修改;② 按照审阅合格的教案进行试教或准备实验,如反复试教,仍达不到基本要求的不得上课;③ 上课时,要着重贯彻启发式和直观式教学原则,克服满堂灌的现象;要用普通话教学,注意语言及板书的规范化,不用普通话教学的,教学实习成绩降一等;④ 同一备课小组的实习生必须相互听课,课后要认真开好评议会,以改进各自的教学工作;⑤ 认真批改学生作业,作业批语应持慎重态度,注意调动学生的学习积极性,并有 1—2 次较为详尽的讲评;⑥ 要经常深入到学生中去了解学习情况,针对不同类型学生的学习基础、学习态度,有的放矢地进行辅导;⑦ 每位实习生必须上足 6 节课,完不成教学时数的,教学实习成绩降一等。

(2) 班主任工作实习

包括学习班主任工作基本方法,掌握班主任工作的基本内容与特点(含了解班级情况、制定班主任工作计划、对学生进行思想品德教育、开展班级活动等),学会教书育人。

要求实习生:① 在原班主任的指导下,熟悉班级情况,制定实习班主任工作计划;② 应按规定时间下班辅导,对于班级所发生的重大事件应及时报告原班主任;③ 做好后进生的转化工作,严禁对学生实行体罚或变相体罚;④ 在原班主任的指导下,开展健康、活泼的班级文体活动,办好墙报、专刊,丰富学生的课外活动;⑤ 写好班务日记和观察日记,实事求是地总结班级工作。

(3) 社会调查

包括了解实习学校的历史与现状,以及贯彻党的教育方针政策的情况;调查优秀教师的事迹、教育教学经验与教育改革的情况;研究教育对象的身心特点、学习态度与方法、知识结构与知识水平及德智体状况等。

要求实习生:① 应先拟订调查计划,送交指导教师或实习学校审批后执行;② 应在充分调查研究、分析整理材料的基础上,就一个专题写出切合实际的调查报告;③ 调查报告的内容要真实,要有观点、有典型材料、有分析,且字数不少于3 000字;④ 调查报告应包括三方面的内容,即前言(简要说明调查的目的、任务,调查对象、范围、地点、人数、时间期限和采用的方法、手段及过程等)、对问题的陈述及分析、结论与建议。

3. 实习场所及设施要求

有良好教学条件的中学,初中或高中均可作为实习场所。实习学校应有实习生备课和休息的场所;有生物学实验室,具备基本的实验仪器(如显微镜)与用具,能提供实验材料;有能基本满足教学所需要的挂图、模型和小黑板等教具;最好还要有教职工食堂,等等。

4. 成绩评定

根据各院校的教学工作实习、社会调查报告的成绩评定标准,由带队指导教师和实习学校原任课教师共同评定教学实习成绩,由带队指导教师和实习学校原班主任教师共同评定班主任实习成绩,社会调查报告的成绩由教育实习办公室组织专家评定。

学生教育实习成绩均按五级记分制进行综合评价,分别评定为优秀(90分以上)、良好(80—89分)、中等(70—79分)、及格(60—69分)和不及格(60分以下)。

图书在版编目(CIP)数据

生物新课程教学论 / 王芳宇主编. —南京:南京
大学出版社,2011.3(2017.1重印)
(新课程背景下课程教学论丛书 / 许金生主编)
ISBN 978 - 7 - 305 - 08145 - 3

Ⅰ. ①生… Ⅱ. ①王… Ⅲ. ①生物课—教学研究—师
范大学—教材②生物课—教学研究—中小学 Ⅳ.
①G633.912

中国版本图书馆 CIP 数据核字(2011)第 023842 号

出版发行 南京大学出版社
社　　址 南京市汉口路 22 号　　邮　编　210093
出 版 人 金鑫荣
丛 书 名 新课程背景下课程教学论丛书
书　　名 生物新课程教学论
主　　编 王芳宇
责任编辑 严　婧　　　　　　　编辑热线 025 - 83592409
照　　排 南京紫藤制版印务中心
印　　刷 虎彩印艺股份有限公司
开　　本 787×960　1/16　印张 16.25　字数 286 千
版　　次 2011 年 3 月第 1 版　2017 年 1 月第 2 次印刷
ISBN　978 - 7 - 305 - 08145 - 3
定　　价 33.00 元

网址:http://www.njupco.com
官方微博:http://weibo.com/njupco
官方微信:njupress
销售咨询热线:(025)83594756